金剛經宗通

——第九輯

——平實導師 述

ISBN:978-986-6431-60-9

執著離念靈知心爲實相心而不肯捨棄者，即是畏懼解脫境界者，即是畏懼無我境界者，即是凡夫之人。謂離念靈知心正是意識心故，若離**俱有依**（意根、法塵、五色根），即不能現起故；若離**因緣**（如來藏所執持之覺知心種子），即不能現起故；復於眠熟位、滅盡定位、無想定位（含無想天中）、正死位、悶絕位等五位中，必定斷滅故。夜夜眠熟斷滅已，必須依於**因緣**、**俱有依緣**等法，方能再於次晨重新現起故；夜夜斷滅後，已無離念靈知心存在，成爲無法，無法則不能再自己現起故；由是故言**離念靈知心是緣起法**、**是生滅法**。不能現觀離念靈知心是緣起法者，即是未斷我見之凡夫；不願斷除**離念靈知心常住不壞之見解**者，即是恐懼解脫無我境界者，當知即是凡夫。

——**平實導師**——

一切誤計**意識心為常**者，皆是佛門中之常見外道，皆是凡夫之屬。意識心境界，依層次高低，可略分爲十：一、處於欲界中，常與五欲相觸之離念靈知；二、未到初禪地之未到地定中，暗無覺知而不與欲界五塵相觸之離念靈知，常處於不明白一切境界之暗昧狀態中之離念靈知；三、住於初禪等至定境中，不與香塵、味塵相觸之離念靈知；四、住於二禪等至定境中，不與五塵相觸之離念靈知；五、住於三禪等至定境中，不與五塵相觸之離念靈知；六、住於四禪等至定境中，不與五塵相觸之離念靈知；七、住於空無邊處等至定境中，不與五塵相觸之離念靈知；八、住於識無邊處等至定境中，不與五塵相觸之離念靈知；九、住於無所有處等至定境中，不與五塵相觸之離念靈知；十、住於非想非非想處等至定境中，不與五塵相觸之離念靈知。如是十種境界相中之覺知心，皆是意識心，計此爲常者，皆屬常見外道所知所見，名爲佛門中之常見外道，不因身現出家相、在家相而有不同。

——**平實導師**——

如聖教所言，成佛之道以親證阿賴耶識心體（如來藏）爲因，《華嚴經》亦説**證得阿賴耶識者獲得本覺智**，則可證實：證得阿賴耶識者方是大乘宗門之開悟者，方是大乘佛菩提之眞見道者。經中、論中又説：證得阿賴耶識而轉依**識上所顯真實性**、**如如性**，能安忍而不退失者即是**證真如**、即是大乘賢聖，在二乘法解脫道中至少爲初果聖人。由此聖教，當知親證阿賴耶識而確認不疑時即是開悟眞見道也；除此以外，別無大乘宗門之眞見道。若別以他法作爲大乘見道者，或堅執**離念靈知**亦是實相心者（堅持意識覺知心離念時亦可作爲明心見道者），則成爲實相般若之見道內涵有多種，則成爲實相有多種，則違實相絕待之聖教也！故知宗門之悟唯有一種：親證第八識如來藏而轉依如來藏所顯眞如性，除此別無悟處。此理正眞，放諸往世、後世亦皆準，無人能否定之，則堅持離念靈知意識心是眞心者，其言誠屬妄語也。

——**平實導師**——

目次

第二輯：

第三輯：

第四輯：

第五輯：

第六輯：

第七輯：

第八輯：

第九輯：

自序

《金剛經》原名爲《金剛般若波羅蜜經》，意爲證得金剛不壞心而產生了實相智慧，由此智慧而到達無生無死彼岸底經典。本經是中國大乘佛法地區佛教徒中，家喻戶曉之大乘經典，在家居士及出家諸僧，多有人以本經作爲日課而持誦不斷者。本經是將大品般若及小品般若的實相教理，濃縮成爲一部文字較少而簡要的般若經典；若再將此經加以濃縮，則成爲二百餘字的極精簡經典，即是大眾耳熟能詳的《心經》，如是亦可證知本經所說的內涵是金剛心，並非解說一切法空。以此金剛心如來藏的實證，能使人看見本來就無生無死的解脫彼岸，由此實證而發起本來自性清淨涅槃的智慧。有了這個無生無死的本來自性清淨涅槃的現觀，知道阿羅漢們捨壽入了無餘涅槃中的境界以後，再現觀此時猶未捨壽之際，自己與眾生的金剛心如來藏，依舊不改其本來自性清淨涅槃的境界，那麼死後入無餘涅槃或不入無餘涅槃，就無所差別了。菩薩因爲如是實證、如是現觀，因此發起大悲心，願意盡未來際不入無餘涅槃，願意盡未來際利樂眾生永無窮盡，不辭勞苦。

然而《金剛經》之宗義，漸至末法時期，由於六識論的凡夫臆想中觀流行於世，同將本經解釋為一切法空之說，致使本經中所說的第八識金剛心密意全面失傳；縱使有善知識繼出於人間，欲將本經之眞實義廣為弘傳，亦屬難以達成之目標。由是緣故，必須先將禪宗之開悟實證法門推廣，眾皆信有開悟之事，亦信自身可能有緣開悟，然後教以禪宗之開悟即是親證第八識如來藏妙心之眞義，最後方得以本經之宗義如實闡揚，令大眾周知本經中所說「此經」者，實即第八識金剛心如來藏。然後依金剛心如來藏之清淨自性、離世間相自性、離出世間相自性、離三界六道自性……等，一一鋪陳敷演，得令已證金剛心之大眾隨聞入觀，一一現前證實 佛之所說誠屬眞實語；亦令未證金剛心之大眾歡喜信受，願意盡形壽求證之，以期得入大乘見道位中，眞成實義菩薩。以是緣故，應當講授本經，如實顯示本經之眞實義。

又，《金剛經》屬於破相顯宗之經典，是故講解本經時，除了顯宗以外，亦應同時摧破各種邪見相，令今世後世一切眞正學佛之人，讀後快速遠離各種外道常見、斷見相，亦得同時遠離各種佛門凡夫相。以是緣故，講解本經時，必須於顯示大乘自宗勝法時，同時破斥各種外道相及凡夫相，方能使聞此經典眞實義者同獲大利；由此顯宗同時破相之故，永離無因唯緣論的緣起性空、一切法空邪見，則此一世實證大乘般若實智即有可能。

又，若能如實理解本經中之眞實義，則能深入證實「宗、教不離」之正理，由是得以藉教驗宗、藉宗通教，漸次成就宗通與說通之自利利他功德，非唯自通得以自利而已。從此以後即能爲人解說宗門與教門非一非異之理，則人間有緣眾生即得大利，不久即得因如是善知識之弘化而得實證大乘般若，是故應當講授本經，並應於顯宗之際同時破相，令末法時代佛門四眾同得法利。

又因本經所說皆是直指金剛心之本來涅槃境界，然而未證金剛心之凡夫位菩薩，雖讀而不能現觀金剛心之本來解脫境界，於是不免臆想分別而產生偏差，終究無法如實理解本經中的 世尊意旨。爲救此弊，乃出之以宗通之方式而爲大眾講授，是故名之爲《金剛經宗通》；即以各段經文中與中國禪宗互有關聯之公案等，附於每一段經文解說之後說之，藉以引生讀者未來見道而實證《金剛經》宗義之因緣，是故即以宗通方式而作講授。復次，以《金剛經宗通》爲名而講授本經者，亦因鑑於明朝曾鳳儀居士所講《金剛經宗通》並不符實，顯違佛門宗通之智慧，後人讀之難免爲其所誤，以是緣故，亦應於經文中與其有關之處加以拈提，條分縷析而令佛門四眾了知其錯謬所在，不復以其錯謬之宗通註解作爲依止，後日參究眞如本心時，庶能遠離偏斜，則親證本經宗旨即有可能，是故即採宗通方式講授之。今者《金剛經宗通》之錄音已整理成文字，並已略加潤色，刪除口語中重複之贅言，總共達到一百三十餘萬言；今已將之編輯成書，總有九冊，仍以成本價流通之，以利當代學人；即以如是感言及緣起之說明，以爲序言。

佛子　平實　謹序

公元二〇一一年初冬　於竹桂山居

第九輯：

《金剛般若波羅蜜經》

〈威儀寂靜分〉第二十九（上承第八輯未完內容）

今天才聽到春雷，今年驚蟄雷聲來得晚；上週五已經是驚蟄，本來上週五就應該打雷的，結果過了幾天？過了四天，到今天才打雷，今年可能會比較缺水。春雷雖然打得晚，總比沒打好，每年都會有一天開打春雷，春雷這個節氣叫作驚蟄；一些爬蟲類都冬眠躲著，天氣有些溫暖了，牠們正是將醒未醒之時，就靠這個驚蟄聲音很大，打雷時空氣振動就把牠們驚醒過來，牠們整整一個漫漫寒夜的夢就醒了。然而佛門的驚蟄是十幾年前就打過了，那些錯悟而宣示證悟底凡夫大師們，卻是到如今還在睡，還沒有醒過來。我們打得不算晚，已經打了十幾年了，可是這一些凡夫大師顯然不如爬蟲類。爬蟲類是因爲無明，才會生爲爬蟲；可是我看那些人警覺性比爬蟲類還要差，所以正覺這佛門春雷還是震不醒他們。那也沒關係，我們就繼續再打雷。今天晚上講這部經也是打雷，而且將來每兩個月出一本書也都是驚蟄，同樣都是震雷。希望這佛法春雷一直打下去，打到最後終於把他們給驚醒。我們有一位台中講堂的同修當中醫師，他常常說：**「那一些道場的法師們，太好睡了，應該要刺激一下，不要讓他們繼續睡得那麼熟。」**說得還眞有道理。回到《金剛經宗通》，今天要講理說的第二個部分，《大方等大集經》卷十一云：

【過三惡道菩薩言：「世尊！一切諸法無作無變、無覺無觀，無覺觀者名爲心性。若見眾生心性本淨，名知法住（宮本「知法住」，大正藏「如法住」）。**」】**

不曉得諸位還記不記得？阿含部的經典裡面有一句經文很有名，台灣印順派的人也常常引出來用：「先知法住，後知涅槃。」還有一句經文翻爲白話就是說：「不問你修行怎麼樣，只要你先知道法住。」也是講法住。那麼什麼叫作知道法住的人？那些人一天到晚寫書、寫文章，每年召開佛學會議，也常常講到法住，可是他們究竟懂不懂什麼叫作法住？這眞是個大問題。法住，顧名思義，就是有一個法，祂是永遠在那裡而且常住不變，那才是法住。如果一切法都是緣起性空、無常故空、空故無我，這樣能不能叫作法住？應該叫作法空。在這法空與法住之間，要怎麼樣能夠結合起來，又不互相衝突？這就是他們的一大課題，並且是他們永遠無法解決的問題。不但他們無法解決，一切的宗教也都無法解決，只有佛法才能解決這個問題。因為一切宗教都落在世俗法裡面，也就是落入三界有為法蘊處界之中，永遠不超出蘊處界之外；不管他們說的涅槃常住，講得如何天花亂墜；說什麼天堂永生，講得一套道理；其實也都沒有道理，因為都不是法住，都落在世俗的蘊處界之中，都是會毀壞的法；因為沒有一法不是緣生法，所謂永生的天堂也是會毀壞的，所以他們沒有法住可言。

但是那一些佛門中的六識論的斷見外道，一天到晚在說法住，問題是他們說的法住是什麼？他們都說：「一切法緣起性空，性空的法是常住的。」那問題來了：性空怎麼會是常住？性空就是斷滅，難道說斷滅可以叫作常住嗎？如果斷滅可以叫作常住，應該叫作空無而住。確實是空無而住啊！可是空無而住，本身就是一個語病，不能成立；因為無法不能叫作住，一定是有一個法常住不壞，祂從來都不變異，才能主張有一個法住。所以現在末法之時，什麼是眞正的法住？誰是知道法住的人？這就要探究了。

現在來看《大方等大集經》，有一位過三惡道菩薩這麼說：「世尊！一切諸法無作無變、無覺無觀，」在這裡，一切諸法講的就是諸法的本源——眞實法如來藏；因爲一切諸法都從祂而生，一切諸法出生後也都不能外於眞心如來藏，全都要攝歸如來藏金剛心，本屬如來藏所有，所以一切諸法講的就是如來藏。一切諸法都依附於如來藏而運作，所以一切諸法就是指如來藏；現在這位過三惡道菩薩說「一切諸法——這個如來藏，無作無變」，因爲這個眞實心，祂從來不會生起有爲有作的心，而眾生心都是有爲有作的；佛門修行人落到離念靈知去了，就落入有爲有作之中了；這是最常見的現象，所以我把他們叫作佛門常見外道。因爲他們都與常見外道所主張的常住心意識一樣，也都是在眞心之外而求佛法，心外求法所以叫作外道；差別只是他們住於佛教寺院中，住於佛門中，所以就給他個名號叫作佛門外道。

他們所謂的悟，都是離念靈知或者有念靈知，不超出這兩個範圍，都是意識境界；他們以六塵境界中的意識作爲眞實心，那到底能不能夠「無作無變」？絕對不行啊！因爲才看見了就說：「師父來了，我好高興啊！」可是，等一下看見一個初學者來了，他們竟然不理那個初學者。同樣是離念靈知，竟會有這麼大的變化。這就是有爲有作，心態也是有變動的，那叫作有作有變。要不然說，他打坐坐得正好，正在一念不生時，突然間監院來了；監院要考慮電費會不會花得太兇，所以他一來就大呼小叫：「今天誰監香？把冷氣關掉！今天又不很熱，爲什麼要開冷氣？」當時這個靜坐中的離念靈知還沒有什麼動心，因爲他正在一念不生；可是過了五分鐘以後開始有些熱起來了，這離念靈知就開始心裡面嘮叨：「這監院也眞是個麻煩人，我們每週來都護持寺裡，竟然不肯讓我們吹冷氣。」當然還是有作有變。剛才是很清淨的，現在天氣熱了，聽到監院要關冷氣，心裡不太舒服；等到熱起來，他心中就開始產生不同的狀態了，證明離念靈知是有作有變的，不是「無作無變」的。可是一切諸法，也就是如來藏，饒你熱得滿身是汗，這如來藏祂還是不管的，祂繼續運作祂的，祂不管你熱不熱，祂是永遠「無作無變」的。

過三惡道菩薩又說「一切諸法」也是「無覺無觀」的，有些人讀不懂，不曉得一切諸法是在講什麼東西？他就說：「一切諸法明明有覺有觀，怎麼會無覺無觀？我看這經典一定是後人編造的，不是佛陀親口講的，才會亂講。」他讀不懂就誤判了。然後又想：「也許我有一點誤會，也許這個一切諸法講的譬如說苦、空、無我、無常的法，那苦、空、無我、無常的法，當然是無覺無觀的，它是被我覺知心所觀所知的。」就扯到那邊去了。他把心裡面的觀念、心裡面想到的法，都拿來取代「一切諸法」所指的如來藏，所以他就這樣爲人家解說；台下信眾也是讀不懂，就跟著相信了：「對呀！我們的心有覺有觀，可是我們心中所知道的法是無覺無觀的。比如說四聖諦，四聖諦會有覺有觀嗎？不會嘛！這樣看來，師父講的對，師父好有智慧。」上面亂說，下面亂信，末法時代就是這樣啊！他們不曉得那經文是指什麼。

只要落入離念靈知，在這裡就通不過了，就只好用語言文字思惟了。台上隨便講一講，台下也隨便聽一聽，然後大家聽完了，法喜充滿笑呵呵，大家又回去作人生的大夢了。就這樣子稱爲學佛，實在也是可悲啊！不過，常常都有這種可悲的情形才是正常的，我們正覺這裡的實證是不正常的；因爲對一般人來說，證悟的因緣幾乎是不存在的，所以證悟的人永遠是少數；既然是少數，當然是不正常，所以叫作非常。所以你們要稱爲非常人，不是跟外面一般學佛人一樣。

現在過三惡道菩薩又說「一切諸法」是「無覺無觀」，落到離念靈知的人，要怎麼解釋這一句？這堂頭和尚就開示了：「我們不管在什麼時候，都不要去了知；你看到地上一大疊的美鈔，也要當作沒看見，不要生起覺觀。」問題是，當他眼睛剛看到地上美鈔的時候，已經就知道是美鈔了，還能夠無覺無觀嗎？無覺無觀時還能看見外境嗎？無覺無觀時他還能走路嗎？試試看吧！如果他說行，就讓他試試看，他眼睛閉起來，那你問說：「你耳朵還有沒有聽見？」「有啊！」那還是有覺有觀啊！不然，耳朵塞起來，就算用那個矽膠灌滿耳朵了，塞得密不透風了，可是觸覺呢？他還有腳底的觸覺，也是覺觀。假使腳底沒有觸覺，他就不能走路了，一定會跌倒，走不好。請問：這離念靈知何時能夠離開覺觀？沒有辦法啊！只有一個地方是相似離覺觀，因爲他不再反觀自己了，也沒有五塵，他已沒有證自證分生起了，那就叫作非想非非想定；除此以外都有覺觀，所悟若是有覺觀就不能「過三惡道」，因爲往往會由於覺觀上的好惡而造惡業，不能滅除異生性，未來世不免下墮三惡道。

其他沒有覺觀的地方就是意識心斷了，離念靈知心中斷了，譬如眠熟、悶絕、入無想定、入滅盡定等，否則一定都有覺觀；即使入了滅盡定、無想定中意識滅了，也還是有意根對法塵的覺觀。可是過三惡道菩薩這裡說的是「無覺無觀」。佛的弟子就這樣，聽完了開示就向世尊稟告他們的所悟。你看這過三惡道菩薩就這麼講：「一切諸法無覺無觀。」然後又說：「無覺觀的心才能夠叫作心的眞實性。」生滅底妄心都是有覺有觀的，只有眞實心的體性是無覺無觀的，不會對任何一塵起覺觀。恐怕人家聽不懂，因爲有的人一定會亂解釋說一切諸法是什麼；過三惡道菩薩很有智慧，他就說：「無覺觀者名爲心性。」意思是說，他所說的「無作無變、無覺無觀」的那個法，那個不像是心的法性，才能叫作「心性」。換句話說，所悟入的心是要離覺離觀的，也就是不住在六塵境界中的心，這當然就只有第八識金剛心了。如果是有覺有觀的，一定住在生滅的六塵境界中，那就不是眞心的本性，一定是落在妄心裡頭。所以你要叫他們來講這一類經文，他們一定敬謝不敏。他們不說自己不會講，只會說敬謝不敏一類的話：「謝謝！謝謝！有機會再說。」什麼時候有機會？等到他悟了，才有機會。

過三惡道菩薩又說：「如果看見眾生的心性是本來清淨的，這個人就是已知什麼是法住的人。」他說的心性清淨是本性，不是修行以後才清淨的。有人自認爲找到了一個眞實心以後，他說：「我這個心性是本淨的。」你問他說：「是哪一個心？」他說：「是離念靈知。」當他這句話剛講完，你就突然給他個五爪金龍，讓他吃一記鍋巴，他一定大怒起來：「說法說得好好的，你爲什麼打我？」你就問他：「請問，你這個離念靈知有沒有清淨？」他一想，知道自己生氣了，不清淨了，只好閉起嘴來，不敢再講話了，這時你就好說了：「你看，你現在都已經不淨了，何況說是本來就清淨的。現在都能不淨，以後也能不淨，以前當然也常常不淨，那如何能說是本來清淨？人家聖教量說心性是本淨的，你這個離念靈知有時清淨、有時不清淨，你現在不就起瞋了嗎？」他可能還跟你狡辯：「你打我，我當然起瞋嘛！」那就可見，他還遠著呢！你就知道他離證悟的時機還很遠，因爲他聽不懂這個意思。剛剛已經跟他說：「心性是本淨的，你現在起瞋了，起瞋了就是會變成不淨的，更何況是本來就不淨，出生以來就常常不淨的離念靈知，怎麼能叫作本淨呢？一定要是本來就已經清淨的，那才是眞實心的心性。」

爲什麼無法本淨？因爲離念靈知有作有變、有覺有觀。有覺有觀就是落入六塵境界中，一定會受六塵境界的影響，就會常常不淨。譬如妳們女眾，如果有時候在街上，出去買個東西，走過那個珠寶店時看見了：「哇！這個祖母綠很漂亮。」第二個念頭：「這不曉得是不是加工染色的？」這還算清淨嗎？因爲看見它好漂亮，心裡面有了貪；雖然還沒有想要買，總是有一個念在那邊說：「如果是自己的一定很好。」雖然還沒有語言文字，那個作意早已存在了。如果第二個念說：「這會不會是加工染色的？本來不是翡翠，去把它染色，弄成那麼漂亮。」那又是第二層不淨了。但這也只是兩個作意而已，都沒有語言文字，仍然是離念靈知，但已經不淨。可憐的是，他們對這種稍微細一點點的意識境界相就觀察不出來了。他們認爲的不淨，是要語言文字在那邊想：「它是不是用綠色色料去染成的？」都認爲要有語言文字出現時才叫作不淨，他們總是這樣認定的，卻不曉得說：那個作意一出現就不淨了。

然而不淨底作意會出現的原因，都是因爲落入六塵中，被六塵境界所限礙的緣故。所以，假使能夠知道有一個法，祂是從來不住在六塵境界中，從來不了知六塵境界的，就能證明祂無作無變、無覺無觀，所以祂的心性是本淨的。這表示說，你已經找到眞實法，你已經觀察祂從來就不曾不淨過。那麼這個法，你可以去觀察祂：有沒有辦法毀壞祂？如果沒辦法毀壞祂，就表示這個法是本然存在，從來不曾出生過，就是無生法，就是法住。只有無生的法，才能夠是不滅的法；有生的法一定都會滅，只是早滅與遲滅的差別而已。那麼這樣現前觀察，然後加上比量的觀察，再用聖教來比對。全都比對過了，證明沒有錯了，你就知道這一個法是本來常住的，這樣你就是「**知法住**」的菩薩了。

「**知法住**」的菩薩就永遠不會再落到三惡道裡去了，所以你就是過三惡道菩薩，因此，你其實也可以是經文中記載的人物。爲什麼不行？所以從今以後，人家問你：「**你是什麼菩薩？**」你說：「**我是過三惡道菩薩。**」「**哎呀！原來你就是經中講的過三惡道菩薩呀！不得了！不得了！**」你說：「**沒什麼不得了，你也可以當過三惡道菩薩。**」「**怎麼當？**」「**就來正覺學呀！**」這不是什麼難題啦！難就難在有沒有自信——對法有沒有信。也就是對於這個眞實法是否能實證，有沒有自信？也是對於這個道場能否幫人家實證，有沒有信受？難就難在這個「信」。有的人是有信，可是因爲還有慢，所以他想：「**我**

只要讀過蕭平實的書就行了，我一定能夠走出我的一條路來，不相信我作不到。」那也很好，表示他的自信足夠，只是有一點點膨脹過度。那也沒關係啊！我們也鼓勵這樣的人，讓他們繼續讀、繼續去努力。如果我的書讀上了六十本、八十本，再經過十年的參究還是不行，那時再來正覺修學也可以啦！我一樣歡迎。

這意思就是說，如果能夠**知法住**，就表示你是眞正在大乘法中見道的人。見道了，心得決定而有定力了，所以心不退轉而轉依成功，就是過三惡道菩薩；因爲自從你轉依這個眞實法而常住這個智慧以後，已經知道有一個法是常住不滅的，並且也知道自己所作的一切善惡業行、一切清淨行，這些種子都會在自己眞實心中留存而不會散失。知道了以後，就不敢再胡作非爲，也不敢亂講話了；因爲已經觀察到這一切善惡業的種子都在自心中留存，全都跑不掉。未來世該得的福報既然跑不掉，那就不必去牽掛會不會遺失？未來世該受的惡報，也不會跑到別人身上去，那就安心地準備去受報；也不必再去抗爭，因爲你若是跟如來藏抗爭，祂是永遠都不用你的，祂不會答應你說：「好啊！我就把惡業種子給你丟掉。」祂絕對不會這樣應允，祂根本不理你；時間到了，祂就把種子流注出來開始受善惡報。如此現觀而知道得很清楚以後，還要去作惡業嗎？當然不作了。既不作了，再加上大乘見道的智慧功德，就永遠不會再落入三惡道了，那你當然有資格自稱為過三惡道菩薩。除非之前造了五無間業而沒有懺除，否則一定不會再落入三惡道中，因為他已離開異生性。異生性，就是三惡道的體性，那麼他就過三惡道了。經中的過三惡道菩薩作得到，你也作得到，這並不難。

先知法住以後才能如法住，所以知法住是很重要的一件事情，從這一段經文來看四阿含中說：「**且自先知法住，後知涅槃。**」說只要你先知道法住的眞義就行了，暫時不管你的慧與福；也不必先知道什麼是涅槃，只要知道法住的眞義，後來自然就會知道涅槃，因為滅了蘊處界自我而成為無餘涅槃時，就是剩下常住法實相心如來藏。因此，對於不知涅槃的人，世尊都不管他們，卻要求他們先知「法住」，再來講涅槃就容易懂了。知道法住了，你就知道涅槃；阿含部的這部經典，這難道本來不是大乘經嗎？這本來眞的是大乘經，只是被二乘聖人結集以後變成二乘經了。他們都親自聽聞 佛陀講大乘經，由於聽不懂大乘法而無法憶念經中的大乘法義，結果是由他們自己結集以後變成了四阿含的解脫道羅漢法，實際上那本來就是大乘經。可是菩薩來結集的時候就不一樣了，就把法義講得這麼明白了，因爲菩薩對大乘法有實證，聽了就能懂得，心中既有勝解就能記得住內容，結集出來當然就很清楚了。

現在回頭來看看我引述的這一段經文，跟《金剛經》這一品的品題，有沒有契符？能不能相應？《金剛經》這一品叫作「威儀寂靜」，而這個心性本淨的心是無作無變、無覺無觀的，在諸法當中運作時一向無作無變、無覺無觀，所以祂一定是本性清淨的，而且在運作過程顯示出來的威儀中一定會顯示出祂的寂靜體性。假使有覺有觀就會落入六塵境界中，就會對境界產生愛厭，就不會清淨，他就會突然間喜歡、突然間厭惡；當他喜歡的六塵不見了，就生氣起來，就有爲有作，想要再去剛剛喜歡的六塵中住。不離六塵境界就不可能永遠寂靜，也不可能永遠無變；所以有覺有觀就一定有作有變，有作有變就一定不是心性本淨。只有無覺無觀、無作無變的第八識心如來藏，才可能是常住底法，那才是本淨的清淨心。修成的，是後來轉變爲清淨的心，不足爲憑，因爲修來底清淨心，將來還可能再變成不淨心；因爲是修來的，是藉緣修成的清淨，不是本來就清淨。

所以，用離念靈知在佛寺裡面坐了一個下午很清淨，下了座想要回家，開了車剛出了寺門，有一輛摩托車突然「噗！」超過去，寧靜底心嚇了一跳，心裡面忍不住罵將起來：「這些小子，不曉得哪一天要撞死欸！」又眞的很不淨了！離念靈知會因爲遇到外緣而轉變，因爲祂的清淨是靠外緣來修成的，所以祂不是本來就淨的。所以，由此就知道：「離念靈知不足爲恃，要憑仗祂來了生脫死是不可能的。」可是這個無作無變、無覺無觀、心性本淨底金剛心如來藏，在祂一直運作不斷的過程當中，在祂的威儀當中顯示出祂的大人相。爲什麼是大人相呢？因爲祂永遠是寂靜的，從來不掉舉，當然是大人相，所以說「威儀寂靜」。

再來看理說的第三個部分，這是要告訴諸位已破參的人，悟後不應住於眞如境界中，否則將會偏空而執著涅槃。當以有所得法爲方便，始能漸次進向佛地。先來看經文：《大般若波羅蜜多經》卷七十八：

【「菩薩摩訶薩行般若波羅蜜多時，不應住眞如；不應住法界法性不虛妄性、不變異性、平等性、離生性、法定法住實際虛空界不思議界。何以故？

以有所得爲方便故。」】

這一段經文是說，凡夫菩薩證悟以後成爲摩訶薩了。摩訶薩修行般若到彼岸，已經到了應該廣修每一度的波羅蜜多時，就不應該常常住於眞如的境界中。這裡要先說明一下眞如的境界。在《般若經》裡面，常常把眞如兩個字用來指稱如來藏金剛心，但有時候這眞如兩個字是在說如來藏的眞實如如的體性。如來藏金剛心是本來而有，不曾出生過；因爲祂本來就有，所以永遠不滅；而且祂有種種的功能可以出生萬法，因此祂是眞實的。可是祂在所出生的萬法中運作時，永遠都不動其心；不管祂出生了蘊處界以後，這蘊處界如何地快樂、如何地痛苦，祂永遠不動其心。痛苦與快樂都是五陰十八界的事，如來藏祂不動心，永遠如如不動；得或失都與祂無關，所以祂永遠如如不動，這就稱爲如如。眞實存在而有各種功能，而且永遠如如，合起來就叫作眞如，所以這時「眞如」二字就是在說如來藏眞實與如如的體性。菩薩眞正是如，就是因爲證得如來藏，所以現前觀察祂眞實而如如，這就是證眞如。

那麼這樣看來，如來藏在運作過程中顯示出祂的眞如性，那眞如是實有或者非實有？（有人答：實有。）眞如是實有？那麼換個比喻來說好了！比如，今天這盆花叫作拖鞋蘭，拖鞋蘭蠻雅緻的，眞的不俗氣；不是像那種大紅花，看起來就有一點俗氣。那你說這花不俗，這個「不俗」是眞實有或者非眞實有？（有人答：非真實有。）喔！懂了。花是眞實的，花的不俗氣當然不是眞實有，因爲不俗只是依附於花而施設，而說它不俗。因爲這朵花跟別的花不一樣，所以說它雅緻；這個雅緻也不是眞實法，因爲雅緻是依於花而有。那麼眞如就像涅槃一樣，涅槃也不是眞實，因爲涅槃是依於如來藏獨住的境界，立名叫作涅槃，所以涅槃不眞實。但是有時就以涅槃來指稱如來藏金剛心，這時說的涅槃就是如來藏，就說這個涅槃是眞實法；因此，經中有一句話說：「**設復有法過於涅槃，我亦說如幻如夢。**」這是說，假使有一個法是超過涅槃的，我說亦復如幻如夢，或者說如幻如化。這意思就是說，涅槃也是不眞實，只有把涅槃指稱如來藏時，才說涅槃是眞實法，因爲涅槃是依如來藏的常住、依如來藏的不生不滅而施設的。但是這個超過涅槃、也是涅槃所依的法，「**我亦說如幻如夢**」；因爲這個超過涅槃的法—金剛心如來藏—並不了知自己所住的涅槃，依祂的自住境界來說，所謂的眞如心自己也是猶如幻夢一樣。

同樣底道理，離開了如來藏就沒有眞如法性了；因爲如來藏是眞實、如如，所以說祂叫作眞如。如果離開了如來藏，就沒有眞如可說。譬如說，這個人叫作張三，「張三」名字是眞實有的嗎？沒有！「張三」是依這個人的五陰而說他叫作張三，所以張三的名字沒有自體性，張三所指稱的這個人，才是眞正存在的。「張三」這個名稱是不存在的，「張三」只是代表那個人，用這個聲音、這個名字來指稱那個人。同理，眞如法性是依於如來藏心體而說有眞如，所以眞如只是如來藏運作過程中表現在外的一個法性，離開如來藏就沒有眞實與如如可說了。所以，證眞如的人竟然會否定如來藏，我眞的不能理解。當年我眞夠笨，我想不通他們怎麼能自己另外發明「證眞如」的事，我只能依 佛所說而證，永遠無法創新發明。所以我眞笨啊！好像他們都比我聰明的樣子。但因爲眞如其實是依附於如來藏心體自性來說的，觀察如來藏的運作過程中，確實可以發現祂是眞實與如如，那你就現前看見眞如了，這樣叫作證眞如。可是，把第八識心體阿賴耶識給否定了，還說有眞如法性存在，還說另外可以證眞如，那不是愚癡人嗎？

現在回頭來說這個眞如，**「不應住眞如」**是什麼意思？是當你找到如來藏以後，不要一天到晚住在如來藏的眞如法性中；你應該轉依祂，但不要一天到晚住在眞如性中。你如果住在眞如性中，好吃的不要吃，肚子餓了也不吃，該作事了也不作，說要這樣才能住於眞如法性中。該出門弘法了，也不出門去，那這樣會變成什麼？跟自了漢一樣了！這跟菩薩眞的不一樣，菩薩摩訶薩不許這樣。我們弘法早期，我常常說，如果只證得開悟明心境界的人，他有時候會住於眞如中，什麼事都不想作；因爲應該去作事情時，他轉念一想：「我不管作了多少事情，其實眞我沒有作；那我努力去作了，要幹什麼？我不管賺了多少錢，賺得了，其實從我轉依的如來藏來看，根本就沒有賺到，那我繼續賺那些錢，那麼辛苦幹什麼？去布施，布施了以後還是沒有布施，那我去布施幹嘛？」於是他乾脆不作了，就變得很消極了。

可是他沒有注意到的是，證眞如以後，也應當現前觀察到如來藏有無量無邊的法性，如來藏有無緣慈、無緣悲等等無量的法性。可是，一般人初學佛都是說：「什麼都不要貪，都要丟掉。」所以就偏在寂靜一邊去了。所以我早期對明心很不看重，強調要眼見佛性；見了佛性以後，就不會再消極，因爲佛性是那麼眞實存在，遍於一切六塵境界中，不會使人偏空。這是早期度人的狀況，因為早期我們很少從眞如裡面好好去加強、去作整理。這段經文的意思也就是這樣，說菩薩摩訶薩證得眞如以後，不應該住於眞如中。如果常常住於眞如境界裡面，他就會變得消極。變消極的時候，人家來說：「明天要去正覺講堂上課，你幾點要出發？」「住於眞如裡面還要去上課？」對啊！住於眞如裡面是無覺無觀，還要去上什麼課？那麼這個人就有問題了。所以說菩薩成為摩訶薩以後，繼續深入修學般若波羅蜜多，繼續從實相智慧去修行，要到達佛地彼岸，就不應該住於眞如中，應該轉依祂而產生實相智慧，但不要住於祂的境界裡面。

接著說：「不應該住於法界法性的不虛妄性中。」為什麼呢？如果悟了以後，整天都在看說：我這個法界法性是不虛妄的。因為法界法性講的就是如來藏，如來藏的法性是不虛妄的；可是給你十年，每天都這樣住，對這個法界法性的不虛妄性會有改變嗎？不會有改變啊！既然你這樣努力去住於這個境界，祂也不會改變，又何必那麼辛苦住在那個境界裡幹嘛？你就該修的修、該聞的聞、該作的作，這就行了嘛！都不必再去管祂。你只要有這個智慧就行了，不必一天到晚去看著：「我這個如來藏是眞實的、是不虛妄的。」

這根本用不著。

也不應住於法界法性的不變異性中，不必一天到晚記掛著說：「我這個如來藏是不變異性的，一切法界都是這個如來藏，我這個如來藏的法性從不變異。」然後就不想轉進、不想進修。你一天到晚掛念著這個幹什麼？因爲不管你念或者不念著祂，祂始終是不變異性；用不著你去記掛祂，祂永遠都不會改變。

也不應住於法界法性的平等性中，所以如果悟後去觀察說：「我的第八識眞心從來不與人家分別高下，佛的這個心也是如此，螞蟻這個心也如此，天空飛的美麗蝴蝶姊姊也是如此，糞坑裡面在爬上爬下的糞蛆弟弟也是如此，永遠都不會改變這種自性。」既然全都如此，就不必管祂了，觀察一遍過後就行；確定了就夠了，不必一天到晚在那邊每天都去看著說祂「平等、平等、平等」，根本用不著啦！

再來說，不應住法界法性的離生性中，離生性也是去觀察過了就行了，觀察過後就不必一天到晚記著。因爲觀察過後你的智慧已經生起、存在了，這個智慧永遠不會丟掉，你都不必作筆記，也不必用什麼軟體把它灌到腦袋裡面去，都不需要！當你觀察過了，對祂勝解而產生的智慧就自然存在了，就不會遺失了。從此以後，你永遠都了知所有有情眾生的法界法性都是無生性。因爲你找不到任何一個有情的如來藏是什麼時候出生過，過去無量劫如此，現在也如此；自己如此，他人也如此；人類如此，天神也如此，天主也如此；地獄眾生、一切旁生的眾生也都如此，全都同樣是離生，從來不曾有生。從來不曾有生，將來更不會有生，因爲祂無法滅；無滅就是不生，不生也就不滅，這不生與不滅兩個法是一體的兩面。從來離生，觀察過了就行了，除非有人告訴你說某一個法可以把祂的離生性毀壞，那你就聽聽看他怎麼講，看著他怎麼能毀壞；等他講清楚了，你來實驗看看，能不能毀壞祂的離生性？

二〇〇三年初不是有一批人退轉嗎？他們說正覺同修會證的阿賴耶識是可滅的。我說如果只是要對治他們，而不是要救他們，就不必寫書和說許多法，只要回應他們很簡單一句話就夠了。就問他們說：「請問，你什麼時候能把你的阿賴耶識滅掉？」一句話就了結了。到現在幾年了？他們有人能滅阿賴耶識這個心嗎？且不說幾年，給他無量萬億阿僧祇劫來滅，也是無法滅的；因爲萬法既然都從如來藏阿賴耶識心中出生的，怎麼有可能由祂出生的法來毀壞祂呢？根本就不可能嘛！所以離生性是永遠離生，不可能被改變的；而祂自己也不會去改變祂，因爲如來藏沒有毀滅自己的程式。電腦可以設定說某一個情況出現就自動毀滅，但如來藏中沒有這個程式，沒有任何內力外力可以毀壞祂。既然祂永遠是離生的，你就不必去擔心祂的離生性會改變；因爲你已經證明過了，現觀祂是永遠的離生性。所以，現觀這個法界法性的離生性以後，你不應該常常住在裡面；你已經有智慧知道祂永遠不會改變祂的離生性，那就夠了，接著就是繼續行菩薩道。

又說，不應住法界法性、法定法住實際虛空界不思議界。也就是說，當你悟了以後去體驗祂，體驗過一段時間也就夠了；因爲你所體驗的，最後你會發覺都貫通，都一樣而沒有差別。不管在哪一個法中，當如來藏在運作的時候始終是這樣，同一類的法永遠是一樣。那麼應該要體驗的是，祂的不同類的那些不思議底功能；可是這個不同類底不思議功能，並不是你一世之中可以體驗完成，要經過三大阿僧祇劫的實行才能成就，所以就不必一天到晚住在你所體驗過的如來藏不可思議境界中。祂的法性必然不會改變，也永遠都是常住於實際的，猶如虛空功能的不可思議體性，也就不需要這樣常住在裡面。爲什麼要這樣說呢？因爲如果你想要成就佛道，必須以有所得爲方便的緣故。

菩薩如果想要成佛，不能老是待在天界。待在天界，成佛的時間會拉得很長，而且終究還是要回到人間來；因爲天界缺漏了很多的法，種子的流注不可能具足圓滿。種子的流注，只有在人間才能具足圓滿；所以，天界的菩薩一定要常常來人間。來人間修行過後，如果覺得想換換環境，可以再到色究竟天去，休息一段時間還要再來人間，就這樣來來去去。但是你如果有因緣，不怕辛苦、不怕五濁惡世的眾生，那就儘量住在人間度眾生，進步最快。以前的同儕可能去了色究竟天聽聞妙法，可是聽了很多的法，他們的諸地現觀卻不容易成就；反而在人間被眾生糟蹋了以後，你成就很多個層次的現觀；等他們再回來人間時，換他們要跟你學法了；因爲你在人間有許多善知識——每一個眾生都是你的善知識。

所以應該要以有所得法作爲方便，這樣修行才會快速。否則去到天界，有時候學到很多的法以後，覺得心有一點累了，也就是說有一點點的煩了，心裡面想說：「我休息一會兒吧！」可是他這麼休息一會，人間不曉得過去幾尊佛了，因爲色究竟天的時間是很長的。所以，原則上還是要盡量住在人間，要以有所得爲方便，盡量住在人間具足十八界的蘊處界諸法中，來觀察諸法實際這個如來藏的種種功能差別，這樣修行才會快速。可是在這個過程當中，一世又一世，如來藏不斷地在運作，你卻可以觀察到祂是寂靜的，祂永遠不會落在六塵之中，但是無妨一世又一世在六塵中繼續努力修行，以有所得爲方便；這樣，你才有辦法在如來藏的種子上面，去作最深入的體驗與整理。所以悟後不要因爲已經證得眞如了，就偏向眞如空性中安住；反而是應該投入利樂眾生的弘法事業當中去努力，不要計較自己的得失。這樣，如來藏中所含藏的我們七轉識自己底種子，也可以一樣轉變清淨；而我們藉這一些有所得法運作的過程當中，也增長了自己的福德以及智慧，也實證了更多慧學中的三昧，這樣佛道的成就將會很快。

再來談〈威儀寂靜分〉理說的第四個部分。證眞如已，不應執著眞如，眞如是假名言說故。《大般若波羅蜜多經》卷八十一云：**【「眞如如幻如化、如夢所見，法界法性不虛妄性、不變異性、平等性、離生性、法定法住實際**

虛空界不思議界，如幻如化、如夢所見。何以故？以眞如等，自性空故。」】

先證得如來藏再來讀《般若經》，才會親切啦！如果是離念靈知呢，不論怎麼讀、怎麼樣研究思惟討論，都沒有用、都不通。《大般若波羅蜜多經》這麼說：「**眞如如同變幻而有、如同變化所見，又如同作夢之中所看見的。**」如果沒有證得如來藏，從文字表面來看，他一定會解釋錯誤，就說：「**你們正覺同修會證眞如，沒什麼啦！因為眞如也是如幻如化、如夢所見。**」問題是，爲什麼眞如是如幻如化、如夢所見呢？這意思他可弄不懂，他只能在文字表相上想像、思惟，就生起慢心而造口業了。可是這個法的眞實義的表層，他卻不懂了，更不要說深層的部分。這意思就是說，眞如其實就是如來藏所顯現出來的眞實性與如如性，所以眞如雖然可證，並非實有，也如幻化一般，猶如夢中所見一樣不實。

可是，證得如來藏眞如性的人是誰？（有人答：意識。）是意識心嘛！諸位眞的有智慧，馬上就知道是意識。意識是實有法或是暫有法？（大眾答：暫有法。）喔！是暫有法嘛！這表示意識是虛妄的。虛妄的意識證得如來藏的眞如性，當意識滅了以後，譬如你假使入了無餘涅槃，意識斷滅了，所證的眞如現觀也就跟著滅失了，那麼請問：「意識所證得的眞如，是不是如幻如化？」是啊！因爲你這一生過去了，一生就好像作夢一樣就過去了，所證底眞如當然也如同作夢一樣消失了，所以證眞如時當然是如夢所見。這是從能證的意識來看，可是如果從另一個比較深的層次，譬如你從如來藏自身來看這個眞如時，證眞如是你意識證的，當你悟了以後，你的意識說：「我證得眞如了，我的如來藏是眞實與如如的。」可是你再來反觀所證的如來藏，祂有沒有反觀說「我自己是眞實與如如的」？有沒有？眞實心自己從來就不證眞如，根本就沒有眞如可證。那麼這樣來看，到底這個眞如是眞實的嗎？或者是如幻如化的呢？結論就出來了——顯然「如幻如化、如夢所見」。

那麼，到捨報的時候說：「我下輩子剛出生了還是會忘記，因爲我還沒有離開胎昧。」不過你死後在中陰身時還是會記得，所以你這一世所證的智慧還在；等到投胎以後這一世的意識滅了，那你這一世所證的這些無爲法，成爲種子留在你的如來藏中；下輩子不管怎麼樣的過程來成長，將來長大成家立業了，有一天想一想：「難道我就這樣作學生長大了就謀生活，然後就是生兒育女，然後就老死掉嗎？一定還有個什麼是我要尋找的。」然後開始追求，有一天遇到佛法，說要證眞如，心想：「這個好！我正是要找尋這個。」於是種子相應了，這時候你求證眞如，又回到佛門中來了；然後你學不了多久就悟了，重新再證眞如，般若智慧又再度現前了。不管別人怎麼說：「那些證如來藏、證眞如的法，都叫作邪魔外道！」你都不會管他：「我就是要證眞如！」因爲你很快就悟了，智慧又回來了。

所以「眞如如幻如化、如夢所見」的另一個層面，就是說你只要實證了以後，它就成爲你的種子，永遠留在你的心田中。但是，從你這一世的意識層面來看，確實如夢所見；等到要捨報的時候，如果有智慧，回想一下：「這一生眞的是如夢一場，這麼幾十年、一百年就過去了，好快呵！」就像是一場夢而已。然後從如夢所見，再來觀察說：「現在臨命終了，準備轉入中陰境界，我有什麼爲依憑？」有！意識所造的淨業、善業以及所證的般若智慧可以依憑，所以到了中陰境界的時候，可以決定你要生往何處，十方佛國淨土都隨你挑選，沒有一個佛土不歡迎你；因爲這樣的菩薩，在十方佛土也不是很多。這就好像說，你設了一所大學，那前面考五百九十九分的、五百八十幾分的，你當然歡迎；連排名第一的學府都歡迎了，假使你開設的這一所大學說難聽一點，十八分就可以考上的，竟然有個五百八十幾分的考生要來你的學校就讀，當然連聲說：「歡迎！歡迎！」歡迎都來不及了，還會討厭嗎？當然不會嘛！因爲連排名第一的台灣大學都要他了，何況你這一所排名在後面的大學不要他？所以你若是眞正明心的菩薩，死後十方佛土由著你選。實際上眞是這樣，所以這個時候，你有所依憑。那就像我們有一位師兄，臨走的時候跟大家揮揮手說：「再見！」就這樣臉上堆著笑容走了，不必一定要道貌岸然，剃光了頭髮、穿起僧服來。他是個在家的菩薩，應該要如此，這樣才是學佛。了生脫死就應該是這樣，你不必住於眞如性中，然後就轉入下一世去，繼續再努力。

所以，對於所證的眞如，不必一天到晚放在心裡面抱著不放，因爲眞如是一個假名言說，眞如只是在形容你的如來藏的眞實性與如如性；而如來藏恆住不滅，所以祂的眞實性、如如性就恆住不滅，不用你時常記掛著祂的眞如法性。譬如，有一個人很有錢，他在銀行裡有一百億元存款；他需不需要每天想著「我有一百億元存款」呢？他在跟人家談話的時候，需要心裡面時常掛念著「我有一百億元存款」嗎？不需要嘛！因爲存款並不會遺失。同樣的道理，證得眞如以後，不用去執著這個眞如。這個眞如就是法界法性，祂的不虛妄性、不變異性、平等性、離生性、法定法住實際虛空界不思議界，其實也都是一樣；你能夠運用祂就行，不必去記掛祂。譬如你說：「**我生來就是會吃飯。**」你就把這個吃飯的功能拿來用，你不必一天到晚想著：「**我眞的會吃飯。**」是一樣底道理。

所以從意識的立場來看，這個眞如是可證之法。可是，所證的這個眞如性，不必一天到晚記掛著。當你轉依了心眞如，也就是轉依了如來藏以後，這個法就不必再牽掛著，你只管運用你的智慧就行了。這個法既然是「**如幻如化、如夢所見**」，就不用每天想著「我的眞如、我的眞如」，你只管用祂就好，因爲這個眞如不必你這樣牽掛祂。你的眞如是如此，螞蟻的眞如也是如此，那些很陰狠的毒蛇的眞如也是如此；諸佛的眞如、諸天的眞如也是如此，都是平等性的，不必拿去跟人家炫耀說：「**我的眞如，比你的眞如更眞如。**」沒有必要，因爲都一樣啊！假使哪一天螞蟻悟了，牠會跟你回嘴：「**我的眞如跟你平等，你怎麼能說你的眞如更好？**」所以說「**眞如等**」。

並且，眞如自性空，眞如不是實有法；所以《成唯識論》裡面說：「**眞**

如亦是識之實性。」說這個眞如，也是阿賴耶識的眞實性。所以，《成唯識論》裡面也說眞如是阿賴耶識的行相，眞如只是阿賴耶識運行過程中顯示出來的眞實與如如的法相而已。所以眞如不是眞實有，眞如只是在表顯阿賴耶識有祂的眞實性、如如性；第八識這樣顯示出來，而你看見祂的眞實性與如如性，就是證眞如；就只是這樣而已，所以不需要一天到晚記掛著眞如。從禪三回來已經好幾年了，如果還每年想著：「我證眞如，我證眞如。」如果有誰這樣子，讓我知道了，我就一棍敲上他的腦袋：「你還證眞如嗎？」等他舉手格住棍子覺得手痛了，他才會忽然忘了而說「原來我剛才忘了證眞如」，忘了證眞如才是履行眞如者，才是眞轉依者。再來看理說之五：

《大般若波羅蜜多經》卷八十一：【「舍利子！菩薩摩訶薩雖住般若波羅蜜多，而於眞如非住、非不住，於法界法性不虛妄性、不變異性、平等性、離生性、法定法住實際虛空界不思議界，亦非住、非不住。何以故？以眞如等，無二相故。舍利子！菩薩摩訶薩雖住般若波羅蜜多，而於布施波羅蜜多非住、非不住；於淨戒、安忍、精進、靜慮、般若波羅蜜多，亦非住、非不住。何以故？以布施波羅蜜多等，無二相故。」】

你看，這《大般若經》裡面，看起來好像很囉唆、很嘮叨，但它就是必須要這樣作；因爲有許多人自以爲證眞如了，所以一天到晚在炫耀：「我們老早就證眞如了。」然後，一天到晚眞如長、眞如短，講個沒完沒了。可是，眞正證眞如的人卻不是這樣，反而不太講；私下見了人，當人家在旁邊講怎麼證眞如講得天花亂墜，他也不太想聽；因爲他聽了都覺得哭笑不得，不知道該怎麼爲他們說明才好；跟他們講也講不聽，對凡夫也講不清楚，眞的叫作不可理喻。到這個時候終於瞭解：「當秀才眞辛苦，因爲沒有辦法跟不識字的阿兵哥講話。」可憐的是，你正好是那個秀才！

「住般若波羅蜜多」，意思就是說，住於般若到彼岸；當然這是菩薩才能住，因爲你證的如來藏是般若的眞實體，般若依祂而有——當你證得祂以後才會有般若智慧生起；而你所證的如來藏，祂本來就在生死的彼岸，你轉依了祂而住，你就是到了無生無死底彼岸。可是，當你證得般若到彼岸的時候，你對於眞如應該是「非住、非不住」。換句話說，有時候跟你說：「你要住於眞如。」爲什麼呢？因爲你若不住於眞如，那還是跟凡夫的自性一樣，跟凡夫一樣貪，脾氣一樣大，還是和凡夫一樣地愚癡、無明，那就要教你：

「你悟了，要轉依眞如。」可是轉依眞如了以後，有的人又說：「既然要轉依眞如，那我今天也不要去托缽了，多餓一天算了；因爲住於眞如無所得，那我去托缽幹什麼？吃了也等於沒吃。」他就什麼都不管、什麼都不作，這時就要告訴他：「這個時候，非住眞如、非不住眞如。雖然說不要住眞如，但是你也不能夠因爲這樣就完全不住眞如而起貪，這也不行。雖然說要住於眞如，但也不可以完全就消極，所以還要『不住』。」就這樣告訴他，意思就是說，一定要取眞如的中道性。

眞如固然是如此，可是眞如之體，眞如所依的如來藏還有許多的無漏有爲法。這個無漏有爲法可以幫助大家成就佛道，何必要偏在無漏無爲法裡面呢？你如果要成就佛道，應該無漏有爲法、無漏無爲法兩個都要圓滿具足，這樣你才能成就佛道。如果你單取無漏無爲法，就會偏空，就會像聲聞阿羅漢一樣。這樣一來，還能發起菩薩大悲嗎？還能夠繼續再來人間受生嗎？還能夠繼續利樂衆生而轉易心中的種子嗎？都不行了。所以既然悟了，教他要住眞如，但是另一方面也要教他不住眞如。對於不住眞如，若是產生誤會了，就要告訴他「非不住眞如」。這很複雜，因此才要這樣翻來覆去，從各種不同的層面來說。《大般若經》就是這樣，同一個法要不斷地翻來覆去宣講很多種；雖然是從不同的層面來講，講的卻都是同一個東西。有的人不太耐煩：「《大般若經》講來講去，就是講眞如，何必講那麼多呢？」因爲眾生根性不同，而且這個相見道位的各個層次，也都要說明。

以前有一些退轉的人說：「蕭老師說法十幾年，講來講去都是講如來藏。」我說：「我不講如來藏，我講什麼？」（大眾笑…）難道我要來講意識離念靈知嗎？一切法都在如來藏裡面，所有的種子在如來藏裡面，一切種子的智慧也在如來藏裡面，那我不講如來藏，我該講什麼？我該講天主的博愛嗎？（大眾笑…）所以，他們的思緒眞的很奇怪！當然，菩薩一定是三句不離本行。《大般若經》正好就是這樣，就是把同一個眞如，從不同的方向來講。要在各個不同方向都講到眞如，然後又從不同的層次來講這個眞如，所以告訴證悟的菩薩摩訶薩說：「悟後要住於眞如。」可是菩薩若是偏空了，或者以後有可能會偏空，不能勤行菩薩道，就得告訴他：「不能夠一直住在眞如裡面，要起大悲心廣行菩薩道，利樂眾生。」也許他因此而偏有，又偏得太過度了，就告訴他：「非不住眞如。」就這樣反覆地作說明，面面俱到，這樣菩薩們才能夠通達而入地，這《大般若經》就是這樣講的。

那麼又說，菩薩摩訶薩雖然住於般若波羅蜜多，但是對於「布施波羅蜜多非住、非不住；」這意思是說，一定還是不能違背布施波羅蜜多；但是行布施波羅蜜多時，不可以違背眞如，才能說他布施時有波羅蜜多。也就是說，行布施波羅蜜多的時候，必須要伴隨著三輪體空的眞如實相智慧。修布施波羅蜜多的時候如此，那麼修持戒波羅蜜多，安忍、精進、靜慮、般若波羅蜜多的時候，同樣是「非住、非不住」；如果完全住於眞如，就會罷廢一切事業，該作的事、該造的淨業善業都不造了。這樣一切罷廢了以後，道業即不能成就，所以就告訴他不能住於眞如，就叫作「非住」。可是如果告訴他非住以後，他偏於三界有諸法，反而落在世間法裡面去追逐，那就要告訴他：「非不住眞如。」所以當他落到有那一邊了，要常常告訴他：「你還是要轉依眞如。」轉依眞如的時候，在人間的種種善業、淨業，就不會作得很過火，可以適得其中，這個才是重要。那麼，最後作了一個結論說：爲什麼說「非住、非不住」呢？因爲布施波羅蜜多、持戒波羅蜜多乃至般若波羅蜜多，都是平等平等的，都是無二相的緣故。

有沒有人覺得奇怪呢：「奇怪！布施到彼岸、持戒到彼岸，乃至修學實相智慧到彼岸，為什麼都是無二相？」布施明明跟持戒不一樣，持戒明明跟忍辱不一樣，乃至禪定、靜慮明明跟般若不一樣，為什麼會說都無二相？其實不奇怪，因為都只有一相：如來藏相、眞如相。既然都是眞如相、如來藏相，爲什麼會有二相？當然都是同一相，當然是無二相。那麼這樣實證以後，接著就是要入塵垂手、和光同塵。如果菩薩證眞如、成爲摩訶薩了，然後處處都不同於流俗，那就完了，從此將沒辦法跟眾生同事，因爲老是住在眞如境界中，他都不能和光同塵了。當人家在笑的時候，他不笑，因爲眞如是不笑的。好，問題來了，大家都會說這個人是異類，如何能與眾生打成一片而度眾生呢？所以你雖然本身是異類，因爲你是菩薩摩訶薩，跟眾生不一樣，可是你一定要和光同塵而與眾生同事。閩南語一句話講得很好：水清就無魚。對不對？水太清澈了，不可能有食物，養不到魚！魚也不敢來，太清澈了，也很危險，牠來幹什麼？所以水清無魚。如果你要度眾生，自己可以很清白，但是不要處處挑剔眾生說：「你這個也不對，那個也不對。」千萬不要這樣，你要能夠含容。你可以建議他、可以勸告他，但是不必因爲這樣就說：「我不跟你往來，你這個人都不清白。」可是大家如果都像你那樣清白，工商百業都要關門了，就是這樣啊！

意思就是說，你可以住於眞如，但不能住得太過火，也不能不住眞如而跟世俗人完全一樣，所以儒家有一句話講得很好：「內方外圓。」就是這個道理。你可以清白，不貪不瞋；但是如果有眾生去賺了一筆錢，不是很正當，他說：「我這一回賺了好幾億元，這一萬塊錢，請你幫我布施。」你說：「我才不要，你這是不義之財。」那這樣子，你就太清白了，只要不是傷天害理得來的，雖然賺得不清白，你就說：「好，我幫你布施了。」你就幫他布施出去，這樣才叫和光同塵。不要把自己拉成跟眾生完全不一樣，不與眾生同事就沒有辦法度眾生。這意思就是說，你證得眞如以後不能不轉依眞如，但是也不能完全住於眞如；完全住於眞如是錯誤的想法，將使佛道不能成就，因爲無法攝受佛土。可是你如果不依眞如，又會隨同流俗而跟著眾生一樣流轉去，道業也不能成就，佛土也不可能成功。

所以，證眞如以後，應該如何取得中道境界而住？眞如本身是中道，可是你意識在世間，要如何契合中道？你應該轉依祂，但不能完全依祂的眞如性而住。若是完全依祂，就變成無餘涅槃了；所以你以無餘涅槃的心境，但是也要跟眾生和光同塵，把自己的光芒收斂起來，光芒不要太強烈；你的光芒太強烈時，眾生都不敢親近你。所以菩薩如何處中而度眾生？這就是一門學問；《大般若經》會講到六百卷之多，原因也在這裡。就是要教導大家怎樣和光同塵，但是不隨於流俗，還是繼續保有你的眞如的清淨境界。

接下來，你將會觀察到：「**我這樣依止以後，跟眾生也可以很和樂的處在一起，這些眾生就容易被我度了；他們也不會覺得我很難親近，不會覺得我太清高。**」這時你可以讓此經如來藏，在利樂眾生的過程當中與眾生同事，觀察祂是不是寂靜的，一定會現觀祂在一切威儀中都是寂靜而不會改變的，那麼你就是親自證得「**威儀寂靜**」的菩薩。所以一方面你是住於寂靜的境界中，因為如來藏本身是寂靜的，但是無妨覺知心去跟眾生同事利行而不寂靜，這才是菩薩之所當為。不該像阿羅漢們那樣，托了鉢回來，經行一會兒，又入滅盡定去了，菩薩不是這樣幹的。

再來看看：《大方等大集經》卷十怎麼說：【**眞如法界非有無，是故我讚無上尊；一切衆生無覺觀，其心本淨無有貪。**】

眞如的法界中迴無覺觀，你說祂寂靜不寂靜呢？這些經文讓那些大山頭的大師們讀了，會作何感想？我看他們一面讀，大概一面覺得好刺目吧！因爲這些經文就等於是萬丈金光，他們都沒有辦法目視。經文中說眞如法界非有亦非無；眞如法界講的就是眞如的功德力用，然而眞如只是如來藏所顯示的眞實性與如如性，有什麼功德力用可說？有！因爲這個眞如是如來藏的眞實性、如如性所顯示出來的，這個時候從各個層面去觀察：將來入了涅槃時眞如是如何？成就佛道時眞如是如何？修菩薩道的過程中眞如又是如何？觀察結果將會證實：祂都是始終如一的眞如性，永遠都是離覺觀而絕對寂靜。

這個時候，不會墮於斷滅空中，也不會落於生滅法的常見外道見中；你也能夠觀察到諸法都是從祂而生，實相的智慧生起了，可以使你有智慧而且又清淨。世間人是有智慧時就很貪染，所以聰明人吃定傻瓜，傻瓜被吃定時靠什麼生存？靠天公，天公疼憨人。因爲他上輩子也常常被人家藉著行善的名義騙了錢財，可是他的布施終究成功了，所以他這一世就很有福報；看來傻呵呵的，可是他作什麼都成功、都賺錢。騙他的聰明人不論作什麼都賠錢，因爲他上輩子騙人家的錢，欠人家的來到這一世當然該還人家。那傻呵呵的人前世被騙而布施太多了，人家都藉著作善事的名義來向他伸手：「來喔！五百塊錢。」「好啊！」五百塊錢馬上就給了。於是人們私底下傳說：「那一戶人家最好騙，別人用行善的名義跟他化緣，什麼名義都有，但他每一次都會捐錢，眞的很好騙。」然而他來世就很有錢，所以說天老爺就是疼他；其實是因果疼他，因果就是由他的如來藏中收藏的善業種子來實踐的，就是這個道理嘛！

所以，從各個方面你會去考驗、去察覺到，眞如心確實有功德力用。假使你轉依眞如以後，你有了智慧，跟世間人不一樣；世間人有智慧就會去騙人家錢財，可是你有實相智慧卻不會騙人，反而要去幫助別人，而這個智慧是世出世間法的智慧。你知道說，原來這眞如法還眞的有「界」，界就是種子，就是功能差別，祂可以讓你轉依。可是眞如是眞有嗎？又不是眞有，它只是在顯示如來藏的功德性而已，所以又說它非有；可是非有之中卻可以讓你轉依，讓你的心轉變而清淨，次第成就佛道，所以又非無。「**眞如法界非有非無，由於這個緣故，所以我讚歎無上尊。**」能夠在五濁惡世下生來人間，傳布這個眞如法界的勝妙法給我們的，就只有 佛陀，所以說 佛是慈尊；但因為這是無上智慧，所以　佛是無上尊。正因為這個眞如法界非有非無，而　佛陀能傳給我們，所以我因此來讚歎無上尊。

然後接著說：「**一切眾生無覺觀，其心本淨無有貪。**」佛所傳的是什麼法？當然是佛法；然而佛法的眞如境界就是如來藏，這才是生命的實相，一切眾生的本來面目就是眞如心。可是菩薩眾讚歎　世尊時說，一切眾生都沒有覺也沒有觀，又說一切眾生的這個眞心是本來就清淨而沒有貪欲的。這麼一來，糟糕了！那些大山頭的諸大法師們該怎麼辦呢？他們這時眞的沒有辦法說什麼啊！當人家拿到正覺同修會、正智出版社的書去問他們：「**師父！這段經文這樣講，說『一切眾生無覺觀』，可是我們開悟的是離念靈知，都有覺觀，似乎不合聖教欸。**」那時該怎麼辦？只好擺著不回應，他們還能怎麼辦呢？他們什麼也不能辦，根本作不了什麼手腳啦！到了正覺同修會弘法快二十年後的今天就是這樣。

因為「一切眾生無覺觀」，指的是第八識如來藏的自性；可是他們從始至終都在否定如來藏，這時弟子們把經文請出來問時，他們能怎麼辦？根本無法應對，所以他們剩下來的餘生就只能混日子。眞的只能混日子：明裡籠罩，暗裡走作。就只能這樣作。在暗地裡，保存著正覺同修會的書、正智出版社的書，打板熄燈了，房門關起來，上了鎖，把檯燈開了，窗戶也全部關起來，用心好好讀。只能這樣啦！這叫作走作。但是明天上堂講得一大堆，好像有實證的樣子，就是籠罩人。他們大約只能這樣。

這意思就是說，所證的心是什麼？對學佛人很重要。我們以前常常說：「眾生都有眞心與妄心。」那些大師們聽到了都怎麼講：「那你不就是兩個心了嗎？眾生哪裡來的兩個心？眾生都只有一個心。」都這麼講的。那麼內行人一聽就知道：「原來你沒有證如來藏。」一聽就懂了。後來我們說：「也對啊！眾生只有一個心，那個心叫作阿賴耶識。」這一下他們不敢回應了，因爲阿賴耶識有八個識，總共有八個心。唯識學中有一句很有名的話：「故說一心，唯通八識。」如果要講眾生只有一個心的話，只能夠說是阿賴耶識，但阿賴耶識總共分爲八個識；要這樣說八個識共成一心，這個一心才可以講得通，否則都講不通。我們正覺把這個法實證而且講出來以後，現在他們該怎麼辦？他們無法實證，當然不能怎麼辦，只好混日子，混到老了死了就算了。除此以外，無所能爲啦！這就是他們可憐的地方。

我們能爲他們作的是什麼？就是多寫一些出來，讓他們多讀，幫他們種下第八識妙法的種子；然後未來世他們重新再出生了，忘了這一世的事情，才剛聽或剛讀到第八識如來藏的法教，他們就會相信了，下一世就得度了。所以度那些錯悟的大法師們，其實是現在就已經要先開始度他們了；但是想要接引他們進來正法中實證，要等到下一世。他們在這一世都不會接受，因爲他們的臉很老了，不好拉下來，要等來世，這就是現在的狀況。當他們來世已經忘了上一輩子老臉放不下來，已成爲下一輩子新的臉時，就不需要顧慮，所以他們下一世聽聞如來藏妙法時，心想：「這個有意思喲！」他們就進來修學了，因爲上一世被我們熏習很多了。這就是我們要作的事，所以書儘管出，沒關係！不嫌多，只怕悟錯而講錯。

菩薩讚　佛後說「一切眾生無覺觀」，而且說無覺觀的這個心是本淨的，是本來就無貪，不是修行以後才變清淨，不是修行以後才變無貪。如果你所證的心是這樣，那你就可以安下心來說：「聖教量裡面已經幫我證明，說我來正覺同修會所證的心是正確的，是沒有錯誤的。」再來，本段經文的最後一個理說，要引《入楞伽經》卷一，佛云：

【「寂滅者名為一心，一心者名如來藏；入自內身智慧境界，得無生法忍三昧。」】

這意思就是說，諸佛菩薩所講的一切法寂靜，又說一切眾生寂滅，又說一切有情本來寂滅。所講的這個寂滅就只有一個心，這一個心名為如來藏。證得「一心」的人，就知道，原來眼、耳、鼻、舌、身、意六識，再加上意根，都是這個一心所函蓋的法；這七轉識還是要攝歸到一心如來藏中，因為七轉識只是在如來藏的表面上運作而已。當你證得如來藏以後，你這樣觀察出來，證明說：「原來我們的妄心，都只是在眞心的表面運作，只是在眞心表面起起落落，猶如影像在鏡子表面活動而已。那麼眾生心應該是指哪一個心？那當然就是這個如來藏，所以『一心說，唯通如來藏』。」佛在《入楞伽經》中說：「阿梨耶識者名如來藏，而與無明、七識共俱。」是說這個阿賴耶識又有一個名稱，叫作如來藏，跟無明及七轉識同在一起。這不是像達賴喇嘛說的：眞心在虛空。原來他變成虛空外道了。眞心跟你的妄心是同在一起的，不要往虛空去找。

如果能夠證得這個一心，就可以進入自己內身。什麼樣的內身？是如來藏的功能差別；身，就是功能差別的意思；這時可以進入自己裡面的如來藏的功能差別境界而引生的智慧境界中。進入這個自內身的智慧境界了，然後次第進修，就可以得到無生法忍三昧。意思就是說，如果想要進入諸地，一定要證這個如來藏金剛心；證得如來藏以後可以得到無生法忍三昧，但不是馬上得，而是要次第進修才能得。那麼這樣一來，到底大乘佛法中的開悟，是應該悟什麼？也就很清楚了。引經據典爲〈威儀寂靜分〉講了這麼多的理，再來看看如何才能證得這個如來藏，如何能現觀如來藏的威儀永遠寂靜而通透這個理：

《圜悟佛果禪師語錄》卷六：**【佛果克勤圓悟禪師 住南康軍雲居 眞如禪院。師於建炎丁未歲十一月初六日，在鎮江浮玉山，受箚子，召赴行朝。至十七日，朝見登對，移刻、奉敕住雲居；次日敕下，時兩府并禁從，就雍熙寺請師陞座，祇受敕文；師拈敕示衆云：「九重城裏親宣賜，一道神光爍太虛；勝義諦中眞勝義，千華叢裏綻芙蕖。一舉便知，多少省力；苟或未然，更請宣過。」】**我唸完了，可是時間只剩下三分鐘，還有事情宣布，只好留待下回分解了。

人間有許多事情，大部分人都只看到表相，實際上的狀況究竟怎麼樣呢？就不是一般人所能瞭解的，所以大部分人都只能看到表相。不幸的是，這種現象是自古以來就已經如此，不是現在我們跑到台灣來才這樣。以前常常有人對於「三武滅佛」的事情很痛恨，但是他們「滅佛」眞的值得你痛恨嗎？那得要探究實質的意涵，不能只看表相。在中國經過三次武帝時代的滅佛事件，所以才稱爲三武滅佛。但那三位武帝所滅的佛教，究竟是什麼樣的佛教？大多數人都不去探討這個問題，只看表相就說：「哎呀！三位武帝都在消滅佛教。」其實他們所滅的佛教，是密教化的佛教。然後往往很多人罵：「當那些外道皇帝在滅佛的時候，你韋陀菩薩跑到哪裡去了？」他們卻不曉得那時候的滅佛，有很大的可能是 韋陀菩薩安排的，因爲那時候滅的佛教是密教化的佛教，根本不是佛教。那時候民間的錢財大部分都已被密教聚集在佛寺裡面，後來皇帝把那些寺院給封了，才知道那些寺院裡面錢財多得不得了，而他們弘揚的全都是意識境界的外道法，並且還是全心全意弘揚密宗外道的雙身法。

諸位想想看，被密教化以後弘揚密教的法，僧人喝酒吃肉，晚上再來個雙身法，這樣的密教該不該滅？所以那一種假佛教是應該消滅的。但是不知道內情的人不但口罵，甚至還寫到文字上罵：「當時護法尊天韋陀菩薩到哪裡去了？爲什麼不護法？」他們不知道 韋陀菩薩就要來幹這些事啊！要把這種被外道化的佛教給滅掉，滅了以後正統佛教才有機會重新再開始，那時候人間的菩薩們才有辦法開始弘揚正法。否則在那種密教環境，在那種密教勢力很廣大的時節，你說菩薩們想要弘揚如來藏法，怎有可能成功呢？中土如此，古天竺的佛教也是如此；所以古天竺佛教被回教軍隊消滅的時候，值得我們痛哭嗎？根本不值得，因爲那已經是坦特羅化的假佛教了。

坦特羅，也許有人聽不懂，前幾年有人作了新的翻譯，把坦特羅翻譯作「譚崔」，這樣大家就知道坦特羅是什麼意思了呵？你說那一種假佛教該不該滅？是該滅。但是天竺密教被回教軍隊滅了以後，印度教興起，雙方開始長期攻防。回教徒是一手《可蘭經》，一手拿著劍，看你要接受那一種？「你不接受我的《可蘭經》，就得接受我的劍來砍你。」所以後來印度教興起時，在征戰的過程中，印度教若贏了，就拆了回教的寺廟，把他們的建材拿回來蓋印度教的廟，那麼印度教的廟裡面就有回教的圖騰了。過一段時間，回教又打回來，也把印度教的廟給拆了，運回去蓋回教的廟，所以回教的廟裡也有印度教的圖騰。雙方這樣打來打去，後來終於是印度教勝利了，但是這一段過程已經跟我們佛法無關了。

在佛教弘傳的二千五百年過程是如此，外道滲入佛教中取而代之，成爲假佛教而不是眞佛教，古來眞相難明。藏傳佛教密宗說他們歷經了一次滅法的年代，到底他們的法該不該滅？該滅嘛！可是來滅西藏密宗那個所謂的假佛教，卻被密宗說是破法者。懂得眞相的人就會說：「破法的不是破法，護法的不是護法。」古來佛教弘傳的事相如此，世間法的事相也是如此，眞相難明，所以大家要記得這一點：「好人不一定是好人，壞人也不一定是壞人，要有智慧去深入理解以後才能下斷言。」隨隨便便輕下斷言，可能自以爲是護法、自以爲是行善，其實卻是造惡破法；所以沒有確實深入瞭解眞相以前，不能妄下斷言，因爲這有因果。我講這些事相，到底跟佛法有沒有相關？有呵！不但跟佛法相關，跟世間法也相關。這就是說，凡事都要深入探究到眞相，才能夠下一句斷語；否則自己無知而妄下斷語，因果難量。

回到〈威儀寂靜分〉，上週是宗說的補充資料唸過了，還沒有講解。佛果克勤禪師，他在建炎丁未歲，丁未到底是算哪一年？子丑寅卯……，是火土年，十一月的初六日，在鎮江浮玉山時，皇帝叫人送來了一個箚子。箚子，知道嗎？你們看古裝劇的時候，大臣上朝的時候，皇帝問：「有什麼事？有事上奏，無事退朝。」這時如果有大臣出班來說：「臣有事稟報。」然後從衣袖裡抽出一個長方形的東西，往往是對摺再對摺的紙頭，寫著他的建議或報告，那叫作箚子，也就是上奏皇帝的小箚子。這段記錄中說的箚子，是說皇帝寫的手諭，派人送到浮玉山來，目的是要召喚 佛果禪師上朝。古時候在天竺，是各國國王要來朝禮 佛陀；但中國不是這樣，在中國是政治勢力想要控制佛教；歷代都是如此，所以各大名山古剎，都是由政府派任住持。佛寺清淨梵剎，由世俗人來指定由誰當住持，這跟以前我們在天竺的時候完全不一樣；但是你也無可奈何，畢竟政治勢力大，你若仍想要利樂中土有緣人，也只好接受了啊！

這裡說的就是那個情形，皇帝派了人，送了他的手諭來，也就是派人送了箚子來，那麼 佛果圓悟禪師就被召進宮去了。他被召以後，是什麼時候去見皇帝的呢？是十七日；也就是過了十一天以後，在十七日「朝見登對」。

好在是登對，不然這位皇帝來世就不太好了。登對，就是讓 克勤禪師坐在他對面平座講話，不是皇帝坐在上面，讓 克勤大師站在下面講話，那就還算好。也可能是在書房裡面談話，是平等的地位，所以叫作「登對」，顯然不是在朝堂上。移刻，就是過了一刻鐘，等於現在的半小時，話就談完了，時間很短。一刻鐘是半個小時，因爲一個時辰有四刻。我們現在一刻鐘是十五分鐘，因爲現在一個時辰是六十分鐘，以前一個時辰等於現在二個鐘頭，一百二十分鐘，所以是談了半個鐘頭；然後，皇帝就指派他去住持雲居山，雲居山是個名山古剎。克勤大師回到浮玉山以後，第二天皇帝的派任劄子就下來了；就好像現在的派任令一樣，皇帝把高僧當作是官員一樣在指派，眞是要命呵？一個世間人在指派出世間人。不過他這個派令不是直接指派 克勤大師，而是派到兩府去，就是派到官府去，然後由官府——就是由主持兩州事務的知府帶了他的侍衛隨從，在雍熙寺恭請 克勤大師陞座，來接受皇帝的敕文，不是要求 克勤大師跪接。

接受了以後，克勤大師把敕文高高拿了起來給大眾看，就說：「九重城裏親宣賜。」因爲皇帝的紫禁城裡，別的不多，就是城牆多，一層又一層；

他是爲了保護自己，所以一層又一層高城牆垣，眞的有很多層，所以就稱爲九重城。克勤大師說：「在九重城裡面，皇帝親自宣告賜給我雲居山的古剎，但其實當時就已經是『一道神光爍太虛』。」是說，當皇帝賜給我雲居山古剎的時候，就已經是一道神光非常分明的照耀整個太虛了。我師父說這句話，我管他叫作老狐狸，他是罵人不帶髒字。他罵了誰？罵了皇帝。意思是說，皇帝沒看見光明。可是皇帝老兒被罵了，他還不知道呢。因爲我是克勤大師肚子裡的蛔蟲，我知道他在幹什麼；他就是罵那個皇帝沒看見本來面目，但表面上看來是在讚揚皇帝。

這個一道神光，它是什麼東西？克勤大師說它是勝義諦中眞正的勝義；因爲二乘道所觀行的對象，是世俗法蘊處界，所以緣起性空、苦、空、無我只是世俗諦；而勝義諦所觀行的，是法界的實相，非世俗諦。可是勝義諦裡面的眞正勝義又是什麼？就是這一道神光。這道神光非常分明地顯現出來，猶如千華叢裡綻放的芙蕖一樣。芙蕖是什麼？不知道？都沒有人知道嗎？（有人答：蓮華。）就好像群華之中，有那麼一棵芙蕖開花出來了，雍容華貴。就好像一句成語叫作鶴立雞群，譬如一隻丹頂鶴站在一群雞之中，是不是很分明？對！這一道神光就是這麼分明，所以這一道神光不但「爍太虛」，而且是勝義諦中的眞勝義；又像千華叢中盛開的芙蕖一樣，芙蕖是眾華之王。克勤大師又說：「如果是上上根人，我這麼一說，馬上就知道是哪一道神光了，省了多少力氣。假使不能夠這樣了知，那就得要重新再講過了。」這樣子，克勤大師講出來了沒有？有人說講了，有人很想搖頭，但不好意思搖；等你破參了，你就知道眞的早就講了。這就是說，古來禪師們都沒有輕易就放手的；即使當年他對我這個徒弟，也沒有隨便放手，一向都是這樣，因爲這就是宗門裡古來不變底規矩。

但是，一般人悟不了的過失都不在自己，都在那些大師們，因爲他們一天到晚教導：「你要每天打坐，坐到沒有妄想時就是開悟。」有的說：「你要坐到什麼聲音都聽不見，那就是開悟了。」因爲，他讀過幾本勝義諦的經典，說要離覺觀。有的就說：「你要放下煩惱，什麼都放下，都不牽掛了，完全放下時就是開悟了。」有一天徒弟上來問：「師父，我跟著您出家十五年了，我什麼都放下了，可是我爲什麼還悟不了？」師父說：「你悟不了的原因，就是因爲你沒有放下開悟，你還想要開悟。」古時候有這種人，現在還有，並且還是我們正覺講堂的鄰居，相鄰不遠。這些大師們都是落在覺觀裡面，都把意識心當作是他要修的標的心。

其實勝義諦眞實心，並不是像一般人所想像的心；所以一般人如此想，那些大師們也如此想，就想要把覺知心自己變成常住不壞底眞心。可是這些人沒智慧，從來沒想過說：「**自己覺知心是此世出生以後才有的，如果死後不再去投胎就不會有未來世自己的覺知心。是投胎以後漸漸地才有的，是有生之法，有生之法怎麼可能變成無生之法呢？**」可是他們都想要這樣變，大家想想看，他們能不能變得成功？（有人答：不能。）諸位有智慧，都知道不能，因爲覺知心既然已經生了，怎麼可能變成無生？如果要套一句粗鄙的話說：「頭殼壞掉！」明明已經生了，還要叫祂變成無生，怎麼可能辦得到？所以眞正的心，不是一般眾生所想像的心，這個心是離六塵覺觀的；但是這個離六塵覺觀的心，卻是從來都在覺觀中，與覺知心底覺觀和合似一，都與見聞覺知的心同在一起。就如俗話說的焦不離孟、秤不離砣，一直都是在一起的；如果秤與砣分開了，它還能成爲秤嗎？不成其爲秤了。如果這個眞心離開了，還能有眾生心嗎？也不可能，這是一樣底道理。既然是同在一起，當然不曾有一點點的時間是互相離開的。所以「九重城裏親宣賜」，當皇帝親自宣賜的時候，當然也是「一道神光爍太虛」。

那麼，如果能夠這樣會得，可眞是省力，眞正是上上根人。如果不能會得，那就要搬出十八般兵器，每一天都要試一試，那可就辛苦了。但是這種上上根人畢竟是可遇而不可求，所以我們每年都要把十八般兵器搬出來弄，在禪三期間辛苦地裝神弄鬼一番。下個月禪三又要再搬弄一番了，那可眞的不省力。可是禪三期間一旦通了，就會有般若智慧，然後就能在漸化門中，隨你怎麼樣運用，都可以利樂眾生。因爲這時候，你隨手拈來都可以度人，這叫作七通八達；只要這門通了，緣覺法、聲聞法，將來你也都可以通。因此說，於般若化門中自能七通八達。

所以，《金剛經》還眞的很重要，每一個人都要好好唸《金剛經》，每一個求悟的人都必須精進唸《金剛經》。你可別說，我這話講得太誇口，我還眞的一點都不誇口。已經悟的人要唸《金剛經》，沒有悟的人更要唸《金剛經》；佛門中人要唸《金剛經》，外道更要唸《金剛經》，因爲連他們的天神、天主，每天也都在唸《金剛經》。聽懂了沒？你可別說我在講笑話。但問題是，那些外道每天唸《金剛經》時，他們不知道自己都在唸《金剛經》；他們的天主每天也唸《金剛經》，但他們自己也不知道。只有誰知道？我們知道。所以，哪一天如果遇到了牧師、神父，我會告訴他：「**你們上帝每天都在唸《金剛經》，你爲什麼不唸？**」因爲眞的是這樣。然而問題是，等他們去問他們的上帝，上帝會告訴他：「**我從來都沒有唸《金剛經》。**」可是等到他們把上帝請來了，我就告訴上帝說：「**你如果想要知道自己是什麼時候唸了《金剛經》，你就來歸依三寶，我自然會教你，那時你如果會了，才會知道自己其實每天也都在唸《金剛經》。**」

這樣的佛法才是眞佛法，如果不是遍三界九地的法，就不能說佛法最勝妙；只能稱爲因緣法，其次只能稱爲聲聞法，不能稱爲佛法。既然眞佛法遍於三界九地之中，上帝的境界不外於三界九地，當然他是住在《金剛經》的境界中，不外於「此經」；「此經」就是如來藏，上帝也想知道「此經」何在，但上帝也跟眾生一樣每天都在「此經」裡面轉個不停，所以上帝也是每天都在唸《金剛經》。可是這個佛法，如果你實證的緣足夠，只是這麼一念相應，《金剛經》就由著你轉了，不是再被《金剛經》轉了，這時就不唸《金剛經》，而是可以轉《金剛經》了。佛法應該要這樣會，才是省力。等到會了，才知道原來《金剛經》眞的是寂靜。當《金剛經》在一直不斷運轉的過程中，當然是有威儀的，卻又是離六塵而住在寂靜境界中，才說「威儀寂靜」。再來看下一個宗說，《大慧普覺禪師語錄》卷十一：

【偉哉廣大寂滅心，譬如虛空不分別。
擬心求淨即染污，況復比倫諸佛土。】

這是讚歎金剛心如來藏眞的雄偉廣大而且寂滅，因爲語言之道不能到祂那裡——言語道斷；言語之道不能及於祂的境界，只能及於識陰意識境界；所以此經如來藏眞的寂滅，而祂也眞的廣大。菩薩們都必須廣修普賢行，就是《華嚴經》所載的　善財大士參訪五十三位善知識，要走過五十二個層次，那就是從初信位到達妙覺位，才能究竟菩薩所行境界。這樣的普賢行，十方三世來來去去，眞是上窮碧落下黃泉，東西南北、四維上下無數世界，幾乎是無所不到無所不知了，這樣三大阿僧祇劫才行完了普賢行。可是在普賢行的過程中一一經歷過五十二個階位，三大阿僧祇劫十方三世都逛足了以後，原來都只是在這個寂滅心中行而已，並沒有超出於這個寂滅心之外。那麼你想，這個寂滅心有多大？

我們常常講，說你們可能上一輩子在東方不動世界，這一輩子生在娑婆世界，下一輩子又要跑到西方十萬億佛土之外的極樂世界去，但這樣才只是華藏世界海裡面的一個小小的部分而已。三大阿僧祇劫的所行，可就不只是這樣，範圍更廣大呵！但是這樣遊遍了諸佛剎以後，終於成佛了，也還是在「此經」中，全都只在這個寂滅心裡面廣行菩薩行及成佛，那你想：這個寂滅心有多大？現在，也許還沒有破參的人心裡面就想：「我知道了，那就是『遍太虛、充十方』。啊！我知道了，那個是釋知訥禪師講的『放則闊太虛，收則一芥子』。」是不是這樣呢？又錯了！所以，佛法還眞不許隨便亂聽，得要好好聽出端倪來，卻是只有實證者才不會錯聽了我說的這些道理。如果還沒有實證金剛心如來藏再深入觀行，只從語言文字表相去聽，管保聽錯，然後就跟著人家亂講：「啊！那我知道了，我死的時候就是把心量一直擴散，像月溪法師那樣，要遍滿虛空大自在。」那就變成虛空外道去了！所以聽起來，好像很玄，其實不玄，而事實也是這樣。但是像虛空那麼大，卻是不對的！所以，不要被語言文字所欺瞞。等你悟了才知道說：「原來，當初我誤會蕭老師講的那一段話了。」因爲，我講的不是你現在所想的那個意思。

大慧宗杲禪師說這個心眞的偉大而且寂滅，說祂是廣大寂滅心；因爲祂就好像虛空一樣，從來不作分別。阿貓、阿狗來了，是我們意識覺知心在分別。這是野花、這是花王，也是我們意識在分別。路人甲來了，師父來了，不一樣啊！路人甲來了，我可以不甩他；我師父來了，可不能不招呼，這也是我們意識在分別。可是這個寂滅心，從來都不分別，猶如虛空一樣都不分別。但是，如果因爲聽到這樣開示就想：「那麼這個心應該是很清淨的，因爲祂都不分別啊！染汙心才會分別嘛！所以從此以後，我都不要作任何分別，然後每天打坐，要讓自己不起分別。」於是他只要外面一個聲音，起分別了，馬上就把覺知心拉回來，也把自己罵得狗血淋頭，想要因此下定決心不再分別。可是怎麼能不分別呢？等一下那案頭一盆心愛的花，被貓跑進來給推下地了，哐啷一聲，嚴重分別了：「我的好花完了！」又分別了。雖然他心中還是沒有語言文字，但他已經知道了，就是分別完成了，怎能不分別呢？

所以，如果因爲聽到善知識或者經中這樣講，就起心動念自己以爲應該如此，想要讓覺知心自己去求個安靜的境界；這個想法與作法其實是染汙之行，不是眞正的清淨行。眞正的清淨行，是惡人覺知心正在殺人放火的時候，金剛心如來藏還是保持原來的清淨行；因爲覺知心在殺人放火的時候，另有一個心是不殺人放火的，卻是跟他的覺知心同在一起；那個從來不動心、不分別的本來清淨的心，才是眞正在行清淨行。有時會染汙的覺知心自己，不可能永遠都是清淨行。當自己以爲清淨了，很歡喜住在清淨行裡面時，已經是貪染於清淨法、執著於清淨法了，怎麼還會是清淨心呢？貪染與清淨只是一體兩面，一定同時存在著，所以還是染汙心。假使有哪個大禪師告訴你：「**我們每天都要清淨自己。**」那你就用大慧禪師這一句話送給他：「**擬心求淨即染汙。**」管叫他聽了黑掉半邊臉！

大慧宗杲又說「**況復比倫諸佛土**」，如果以大慧宗杲這樣的看法而說，看來那些大師們是生不了佛土的；因爲即使生到極樂世界去，仍然不是住在佛土，還要在中繼站，也就是必須在蓮苞裡面慢慢等候，要很久以後才能蓮華開敷，才能見佛；因爲他們都是擬心求淨，就是染汙的意識心，那就要不斷讓他熏習苦、空、無我、無常。這些二乘法都熏習完了，知道說：「**原來**

我覺知心自己存在當下就是苦、就是無常。」然後才告訴他們六度：「你們不要一天到晚想要讓眾生來布施錢財給你們，你們應該要想著怎麼樣布施給眾生才對。」讓他們去聽慣了，然後告訴他們要持戒：「戒要好好持，不要背地裡亂搞雙身法。」要讓他們不斷地聽聞熏習；然後忍辱、精進、靜慮都要教他們不斷熏習，最後才告訴他們般若；等到般若知見熏習夠了就放他們出來，這才是眞的生在極樂佛土。別老以爲說：「坐著蓮華去了，就已經到了極樂世界。」還沒有到啦！還要在中繼站也就是蓮華裡面慢慢待著啦！終於有一天熏習到足夠了，蓮華終於開了，這才算眞的到了極樂世界佛土。所以，若是落在意識心中，清淨佛土就很難相應。

再來是宗說之三，《大慧普覺禪師語錄》卷二十六：【大凡涉世有餘之士，久膠於塵勞中；忽然得人指令，向靜默處作工夫，乍得胸中無事，便認著以爲究竟安樂。殊不知似石壓草，雖暫覺絕消息，奈何根株猶在，寧有證徹寂滅之期？要得眞正寂滅現前，必須於熾然生滅之中驀地一跳跳出，不動一絲毫，便攪長河爲酥酪，變大地作黃金，臨機縱奪殺活自由，利他自利無施不可，先聖喚作無盡藏陀羅尼門。】

這其實是在勸誡當時的人們，因爲當時默照禪很風行，可是卻又沒有辦法眞的理解默照禪的宗旨，只看默照等表相，都落在意識心中。所以，大慧宗杲才會這麼說：「大致上來講，在世間法中涉入很長一段時間以後，終於有餘財也有餘暇了；這一些人是以前一向都被很黏的膠黏在塵勞之中，現在終於有餘財、有餘暇學佛了。忽然間聽到有人跟他指個方向，叫他往靜默的地方去作工夫。每天去靜坐消除妄想，這樣經過一段時間以後，突然間有一天覺得離念境界眞的好好呵！什麼事情都沒有，都不牽掛了，心裡好高興，便把這個境界當作是究竟的安樂地。可是他們卻不曉得，這種境界就好像石頭壓著草一樣，只是一時之間把那些妄想思念突然給壓住而已。可是，那個妄想思念的根以及株、葉子都是還在的，」這只是不能生長而已，所以說它根株還在。「像這樣子，怎麼可能有證得徹悟的寂靜境界的時節到來呢？如果眞的想要證得眞正的寂滅境界現前，就必須在種種生滅法非常猛烈演變的狀況之中，突然間一跳就跳出來了。跳出來的時候自己依舊是熾然生滅，但是這時候有一個從來不生滅的，這樣一跳跳出來以後發覺到，這一個是不動一絲毫的。這個時候就像把那條很長很長的河流，拿一個大棍子把它攪一攪，那些混濁的水都變成酥酪一般，」那個價值就不一樣了，本來那河水是沒人要的，一直往大海流去而沒人要；如今整條河水都變成酥與酪，你說還有人不要嗎？當然要啊！這就是說，本來是很卑賤的，突然變很尊貴了，「這時候就說他是變大地作黃金。」

不要以爲大地很髒，大地可是很重要；不但世間人如此，在佛法中也如此。世間人奮鬥了一輩子，領了一大筆退休金以後，他說：「我最近去蘭陽平原買了一塊地皮。」「花了多少錢？」「八百九十九萬。」啊！一塊地皮要八百九十九萬。他買的眞的是地皮嗎？不是，如果是地的皮要八百九十九萬，那太好賺了，開了台推土機來推一層土皮給他就好了。當然不是這樣說，因爲他買的是那個空間，空間坐落於土地上，就簡稱爲地皮；那個空間依於那個地而有，若沒有地，一切都甭談。

佛法也一樣，所以人家來問：「只如百丈竿頭如何進步？」長沙說：「朗州山。」有人來問佛法大意如何實證？長沙竟然答覆說是朗州的德山。如果弄不清楚，過一段時間又來問：「如何是朗州山？」又改爲答覆說：「澧州水。」確實難會！可是如果有人問個不停，問到一千多年後，今天問到正覺來，我就告訴他說：「你也眞夠笨！既然告訴你是朗州山，你就去朗州德山逛一逛，不就看清楚了嗎？」也許有人還眞的去逛了，他去辦了護照，又去辦了台胞證，然後去朗州逛了一大圈，眼睛睜得好大，看來看去總看不見什麼，於是又回到台灣來問：「老師！我眞的去德山看過了，可是我也沒看見什麼，那該怎麼辦？」「那還不簡單！你明年再去澧州，那澧水可好玩，你就夏天去，搞不好你還可以游游泳，也不錯啊！」所以禪師才會說：「四海五湖皇化裡。」不論你去到五湖四海，不論你去到什麼山，就算你爬到了喜馬拉雅山頂，西藏人叫作珠穆朗瑪峰，你就爬上去看看，哪個地方沒有寂滅心？到處都有，只看你照子亮不亮。

所以，如果不能把這攀緣的覺知心給休了、歇了，老是落在意識裡面，縱使坐得無念離念，仍然是如石壓草，根株猶存。有一天，因爲有了許多外緣，於是又到處奔波去了，那根苗又長了出來；等到事情辦完了，過個半年，回頭再要來用功時才發覺：一片雜草，茂盛得很。我們正覺講堂北面的鄰居，以前曾經派了法師去泰國法身寺（其實那裡並沒有法身可證），去學他們的四念處觀回來。那位法師很用功，但只不過維持了半年，後來還是雜念叢生，有什麼用？還不如本地的無相念佛方法來得堅固受用，所以那只是如石壓草而已。根株不除，根苗俱存；等到石頭一搬開，不多久，雜草又長得很茂盛了，不是永遠無念，所以眞的濟不了大事。

所以，如果能夠這樣子「變大地作黃金」，才是眞正一條好漢。爲什麼說大地是黃金？因爲遍大地任何一個地方，你都可以找到如來藏，所以遍大地是黃金。你要是不信，你去台灣玉山頂上看一看，一定會找到如來藏。如果找不到，再過一、二個月，陽明山花開了，你去陽明山看看，也一定會看得到。（有人說：現在開了。）原來我眞的落伍了，山上花開了都不知道，因爲心已經不在世間法上。那麼既然花開了，週末週日趕快去看看，金剛心也在那裡。那麼你說，這個眞如心遍大地都有，難道大地不是像黃金一樣地可貴嗎？當然是很可貴嘛！這時候豈不是「變大地作黃金」嗎？到這個地步，當你知道大地都是黃金，沒一處找不到如來藏，每一個地方都可以找得到如來藏；到那個時節你的智慧就夠了，自然可以「臨機縱奪殺活自由」。遇見了學人，欲縱欲奪都由你，這個時候你要殺他、要活他，都由著你來決定，他的法身慧命在你手裡。這時候你就可以眞正的當起禪師來，利他自利、無施不可，要隨便怎麼樣布施佛法都可以。在布施佛法當中，利益了大家，你的福德就廣大了，這才是學佛人夢寐以求的正法。

來到正覺同修會，就不要像以前去外面那些道場一樣逛碼頭，全球的碼頭逛完了，仍然是一個門外漢，與佛法有什麼相干？如果能夠透過這一著，三乘菩提漸漸地就次第可通了。那時候，臨機縱奪殺活自在，都由著你，這豈不是學佛人夢寐以求的呢？可是這個機會不是時時有，我們就是希望把這種機會繼續保持著，要讓今時後世的學佛人可以時時有這種機會。如果能夠這樣子，把這個正覺道場不斷地延續下去，下一輩子你再度回來正覺講堂的時候，雖有隔陰之迷，也都無妨。這一世破了參，下一輩子再來時，縱使聞熏正法的時間不很久，原來的種子流注出來時，你又重新開悟了，這樣就幾乎等於沒有胎昧一樣。所以正覺的妙法要怎麼樣流傳久遠，眞的很重要；不只是爲還沒進來正覺的人，也是爲自己的未來世。

如果正覺妙法能一直存在，到將來三地滿心了，才可以不必掛心：「正覺同修會到底還在不在？到底是不是滅亡了？」沒有到三地滿心以前都要掛心：不能讓正覺同修會滅了。因爲正覺同修會就是全球佛教唯一宗門正法的代表，現在就是如此。如果有新來的人，聽了我這些話覺得不爽快，可以走人，沒關係！我會當作沒看見。不過，我先講一句話在前頭：「如果走人，就表示他證悟的因緣還早著呢。」這就像 佛陀講《法華》一樣，沒有因緣聽的人，全都留不下來，有因緣的人自然就能信受；因爲《法華》所講的很難令人信受，有一些話，不到時候都不能講，講了就是一場大是非。這個且不談它，回到大慧禪師這話來說。得到了這一種境界的人，他的智慧可以「臨機縱奪殺活自由」；這叫作七通八達，從這個法通那個法，從那個法又通這個法，每一個法都可以互通，這樣才是眞正的佛法。到這個地步，「先聖」就是以前示現過的那一些開悟聖者們，「說這個叫作無盡藏的陀羅尼門」；陀羅尼就是咒，就是無盡藏的總持咒法門。

可是這樣深妙的實相境界，仍然是要一步一步去走過來。如果有遇到善知識指導，那就像運動場上的三級跳或者撐竿跳，即使是一條大河，把長竿撐著就跳過去了，那就是你的福報。而我們要作的，就是培植更多的人成爲善知識；到那個時候佛法不虞中落，不必擔心佛法會中途沒落，這就是眾生的大福氣。這樣講了一堆，到底把密意講了沒有？（有人說：沒有。）沒有喲？那表示你都是用耳朵在聽，剛才明明告訴你說：照子要放亮一點。再來看 克勤大師怎麼說，《佛果圜悟禪師碧巖錄》卷一：

【所以釋迦老子成道後，於摩竭提國三七日中，思惟如是事：「諸法寂滅相，不可以言宣；我寧不說法，疾入於涅槃。」到這裏，覓箇開口處不得；以方便力故，爲五比丘說已；至三百六十會，說一代時教只是方便。所以脫珍御服、著弊垢衣，不得已，而向第二義門中淺近之處誘引諸子。若教他向上全提，盡大地無一箇半箇。】

咱們家這位老和尚，他講話就是這樣不客氣，向來是這樣。不知道的人以爲他誇口，知道的人很清楚地瞭解：他只是講眞話。若不曉得他的證境，就誤以爲他誇大口。佛果禪師在這一句前面說了一段，然後才說「所以釋迦老子」；老子知道嗎？老子就是講家裡的老人家，就是指父親。結果現在都亂用，現在老子二字變成許多人的自稱了，根本就不對。古時候老子二字是尊稱，是講家裡的老父親，不像現在帶有輕蔑的意思。現在人往往開口、閉口說：「老子看了不爽。」如果是古人聽了不免誤會說：「什麼！你竟然敢說你老爸看了不爽。」意思已經不一樣了。所以，古時候這老子兩個字不是惡意，是個尊稱。佛果禪師說：「所以釋迦老爸成道以後，在摩竭提國菩提樹下，三七二十一天之中，思惟了這個事情：『諸法的寂滅相，是沒有辦法用言語把祂宣說出來的；我寧可不說法，馬上就入涅槃。』」爲什麼世尊當時要這麼想呢？諸位想想看，光是一個明心就已經很難說了，因爲佛陀規定不可以明說；可以幫助眾生開悟，但是只許用旁敲側擊、烘雲托月的方式，不許明著講；也還要先觀察當機者的悟緣成熟了沒有。你如果拿了一支筆畫個圓圈說：「這就是月亮。」那就違規了，佛陀始終不允許這樣。所以你只能拿一些抹布沾了一些黑的東西，在紙上四邊戳、戳、戳，把旁邊都戳黑了，留下中間一片圓形底空白，這樣顯示出來而說是月亮底樣子，只能這樣度人。所以禪師就不得不弄出很多神頭鬼臉，因此就有許多種禪師的作略出現在中國了，這都是不得已而爲；而我們公開宣講《金剛經宗通》，當然也必須遵守世尊的告誡，於是也用烘雲托月的方式來告訴大家；但我卻是把月亮旁的烏雲塗得更黑，希望大家更清楚看見明月，卻依舊有許多人看不見。諸位想一想，光是一個明心已經這麼難理會，如果要把成佛的境界爲眾生說，你到底要從何說起？眞的無從說起欸！

所以，到這個地步就會知道說，爲什麼武林中人會說「眞人不露相」？因爲他如果露了相，那他一天到晚就有許多麻煩了。如果人家都不認得他，當他到處來去，別人都不知道，省得許多麻煩，日子多快活、多自在；一旦人家都知道他，那可就麻煩了。所以，眞人不露相的意思是說，他完全攝藏內斂，表面上看不出他是個佛門中的高人。所以，你們看武俠小說寫的，假使太陽穴鼓鼓的，手腳肌肉很發達，依照武林小說的標準說：這是剛入門才幾年的練家子。如果是內家眞人，就像楚留香一樣溫文儒雅。佛門中也確實是這樣，證量越高的人，他到外面去接觸人們時，從來不講佛法。爲什麼呢？因爲講了出來，人家會說：「**你算什麼？誇得這麼大的海口。**」倒不如免開尊口，也免得人家造業，所以就懶得開口。因此，修到了一個地步以後，你在外面用齋，鄰桌把禪講得口沫橫飛；另外一邊那一桌則自稱他是什麼十地法王，講得一大堆；你連聽都不想聽，爲什麼呢？都是亂說一氣。你要是忍不住眞正開講了，只能招來一場臉紅脖子粗的辯論而已，能夠作得了什麼？無法利益對方的。

所以 佛陀在菩提樹下示現成佛的時候，麻煩大了；要爲眾生講成佛的次第與內涵是那麼的困難，眾生沒有辦法接受的，所以想一想入涅槃算了。好在，有大梵天與釋提桓因他們來請轉法輪，來請 佛住世，不然人間還會有今天的佛教正法啊？這就是我師父說的：「到這裏，覓箇開口處不得；」於是才開始思索，怎麼樣為眾生說法，然後觀察諸佛是怎麼說法的：有的佛一轉法輪，有的佛二轉法輪，有的佛三轉法輪。然後觀察這個世界眾生五濁具足，當然得要分為前後三轉法輪；於是「以方便力故，為五比丘說已」，先成立了聲聞僧團。隨著弘法工作的開展，很不容易才轉到第三轉法輪時期，當法輪快要轉完了，即將入滅了，不得不講《法華經》了，竟然都還有五千凡夫聲聞退席呢！這已顯示眞正佛法很難令人理解。五千聲聞退席，那場面很壯觀，整整五千個聲聞凡夫欸！我們三個講堂坐到滿，像現在這樣坐到擠擠的，也只有一千人。那五千人有多壯觀，他們站起來，全都走了，眞的很壯觀。你想，世尊已經三轉法輪，第三轉法輪都快講完了，都還有五千聲聞這樣當場退席表示不信；那麼你說，佛地的境界，如果一開始就講出來，眾生豈不是要把祂當作精神病患？

所以 克勤大師說得好：「到這個地步，覓箇開口處不得；」眞的是難開口啦！可是後來思索了以後，「以方便力的緣故，世尊用兩條腿走了將近兩百公里，從菩提伽耶走路去到鹿野苑；」我們那時候去，遊覽車走在碎石路上，有時候也有柏油路，大概走了將近六個鐘頭；現在也許路好多了，不用這麼久，也許兩、三個鐘頭就到了。那麼你想，佛陀都是用雙腳走路過去的，為了去度五比丘。講起來，這五比丘眞的是福報大，人天至尊特地走那麼遠的路去為他們說法。如果是我，早知道 世尊要過來，我還是自己先走過去，不要讓 佛陀辛苦走過來，因為那要折福的。可是他們當初並不知道，以為悉達多太子退轉而不修苦行了，所以當他們在鹿野苑看到悉達多太子來了，都還不曉得那是 佛陀，所以當時他們還互相約束：「太子來了，就讓他坐這個位子；讓他自己坐下，我們都不要請他坐。當他來到了，我們也都不要站起身來迎接。」還互相這樣約定呢，你說愚癡不愚癡呢！（當然，由於世尊的威德力，使他們依舊不知不覺地站起身來，走上前去迎接。）

所以，世尊施設了三轉法輪的次第，這眞的是方便力，諸佛才有那個方便力。這樣為五比丘說完了，這算是第一會的初次說法，度了五比丘，人間初有僧團。但其實 佛所度的弟子，是先度在家弟子，所以教那個弟子說：「你要歸依未來的僧團。」因爲那時五比丘還沒有得度，僧團還沒成立。這樣一會又一會說法，到最後三百六十會，已經是第三轉法輪快要說完了，那就是法華勝會。那時候說：「我釋迦佛一代時教，三轉法輪，這只是個方便法，其實只有唯一佛乘。」可是爲了要示現給眾生看，還是得要示現受生爲太子來成佛，捨親出家；是把珍御服脫掉，改穿了弊垢衣。那麼，既然這樣子示現，度聲聞弟子的時候是初轉法輪；既是初轉法輪專講解脫道，那當然也要叫他們「脫珍御服、著弊垢衣」。所以，你如果看見哪一位受過聲聞戒的出家人穿著黃金織的錦袍，你會怎麼想？別人會承認他是出家人嗎？不會！因爲這跟解脫道不相應，與解脫道是衝突的。所以，得要「脫珍御服」，也要「著弊垢衣」，這也是不得已啦！

這樣先度了聲聞人，然後告訴這些聲聞人：「其實你們大部分人，以前都是行菩薩道來的，過往無量劫以來經歷過無數佛了；但因爲你們不是像文殊、普賢他們一樣，跟我很久了，所以我先度你們成爲阿羅漢，但其實你們本來也是行菩薩道的人。」以前修聲聞道的人，其實不是很多；所以入了無餘涅槃的阿羅漢們，那些都是聲聞人。這時就是到了該講《法華》的時候，已經說法三百六十會了。這時告訴舍利弗、須菩提、迦旃延……等人，告訴他們說：「其實你們本來是菩薩，不要誤以爲自己是聲聞人。也不必抱怨以前我爲什麼不先跟你們講菩薩法，只是因爲時間還沒有到。」這時既然說《法華》了，就是「說一代時教只是方便」；原來施設三轉法輪由淺入深的目的，都只是要爲眾生「開、示、悟、入」佛之知見；只是因爲諸佛的所知與所見太難體會了，只好方便施設三轉法輪的次第，這時才顯示 世尊三轉法輪的一代時教眞是方便施設，《法華》所說唯一佛乘才是諸佛眞正的所知與所見。

由於 佛之知、見很難理解，不可能一開始就直接指示給弟子們悟入；於是在般若會上就有實相般若的無量無邊宣演，也開始有教外別傳來指導座下諸阿羅漢們證金剛心如來藏，就發起實相般若眞如智慧。當 世尊眉毛拖地而常常施以教外別傳之法，這正是「脫珍御服、著弊垢衣」；然而單單教外別傳之法，弟子四眾是很難悟入的，於是必須先爲弟子們建立實相般若的正知正見，因此不辭勞苦而演說般若無量妙義，以這二種方式配合來幫助弟子們證悟般若，眞的是「不得已，而向第二義門中淺近之處誘引諸子。」第二轉法輪時期這個教外別傳就叫作什麼呢？就是直指佛法大義。可是一開始就直指佛法大義，大家一定都不會，只好「向第二義門中淺近之處誘引諸子」；到這個即將入涅槃的時節才宣講《法華》，都還有五千聲聞凡夫不信，所以當場退席，但是那些阿羅漢和證得解脫果的聖者們全都相信。那個時候講《法華》，講開、示、悟、入，才終於知道說：「原來我們這些阿羅漢們，雖然貴為人天應供，其實若眞的比起那些菩薩們來，可眞是差得遠了；人家是多久以來就已經是大菩薩了，我們卻是現在才入地。」事實上是這樣子。

可是，如果不以宣演般若諸經的方式來誘進，每一次說法都是直接用向上全提的方式，連正知正見都沒有，又如何能夠悟入呢？所以克勤大師說：「若教他向上全提，盡大地無一箇半箇。」向上全提，知道嗎？在宗門裡面都有普說；普說之後，學人終於漸漸有一點入處了，就開始用轉語。用轉語把學人轉了方向以後，找到正確方向了，葛藤也沒了；接下來挑一些稍微有因緣的，跟他們來個半提。一時間還不能用全提，得等到因緣很夠了，才可以向上全提。怎麼個提法？這徒弟一進門問：「師父！如何是祖師西來意？」這師父就拿起棍子來，直接把他打了出去。改天又有一個弟子進來：「師父！如何是佛法大意？」這師父便破口大罵，或者直接把他喝出去：「出去！」

就這樣，這叫作喝。這些都是向上全提。克勤大師說：「如果不向第二義門中淺近之處誘引諸子，一向都向上全提的話，盡大地所有每一個人都用向上全提的方法，你也悟不了一個半個弟子。」確實如此啊！

你們看，在禪三裡面，我們很少用到向上全提，最多就是來個半提，已經很多人受不了。如果每次禪三都只用向上全提底手段，那好了，每一次進得小參室來，我就大喝：「出去！」再不然，我就準備長一點的竹篦，一進來小參室就打出去。這樣小參很快，一個鐘頭以內就全部小參完畢，那我就輕鬆了。問題是「難得一個、半個」，因為單用向上全提很難開悟，所以才必須用普說、機鋒……等手段。可是這個宗門一路，眞的很不容易悟入。這個向上全提，應該如何提？我覺得還是盡量不要提；因為提了很麻煩，搞不好今晚如果有個新聞記者一時好奇來聽經，比如生活版、藝文版的記者，也許今天聽了，突然間遇到我來個向上全提，明天報紙也許寫出來：「正覺講堂有個瘋子法師，如何、如何……。」還眞是個麻煩，那我們就來個半提好不好？咦！這樣懂了沒？眞的「威儀寂靜」，我已經把大人相顯示給你看了，祂眞的「威儀寂靜」啊！既有威儀又是寂靜相。這樣如果照子夠亮，瞧出個端倪，你就通了這一分，這一分叫作〈威儀寂靜分〉。這時候你就知道說，原來這個廣大心眞的是寂滅心。

〈一合理相分〉第三十

【「須菩提！若善男子、善女人，以三千大千世界碎爲微塵，於意云何？是微塵衆，寧爲多不？」「甚多！世尊！何以故？若是微塵衆實有者，佛則不說是微塵衆。所以者何？佛說微塵衆，則非微塵衆，是名微塵衆。」】

講記：「須菩提啊！如果有善男子或善女人，以三千大千世界磨碎成爲微塵，於你的意下認爲如何呢？這些微塵之衆多，難道不是眞的很多嗎？」「非常多呀！世尊！是什麼緣故而說是非常多呢？假使這些微塵之衆多是眞實有的話，佛就不說這些是微塵衆多了。是什麼緣故而這樣說呢？佛所說的微塵衆多，其實就不是在說微塵衆多，這才是佛所說的微塵衆多。」

這一分講的是「一合理相」，「一合理」有什麼相？又爲什麼要說是一合之理？其實所有的有情都是一合相，聽聞 佛說過《阿含經》的聲聞道以後，也都知道一切有情都是一合相。可是一合相，到底是個什麼理？那當然就是一合理。而這個一合理的了知，卻是非常地困難，因爲這個一合理並不是從表相來說的。聲聞、緣覺只是從表相知道一合理，可是為什麼能夠「一合」？這個根由他們就不知道了。也就是說，你可以不斷地把蘊處界細分，可是細分到最後成為微塵時，所知道的有情終歸還是蘊處界所攝，都沒有一個常住法。但是，五蘊為什麼能和合在一起？而十八界為什麼又能和合在一起？這就是個大問題，但幾百年來的佛教界從來都不曾想到要探索這個問題。譬如說，有些醫學家研究怎麼樣能製造出一塊肌肉，可是連小小的一塊肌肉，他們依舊作不到（編案：此是二〇〇八年夏天所說），他們說這個工程太大了。發展到後來，終於現在可以製造皮膚了。可是皮膚究竟是怎麼製造出來的？他們還是不知道，只知道說：「**我提供這樣的環境，放了皮膚組織進去，有那個環境就能自然生長。**」至於實際上是怎麼增長的？是什麼道理而能增長的？他們也不知道。

可是如果要從法界的實相來說，用那個方法去製造皮膚，其實是缺德的。他們這樣作，利益了人類，可是那背後是利用什麼呢？那背後是某一個福德非常少的有情如來藏去執以為自我，被那些醫學家利用了，在那邊製造皮膚。所以從實相來講，我說這醫學家是缺德，他利用他人來製造皮膚，不是由他自己製造，他只是提供環境而已。你若要問他說：「那皮膚是怎麼造出來的？」他還眞的不知道。他可以去研究皮膚是什麼樣的成分，由那些成分去廣作分析。可是，你若是給了那些原料、那些成分，看他能不能作得出來？他自己作不了的。所以，其實凡是與生命有關的物質，都是一合相；這一和合成就是要靠此經、要靠金剛心如來藏來聚合成就。如果不是如來藏，就沒有辦法有人類或其他有情生物。

也許有人剛一聽到我這麼說，心裡不太相信。但是，我們提示一下就夠了，很簡單：「請問醫學家有沒有辦法製造卵子、製造精子？」他們作不到。不管未來幾萬年、幾億年後，或者幾百億年後、幾阿僧祇劫以後，醫學多麼發達時也都還是作不到，因爲這只有如來藏才能作得到。然後，精子與卵子結合以後，還是要靠如來藏入住以後才能生長爲人。上帝根本就是個騙子，說他能造人，所以一神教信徒都是長上帝威風，滅自己志氣。那些人其實是創造上帝者，寫《聖經》的人眞的是創造上帝者；實際上沒有上帝這個有情，因爲沒有一個神能造人。一神教徒只是愚癡，不知道法界的眞相，才會寫出《聖經》來。他們只從世間法上來看：媽媽又沒有每天幫胎兒捏一個指頭、做一根頭髮插上去；什麼事都沒有做，胎兒就自然有了完整身體。編造《舊約聖經》的人們都不懂那個道理，不懂是如來藏的偉大，就把自己如來藏的功德推給一個想像中的上帝。

其實一切都是一合相，這一合相卻是要靠各人的如來藏才能完成。人類看來很簡單，就是地水火風四大組成的；然而我們把四大成分弄來，看醫學家們要怎麼造人？請了上帝來，看上帝能不能造？他也造不得。如果有一天上帝真的來了，我問他這個問題，一定叫他臉紅耳赤開不得口；因爲他也明明知道有情色身都不是他造的，因爲他連自己的色陰是怎麼來的都不知道了，還能知道人的身體從哪裡來？所以一切都是一合相，但一合相的背後，就是由這個金剛心如來藏來合成有情的身心。

現在說這個一合相，它有那個眞實理，所以說是「一合理」。那個眞實理，佛在這段經文中演說了。可是，佛在這段經文裡面所說的，跟禪師說的卻是一樣，不懂的人就亂扯一通了。我們先從字面上來說。佛說：「須菩提！如果善男子、善女人，把整個三千大千世界磨成粉，再進一步全部磨成微塵，你的看法怎麼樣呢？這些微塵的數目，是不是很多呢？」須菩提回答說：「非常多啊！世尊！為什麼呢？如果這一些微塵全體是眞實有的話，佛就不會說這一些是微塵眾多了。為什麼這麼說呢？因為佛說微塵的無量數目，那就不是微塵的無量數目，這樣才是微塵的無量數目。」

也許有人聽了就說：「這不是廢話嗎？講了等於沒講嘛！」到底有講還是沒講？破參的人就說：「有。」答得很心安理得。還沒有破參的人就問：「哪裡？我都聽不到是哪裡講了。」請一般的人來說明時，他會依文解義。如果是佛學學術研究者，他的依文解義，表面上看來會更勝妙，可卻是更加戲論。所以他們佛學研究者往往會把這一段拿出來說：「這個叫作既遮又遣，怎麼說是既遮又遣呢？因為佛說微塵眾，那就是在事相上說微塵數目非常多、數不盡，那麼則非微塵眾。這個就是遮遣的手法，因為一切的法不可以說它實有，所以要遮止一切法的實有，就說那是微塵眾；這第一句就是遮止，不可以說眞實有，因為微塵眾就表示說都是一合相。『則非微塵眾』，就是把前面這一句話遣除掉，因為當你說微塵眾的時候，那就已經不對了；現在加上一個非微塵眾，就把前面的微塵眾給遣了。你在前面所說的是有遮，還是一個遮法在，要把它遣掉，遣掉所以叫作非微塵眾。這樣先遮了再遣了以後，這才是眞實法，就是緣起性空，所以又回來說是微塵眾。」這叫作標準的戲論，有沒有聽人家這樣講過？一定有人聽過，也有人讀過這樣的註解，因爲我就讀過，我這一世初學佛時也曾讀過。「然後遮遣了以後，又來個進一步發展，就變成雙遮亦雙遣。」喔！那眞的叫作走入迷宮，自己去蓋了許多的圍牆，把自己越圍越無法找到出路，這就是佛學研究的出路；他們的出路不是出路，是反方向往裡面一直被限制住了。這一段的事說，先講到這裡；還有兩分鐘，輪值老師有事情宣布。

《金剛經宗通》上週〈一合理相分〉已經依文解義過了，但是這一段經文，它的理究竟是什麼？這很值得探究，你要是從文字上來看這一段經文，不可避免地會想到一件事情：這樣的經文，它到底爲什麼要這樣說？從文字表面上看來，這似乎是言不及義，看來是沒有講到第一義。除非是剛入門時所想的：「反正經上講的我都信。」一味迷信而不是智信。否則的話，難道不覺得這段經文很奇怪嗎？這三千大千世界磨碎成爲微塵，這些微塵的數目是不是很多？當然要說它是很多。然而，爲什麼這些微塵的無量數目，如果是眞實有，佛陀就不說它是無量的微塵數？「因爲佛說微塵的無量數，那就不是微塵的無量數，這叫作微塵的無量數。」

這看起來似乎是言不及義啊！大家有沒有注意到這一點？是我講了以後才注意到？還是你原來就有注意到？這眞的須要探究，爲什麼佛陀與須菩提，師徒兩個人講了這一段話，可是你聽起來根本什麼意思都不懂？你拿這一段經文來講給世俗人聽，上自大學教授，下至販夫走卒，他們聽了都會說：「你到底在講什麼跟什麼嘛？」一定會這樣問你。沒有問你的人，是因爲他心裡面相信說：「這是神聖的經文講的，不要隨便評論。」否則一定質問說：這到底在講什麼？

可是人天至尊來人間示現，並且跟解空第一的須菩提來講這樣一段話，絕對不是無的放矢。只有小孩子才會拿起玩具弓箭到處亂射，其實沒有什麼目標可以射，只是亂射一通；即使萬中有一而射中了，也不會有什麼結果。可是，人天至尊把這一種無比鋒利、射程無限遠的金剛箭射出去，一定是有一個標的，所以不會是隨便講一講就交差了，當然是言之有物的弦外之音。有一位大法師，以前在書上（那本書如今都還在流通）寫著：「講禪最容易，胡說八道一頓就可以交差了。」那就請他來講講看吧！這一段經文請他來胡說八道一番，看他能不能交差？爲什麼 佛陀這樣講？如果請他來講，他大概要說：「**反正這個就是亂講一通，隨便講一講就能交差了。**」可是講了這句話，可得要小心因果呵！小心半夜裡舌頭爛掉。

這一段經文的說法，其實就是禪宗祖師效法的第一招；當禪宗祖師悟了以後，看到《金剛經》這麼講的時候，他就學著了。所以有些不懂禪宗而又偏愛裝懂的愚癡人誹謗說：「**拈花微笑的公案是虛構的。**」其實不然，在《般若經》裡面，這種公案可是到處都有。連講經時都已經用到這一招了，何況平常呢？要不然座下一千二百五十位大阿羅漢，不止超過一半的人迴心大乘成爲菩薩摩訶薩，佛陀是要怎麼度成的？當然就是要用這種掛羊頭賣狗肉的弦外之音的方式度入。那我們就來看看這到底在幹什麼？其實 佛在說的就是眞如的法相，是暗指眞如心如來藏的所在。但是因爲顧慮到信根、信力不足的人，也顧慮到慧力不足的人，如果明講了以後他們會毀謗而造下謗法大惡業，因此才要這樣隱晦地宣講。

剛剛講過這一段經文的宗旨，咱們暫且擱在一邊，先不討論諸位想要知道的，我們先把鏡頭拉過來講這段經文中的理；把理講完了，到宗說的部分時，我門再把鏡頭拉回來這一段經文所說。先看看這一段理說的第一個部分，我說：只有親證而了知眞實法、常住法的人，才能知道這個眞實法、常住法以外的一切法，全部都是一合理相。其實，如果要字斟句酌地講，應該說眞如心以外的一切法都是一合相。由於一合加上個理字，就稱爲「一合理相」，這是包括常住法眞如心在內的，是包括眞實法金剛心在裡面的，才能夠說是一合理；因爲一合相的眞實理，不能外於眞實法、常住法。正因爲一合之理，這個法相顯現出來而被有智菩薩所證悟，所以成爲菩薩摩訶薩；而這些菩薩摩訶薩，多劫以來無一人不從佛學；所以只有親證而現觀宇宙萬有都是一合理相，才是證眞如的人。證眞如的人就了知什麼是眞正的寂滅，所以《大方廣佛華嚴經》卷八如此說：

「能知此實法，寂滅眞如相；則見最正覺，超出語言道。」

這些文字都很淺顯，並不深奧；可是爲什麼大學裡面國文系的教授，以及哲學系的教授讀了也不能懂，只能夠依文解義？這個眞奇怪！《西遊記》說：玄奘菩薩遊歷西天，千辛萬苦取回來的是無字天書。問題是，他帶回來那麼多經典，馬匹挑著有字佛經，卻是看得見的欸！那麼玄奘菩薩的無字天書何在？這眞是個大問題。這部無字天書，九死一生才從西天取回來；但是當玄奘在西天得到這一部無字天書的時候，其實他心裡面好笑說：「好笑！好笑！眞好笑！這部無字天書在中土就有了，我何必跑到天竺來取。」眞的是這樣欸！這就是說，無字天書也不妨用語言文字講出來、寫出來，但講出來、寫出來的，畢竟不是無字天書。

《華嚴經》這四句偈，亦復如是：「能夠知道這個眞實法，祂是寂滅相、眞如相的；這個人就看見了三界中至高無上的正覺，」他就有了見地了，這時候就是眞的進入佛門了。然後，他時時刻刻與別人應酬往來，乃至吆喝划拳時，都仍然是這一個寂滅相、眞如相，「仍然都是超出語言道的。」這才是眞佛法。如果不懂佛法，把這個經文給誤會了，就去找一些毛筆寫得好的人，幫他寫幾個字，每一張都是兩個字，大殿裡也貼，架房也貼，伙房也貼，迴廊裡也貼，貼的那兩個字是什麼？禁語。因爲大家修行都想要離開語言道啊！等到他有一天悟了以後，我保證你，他一定會把一堆徒眾都叫到大殿來，告訴諸位說：「這兩個字不是字，統統去幫我撕下來！」一定是如此。那兩個字明明是字，爲什麼他悟後卻說不是字？等一下有個徒弟撕了又撕了，忽然想到了這個疑問，跑回來問：「師父啊！那兩個字明明就是字啊！您怎麼說不是字？」這個徒弟倒有一點因緣，只是機遲。那麼其餘的人呢？叫作等而下之，還沒有因緣。然後這個徒弟百思不解，去跟大眾講：「我去問師父，可是師父沒有回答我，只是當頭給我一棒，我如今還痛著呢！」這是什麼意思？大家也不懂啦！也許半年後、一年後，忍不住了，又上來問師父說：「當年您都沒有給我答覆那兩個字爲什麼不是字。爲什麼說它不是字？」師父倒是要罵他：「你這個笨蛋！我說的話還叫作話嗎？」

這就是說，能夠知道的人才是眞正超出語言道的人；因爲他隨時隨地語言文字運用不斷，卻同時有一個金剛心眞實如如而超出語言道的，這才是眞實佛法啦！一天到晚把自己的身體綁住不許動，要緊緊綁死在蒲團上；然後還要綁住覺知心不許動用語言文字，那叫作長坐拘身、入定拘心。可是他們能夠永遠拘束住嗎？總是由不得自己；而另一個從來不坐、從來不動、從來不說卻又不說而說的眞人，他卻放著不理，眞是愚癡人！那個本來不動、本來離語言道的祂，他硬是不要，老把永遠不離語言道的覺知心自己壓在那邊、綁在那邊，說要離開語言道，說要如如不動，這叫作天下第一號大傻瓜。

可是到了末法時代的今天，這種傻瓜是到處有。有的傻瓜留著長頭髮，有的傻瓜剃了頭；有的傻瓜不但剃了頭，還穿著三條大紅祖衣；有的傻瓜是三條不夠看，用五條縫起了大紅祖衣；最大的大傻瓜是九條大衣穿著，在法座上很莊嚴的樣子，然而講來講去還是一樣，都說要把自己壓著不生起語言文字，說要離開語言道。然後，那個本來就離語言文字的眞人，他們都不想要，眞的很奇怪！像這種大傻瓜，你還要拜他爲師幹嘛呢？豈不是比他更傻了嗎？

那個大傻瓜已經夠傻了，我們還要拜他爲師當超級大傻瓜嗎？當然不要。所以諸位要有智慧，我們覺知心無妨語言文字不斷，我們也無妨活蹦亂跳到處去喧鬧著，但無妨你有一個從來如如不動的，從來離語言道的絕對寂靜的眞人，與你同在一起，你要實證祂，才會眞的懂得言語道斷的境界。菩薩的法樂就從這裡來，因爲：「**當我們同在一起，在一起，在一起……**」那就是天底下最快樂的事。小朋友那樣唱，是小朋友的道理；但菩薩也很喜歡唱這一首歌，當然也有菩薩的道理。如果小朋友在那邊唱這一首歌，菩薩也會跟著唱：「**當我們同在一起，其快樂無比。**」眞的如此啊！這樣才不會變成小傻、大傻、特大號的傻子，這樣才能夠稱爲有智慧的菩薩。所以，以後如果他們寺院不是在打七時，那個「禁語」還貼在那邊，你上去一把就把它撕掉；搞不好你這一撕，度了一個、兩個亦未可知。

所以，一定是眞實法才會是寂滅法，一定是永遠寂滅的法才會是眞如相；證得眞實法，親見祂的寂滅相，親見祂的眞如相，那你就是看到了最正覺，因爲三世諸佛都是同此一心。這個時候，你就可以向那些大傻、小傻們拍胸脯說：「我如今在這邊跟你吆喝，在跟你划拳，跟你大呼小叫底時候，我還是超出語言道的，不住在語言道中。」因爲你確實有這個資格這麼講。那麼，能夠這樣，就說你看見了最正覺了。

再來看第二個部分的理說，《佛說海意菩薩所問淨印法門經》卷八：

海意菩薩言：【「復次大梵！佛法無方分、無處所，不生不滅；非青非黃非赤非白故無顯色，非有形相故無形色，無形顯色故即是無相。大梵！無相義者即佛法義，佛法義者即不墮句義，不墮句義者即寂靜義，寂靜義者即是離義，離義者即是空義，空義者即是無繫著義，無繫著義者即實性義，實性義者即眞如義，眞如義者即畢竟不生義，不生義者即不滅義，不滅義者即無

住處義。」】

從這些文字來看，甲等於乙，乙等於丙，丙等於丁，丁等於戊，戊等於己……，到最後又回來等於甲。是不是這樣？對啊！確實是這樣，佛法正應該如此，三乘菩提之中只有二乘菩提無法如此，但是佛菩提一定如此。所以十幾年前，我剛出來弘法時，有一次人家邀請我出去走一走，到哪裡去呢？到中壢的圓光佛學院去（他們都還不知道我曾經去過），它建在田裡面，有個山門；這山門的中央有大門，旁邊兩個小門，一邊寫著「菩提」，一邊寫著「涅槃」。有人問我：「老師！這個菩提跟涅槃，到底是一樣還是不一樣？」我就問他們：「你們說說看。」有人說一樣，有人說不一樣，那我說：「你們主張一樣的人，是怎麼說？」等他說完了，我說：「不是這樣。」我那時解釋說：「菩提與涅槃，到底是實有或者非實有？亦實亦虛。是實，因為它確實存在；虛，是因為它不是自有、不是自在。因為菩提與涅槃，都依心眞如來說，所以菩提是涅槃，涅槃也是菩提；但是你又不能夠說菩提是涅槃，涅槃是菩提，因為你從不同的層面來說，它就不一樣。但是其實都依如來藏說，當你依如來藏說時就一樣；若是依它所表現於外相、不同的如來藏的樣貌，就說它不一樣。你證得如來藏了，所以意識有智慧了就說是證得菩提；你依解脫的智慧而滅了自己，剩下如來藏獨存，所以是涅槃；全都是依如來藏的不同狀況來施設菩提或涅槃，當然不能說是二；但是離了金剛心如來藏的智慧，就沒有菩提；而菩提智卻不是入了無餘涅槃以後還能存在，所以涅槃又不等於菩提，由此而說涅槃與菩提不二也不一。你如果從眼前來說涅槃也可以，你五陰不是涅槃，而如來藏是涅槃；所以你證得菩提時，祂是涅槃，祂就是你，你卻不是祂。」就是這樣啊！確實是這樣啊！這才是眞正的佛法。

實證的、眞悟的佛法是每一法都可以互通的，不是單行道，是四通八達的，海意菩薩說的，就是在顯示這個道理。他告訴大梵天說：「大梵天啊！佛法沒有方分、沒有處所。」如果有方分，表示它是有一個物質，你才能夠說：「它在南方，它在北方，它在東方，它在西方。」因爲有個物質就會有方分嘛！如果是空無形色的法，你怎能夠說它在哪一方？所以四維上下都不能說。所證的法是這樣的，才能夠說祂無方分。如果證得的是離念靈知，請問祂有沒有方分？有啊！如今正在講堂聽經啊！就有方分嘛！也許等一下聽完了，回新竹去了、回苗栗去了，那覺知心的所知是在新竹、在苗栗，就有方分啊！因爲這離念靈知接觸的正是有方分的法。可是你的空性如來藏，祂與你來到這裡，祂卻沒有自覺說「我在這裡」；與你回到家了，祂也沒了知祂在家裡，你怎能夠說祂有方分？祂又無形無色，又不接觸哪個地方處所，也不了別任何一個地方的法，所以祂沒有方分，祂也沒處所。這就是說，凡是有方分的都會佔據一個地方，它一定會佔住、依附某一個處所。佛法所說的眞實法、寂滅法、眞如法，卻是無方分、無處所的。那麼，顯然那些落在離念靈知中自以爲悟的大傻、小傻等大師們，他們的悟顯然是錯誤的，因爲都有方分、都有處所。

佛法講的是不生不滅。二乘菩提講的緣起性空，是有生有滅之法；因爲所觀的法是世俗法蘊處界，而蘊處界有生；入了無餘涅槃是滅盡蘊處界，是有滅；再去投胎時也是中陰身消滅，又是有滅；然後十個月滿足而出生了，又是有生，那顯然不是涅槃。外道的五現涅槃全都不離這種生滅境界，卻誤以爲是常住的；所以說外道的五現涅槃，都不是眞實涅槃。那二乘聖人所證，雖然是眞正的涅槃，可是涅槃中到底是什麼？他們卻弄不清楚。只知道要把自己給滅盡無餘，然後不再去投胎，也不去天界受生，那就是無餘涅槃。至於涅槃裡面是什麼？他知道有一個入胎識；而那個識在哪裡？是什麼模樣？什麼體性？完全無所知。所以眞實佛法是不生不滅，而這個不生不滅是必須實證，不是意識思惟瞭解就算數；也不是想一想、思惟一下就可以，而是必須實證，然後現前觀察確實是如此。

海意菩薩又說，佛法講的這個眞實法，祂不是青黃赤白，完全沒有顏色。白色是不是色？也是色。如果白色不是色，那麼玻璃上塗了一層白漆，就不應該看不見外面，應該照樣可以看出去；很明顯是不行，所以顯然白色也是色。那黑色算不算色？也是色，這些都是色。不過佛法沒有青黃赤白，因爲佛法指的是金剛心如來藏，祂沒有顯色；顯色就是指顏色，青黃赤白就是顯色。佛法也沒有形色，因爲如來藏沒有形相。形相，是說它有長短、方圓、大小、方位、距離、高低，這才能顯示它的形相。有了形相，就是有形色。形的色法，依於形狀而存在，那叫作形色。而佛法沒有形色，沒有形色也沒有顯色的緣故，那就是無相。所以，如果所證的菩提心是有相的，也就是說它有顏色、形色，或者是與形色、顯色相應的心，那就錯了。

很早以前，我們打第一次禪三的時候（那是十幾年前，快二十年了），有位師姊突然間來跟我小參說：「老師！我找到那個是不是眞如？」我說：「妳找到什麼？」她說：「我看到一個透明的、圓圓的，那是不是眞如？」我說：「錯了，眞如怎麼會有透明的還圓圓的色法？」她說透明是因爲我說眞如無形無色。但如果透明的又圓圓的，爲什麼能叫作純透明？既然純透明怎麼會圓圓的？顯然不是純透明。圓圓的是形色，當她說明是透明的時候，那就是顯色了。如果不是有顯色，她怎麼會看見那是透明的？那當然就不是了。這個心是無相的，你所證的佛法當然也該是無相的，所以不要期待說：開悟的時候，會找到一個心是圓的、或者長得像心的形狀一樣。但是，也不能落在離念靈知裡面去，因爲離念靈知雖然沒有青黃赤白，祂卻是活在青黃赤白裡面；雖然沒有形色，祂卻是活在形色裡面，因爲祂都住在六塵中。所以，佛法是離一切相的，有相的就不是眞正的佛法了。

「無相義者即佛法義」，海意菩薩又說：「大梵天啊！無相的道理就是佛法的道理。」十幾年前，我們《無相念佛》剛印出來的時候，常常有人寫信來，說他會無相念佛了，念佛的時候都沒有語言文字了，他們認爲這樣就是開悟了，因爲他們認爲無相念佛就是實相念佛。我說：「無相念佛的境界還不是開悟，那只是從事相上的離語言文字來說無相，不是佛法實相的眞正無相。」有些人聽了就安下心來繼續用功，有些人聽了不信，就自認爲開悟了。所以，這一種誤會佛法的情況非常多，表示意識心的變相很多，一不小心落到意識的變相裡面，還以爲是超越意識了。那麼眞實的無相，不但沒有顯色、形色相，也沒有了知相，根本就沒有識陰的法相，那才能夠說是眞實佛法，才是實相的境界，凡是落在識陰法相裡面就不是眞實佛法了。所以說，實相無相的道理才是佛法的道理，凡是找到的心能夠與各種相相應的，就不是佛法的眞理。

「佛法義者即不墮句義」，佛法的道理，就是不會落在語言文句中的道理。語言文句都是表相的佛法。用這一些語言文字組成一句又一句的說明，目的是爲了開顯眞正的佛法，而那些語言文句本身不是眞正的佛法。所以，如果有哪一個師父規定徒弟們說：「你們每個人每天至少要拜經一個鐘頭，拜什麼經，你們自己選。」有的徒弟把《法華經》請出來，一字一拜，拜經是要一字一拜的。有的徒弟請出《華嚴經》出來，表示說：「我要拜最好、最多。」每天拜經時間到了，大家都在大殿上精進拜經；可是有位老哥總是半途再插進來拜，然後只拜了一拜就走了，也沒有看他請出什麼經典來。其他徒弟也許去跟師父告狀說：「某甲師兄每天拜經時都遲到，然後也都是拜一拜就走了，也沒看見他拜什麼經。」這師父也許心血來潮說：「把所有師兄弟都給召集來。」首座打了雲板集眾，大眾都到了，這師父說：「你們一個個都不許動，每一個人都打一棒。」那個某甲，他卻不打。於是大家抗議了，師父就說：「你們抗議什麼？你們都該打，他才不該打，他才是眞正的拜經者。」

所以，語言文字組成的那些經文，那不是眞正的佛法，是藉那一些語言文字，來組成一句又一句的經文，用以顯示文字背後想要表達的眞正佛法。而那個眞正的佛法，從來不在那些文字的字句裡面，這樣才是眞正的佛法。這一個不會落在語言文字語句裡面的眞實道理，它就是寂靜的道理。如果是離念靈知，縱使他的定修得再好，在日常生活之中，當旁邊人家在講話時他都知道人家在講什麼。如果他笨，心想：「我明明都沒有聽到。」好，他自稱沒聽到、不知道，咱們就每天在他身邊罵他，一面作事就一面罵：「這某甲比丘是個笨蛋，他一天到晚想要胡作非爲；他在這裡跟我們一起作事，心裡面也是髒得不得了，一天到晚都在想女人，一天到晚在想著別人來供養他，一天到晚都在想著要到外面去玩樂。」你們就在他旁邊一直講，看他聽到、不聽到？知道、不知道？再怎麼忍，也忍不過三天啦！因爲他最後一定會氣起來罵人：「你們講的都是無根毀謗。」他一定氣得不得了。怎麼忍也忍不過三天，那離念靈知到底寂靜、不寂靜？顯然是不寂靜啊！所以落在離念靈知裡面時，而宣稱他是證得寂靜法，那都是騙人。把別人、把所有徒弟都給騙盡了以後，最後就把自己也給騙了；連自己也相信了，那就是騙了自己。所以，應該給他一個外號，叫作大傻比丘；因爲沒有人比他更傻，騙了別人也就算了，最後把自己也給騙了，那顯然是不寂靜大傻。所以說「不墮句義者即寂靜義」，因爲凡是墮入語句意涵中的人，全都是在六塵境界中，不可能是眞的寂靜。

眞正的寂靜，是遠離六塵境界的，這就是說：「寂靜的道理，就是遠離的道理。」只有不與語言文字相應的這個寂靜心，才可能是遠離一切煩惱的心。祂既然是寂靜心，表示祂自始至終都不了別六塵。當祂不了別六塵的時候，祂就遠離一切煩惱了。如果不能遠離六塵，就無法遠離煩惱。所以，不管他的修持是如何的好，只要他所悟的心能與六塵相應，他就不能遠離煩惱。因爲與六塵相應的，一定是要每天上班下班辛苦賺錢；若不是要每天辛苦去上班賺錢，就是自己家裡作個小生意，不然就是開個公司當大老闆，也是要辛苦賺錢，怎麼會沒有煩惱呢？

也許有人不相信：「**人家某先生，你看現在都不必作什麼，也有很多錢過生活，都沒有煩惱。**」眞的沒有煩惱嗎？他還得要被人家拉出來，搞一搞競選，不去站台幫忙競選就會被人家講得滿頭包，還是有煩惱。要不然的話，當上阿公了，金孫出生了，到底是高興還是煩惱？有人說是高興，可也有人說是煩惱，因爲他要花更多的時間去疼那個金孫；所以聰明人說是煩惱，愚癡人說是高興。萬一這個金孫哭了起來，又不曉得是尿片濕了還是肚子餓了，還是太熱了、太冷了，在那邊百思不解，還得要趕快把他的媳婦找來才弄清楚，你說煩惱不煩惱？是煩惱啊！凡是會跟六塵相應的都是煩惱。如果這位金孫哭起來，是爲什麼哭？他哭時又沒有語言文字語句啊！但他爲什麼哭？他都還不會講話，哪來的妄想煩惱？嬰兒心中雖然一直都是離念靈知，但他的離念靈知一樣有煩惱，正因爲祂都跟六塵相應，所以有煩惱。凡是會與六塵相應的心，全部都是有煩惱的心。

「寂靜義者即是離義」，這就是說，離念靈知心是不寂靜的，始終都住在六塵境界中；既是不寂靜的心，表示他悟的不是遠離的心。如果是從來不了別六塵的，那當然是絕對寂靜，這個絕對寂靜的心不會被六塵所影響，就可以遠離煩惱；所以海意菩薩說：「寂靜的道理，就是遠離的眞實義。」

那麼，從眼識到末那識，這七個識都沒有辦法像這樣寂靜，所以無法眞的遠離；即使是意根不直接接觸五塵，祂還是有煩惱，還是不寂靜。所以，當你睡到半夜裡太熱了，意根自己不知道是怎麼回事，這時意識都還沒生起，意根就趕快把意識叫起來，才知道原來是太熱，於是迷迷糊糊地把被子給踢了；等到後時被冷醒了，都忘了自己剛才踢了被子。所以意根也是有煩惱，也不是眞的寂靜。所以得要找到一個眞寂靜的，祂從來不跟法塵相應，更別說是跟五塵相應，那祂就是眞的寂靜者。這個眞的寂靜心，祂就遠離一切煩惱，不貪也不厭，不喜也不憎，祂永遠都沒有任何心行，所以不會落在兩邊。這才是眞正的遠離，因爲祂是寂靜的，才能夠是遠離。

「離義者即是空義」，海意菩薩又說，遠離的道理就是空的眞實義。所以，愚癡人不懂佛法的眞實義，總是把不空的當作是空，然後就誇大口說：「我證得空性了，因爲我現在清楚明白，可是沒有任何一個字出現。」就說他證空性了。但這不是證空，這是閩南語講的「悾去呀」——變呆了，他眞的是腦袋壞掉了。眞正證得空性的人，都不這樣講。所以，遠離的義理要眞的理解，不能夠人云亦云，就跟著人家大妄語去。遠離的心，是因爲祂從來寂靜，從來不與六塵相應，從來不與語言文字相應，這才是眞實的遠離。這個眞正寂靜的心，無始以來遠離六塵境界而對六塵都不分別，才能眞實遠離。能夠如此遠離一切境界諸法的，祂才是佛法所說的空。不是由意識覺知心來空掉語言文字而叫作證空。

「空義者即是無繫著義」，那麼，這個空的道理是什麼？就是無繫著。離念靈知心永遠都有繫著。假使有一個人從醒來一直到上班、下班回家，洗過澡，睡著了，都可以心中不起一念，都可以心中不起一個字。那功夫算很厲害了，世間沒有人作得到。不說普通人，我也作不到；我起來了，漱洗過後，坐上電腦一直寫、一直寫，全都是語言文字。他老哥倒是厲害，從出門上班到晚上下班回來，都不用語言文字，我眞的無法相信；縱使眞能如此，一定是老闆對他很寬容，讓他領薪水都不必作事，否則不可能。然而問題是，縱使有個女人深受老闆寵愛，功夫也眞的這麼好，到底有沒有被繫著？當然是被繫著，不然她趕著上班作什麼？因爲她離念靈知跟那些「繫著」的法相應，被世間法繫著了，才要去上班。

可是當她趕著要上班，下班後又趕著要回來幫先生煮飯的時候，她身中還有一個沒有繫著的；時間來不來得及，祂都不管的。下班回來，會不會煮飯煮得太晚？煮得好不好吃？祂也都不管的，那才是無繫著的道理。祂的無繫著是從來就無繫著，不是修行以後才無繫著。要等到修行以後才能夠覺得無繫著的心，一定是識陰所攝的覺知心，一定會有時又被繫著了。因此，假使有一天，突然想到這個道理說：「**那我就什麼都不要管，日上三竿了照睡不誤，先生罵了也不管。**」然後會怎麼樣？大吵一架之後，還不是照樣要上班、要煮飯，那到底有沒有繫著？有！所以說一定是永遠都沒有繫著的那個法，才能夠說祂是空性。離念靈知再怎麼排也排不上，祂永遠輪不到空性這個名號。因爲這個無繫著的心才是萬法之王，離念靈知心想要來爭這個法王之位，門都沒有！永遠輪不到祂。不是眞法王不肯讓位給離念靈知，而是祂根本坐不了那個位子，因爲第八識法王的境界不是離念靈知心所能到達的。

海意菩薩又說：「無繫著義者即實性義，」這個沒有繫著的道理，講的就是眞實法性的道理。眞實的法性，表示說祂不是斷滅空。緣起性空絕對不是眞實法性，緣起性空是生滅的法性，因爲緣起性空是依生滅性的蘊處界而施設建立的。如果不是有蘊處界這個生滅法，就不會有緣起性空。但是二乘菩提講的緣起性空，跟大乘佛法不一樣。大乘法才是眞佛法，才能使人成佛；而佛法講的不是緣起性空，雖然也函蓋了緣起性空，但那只是附產品，不是主要的產品。所以說沒有繫著的這個法，才是眞實法性的眞實理。眞實法性，表示祂是眞實存在的，並且另有祂的功德作用，這才能夠叫作法性。如果沒有各種功德，怎能夠說祂有法性呢？一切法斷滅空無了以後不能夠說是法性，斷滅空叫作無，無是沒有法，何況能有法性？因此無繫著的法，祂一定有祂的眞實法性存在，這才是佛法。

「實性義者即眞如義」，而這個沒有繫著的法性，顯示出祂有種種眞實的、常住的，並且有能生萬法的種種眞實存在的法性；雖然能生種種萬法而處於所生的種種萬法之中運作，但祂卻是如如不動的，這才是眞如的眞實理。祂永遠是眞實而如如的，所以祂就被稱爲眞如。當一個人被欺負、被無根毀謗，說他氣得要死、臉紅脖子粗、青筋暴脹；可是因爲對方是上司，又不敢開口大罵，其實心裡面強忍著幾乎要爆發了。他當時很激動，可是他同時還有另一個眞實法是一點點都不激動的，永遠是如如不動的，而這個如如不動的卻是眞實法。他老哥在那邊青筋暴脹、強加壓抑底時候，他的這位法王還是如如不動的。而他在那邊青筋暴脹底時候，他如如不動的心依舊繼續是如如不動，根本就不會有任何的瞋恚心出現；而祂卻是眞實存在的，這不是方便虛設的名詞，所以說眞實性的道理就是眞如的道理。

「眞如義者即畢竟不生義」，這個眞如的道理，即是究竟的、畢竟不生的道理，祂絕對無生。離念靈知一向都是有生，你如果去問一個世俗人，問一個既不學佛也不在外道法中修行的人，隨便問他說：「當你這個覺知心，如果修到離了念的時候，來到晚上睡覺的時候還在不在？」他一定告訴你：「不在！睡覺就睡覺了，就不在了，怎麼還會在？笨蛋！這個也要問我。」他反而要罵你。可怪的是，佛門自稱很有智慧的人，從世俗人的階段轉到學佛人的階段來了，並且還是學禪的上根人，自認爲是很有智慧的人，結果竟然觀察不到說：這個離念靈知，每晚睡覺時都會斷滅。眞的好奇怪！所以佛門怪事還眞多，數之不盡。但是當他覺知心生或滅，不論何時何處，那個眞如法性，那個佛法始終是不生，祂從來沒有出生過。你離念靈知有出生，從你出生以後，終於懂得探討眞我法王到底有生或無生；可是你悟後依舊無法推究出祂什麼時候會有出生，不但你作不到，連 世尊祂老人家也作不到；不論誰都作不到，因爲祂無始以來法爾如是自己存在。

「**不生義者即不滅義**」，這個不生的道理，就是不滅的道理。凡是有生之法必定有滅，只是滅的時間長或者短的差別。細菌生了以後，可能幾個小時就死滅了；有些微生物朝生暮死，有些或兩天、三天死亡。如果是修定而修得非非想定，生到非非想天去，最多可以存活八萬大劫；從他生到非非想天去開始算，壽命有八萬大劫，之後還是得死。如果中夭，可能四萬大劫乃至一萬大劫就死掉了。所以凡是有生的，一定都會有滅；只有從來不生的，才是可以永遠不滅的空性。所以說不生的道理，它就是不滅的眞實義。

「**不滅義者即無住處義**」，不滅的眞實義，就是沒有住處的眞實義；因爲不生不滅的法，一定沒有住處。離念靈知是生滅法，所以永遠都有住處。

現在正在聽經，住於這個講經的語言文句裡面；如果講經時講得很枯燥，因爲講者都是依文解義，而且說法又不幽默，聽起來很悶，悶到後來就睡著了；或者開始打起妄想而作夢，也許正好就是那麼黃粱一夢。等一下人家講完了，聲音吵鬧起來，他又醒過來：「原來，我的宰相已經當完了。」有沒有住呢？有啊！住於夢境中。只有不生滅的才是無住的，凡是生滅法，譬如離念靈知，才一生起就有所住了；一定住於六塵中，無法離開六塵而住；乃至進入定境中，都還有定境中的法塵境成爲所住，不可能無住。只有不滅的，永遠都無法間斷或毀滅的，才可能是無住處的眞實理。

所以，我們書中說：成佛的時候無住處涅槃，還是依這個本來自性清淨涅槃來施設；而本來自性清淨涅槃，就是如來藏金剛心的不生不滅、不貪不厭、不來不去、不垢不淨，這樣才是眞實佛法。這樣的眞實佛法，是很早以前就寫在經中、記錄在經中，可不是幾百年前、一千年前由誰創造的，因爲四阿含諸經中也如此記載著。二千五百多年來一直都記錄在經中留存著，可是這幾百年來有誰來講過這個法？一百年來你們又曾聽過誰講出這樣的法？爲什麼他們不願意或者不敢講這樣的法呢？因爲沒有實證，因爲都落在形色、顯色裡面，因爲所悟都是不寂靜的，都是有生的，都是有來有去的，都與經中的記載不符，所以都不敢也不願請出這些經文來講。因爲他們那個心叫作離念靈知心，不是眞實而如如不動底心。

所以，單是這一個大乘見道的金剛心眞如法，可以由這個法通那個法，由那個法通這個法；互相之間都是互通的，沒有不通底地方。所以，當你悟了以後，你可以說：「菩提就是涅槃，涅槃就是菩提。」可是別人落在離念靈知境界中，也來跟你說：「菩提就是涅槃，涅槃就是菩提。」你就給他一巴掌。他抗議說：「我講的跟你講的一樣啊！」你說：「不一樣。」「那你怎麼講？」你說：「菩提即涅槃。」他又抗議說：「明明一樣啊！」你還是說：「不一樣啊！」「不一樣在哪裡？」一巴掌又給他：「不一樣在這裡。」「你這個人強詞奪理。」可是強詞奪理的表相，骨子裡卻不是強詞奪理，而是確實如此，也是起了老婆心來爲他，只是難得讓你遇到一個半個知音。所以自從 佛陀那個年代過去以後，我們這樣一直弘法到現在；我這一世最幸福，因爲現在知音已經有三百多人了，眼看著即將要滿四百人了。所以這個年代，比起我往世的環境來，這一世算是很幸福的了；並且預見會越來越幸福，一代比一代幸福，因爲知音會越來越多。世俗人說：「酒逢知己千杯少。」得要一醉才罷休，我們也說：「法逢知音，千不多。」一千人也不算多啦！

所以應該要說：一切佛法都是不生不滅，一切佛法也都是眞如相。凡是沒有眞實證悟的人，都只能從表相上來看，看來看去都是生滅法；然後把生滅法中的離念靈知，取來作爲不生滅法，關起門來自己當法王，自我安慰；其實都是假法王，每天向外逐物貪求，也無法出門公開自稱是法王，所以這些法王都出不了門的，除非準備接受證悟者的檢點。也就是說，整個國家是皇帝在統治，如果有誰要自封爲皇帝的話，偷偷做了龍袍、做了那個頂戴以後，如果想要穿一穿來過癮，只能深夜把窗戶都密閉起來，然後把燈也關了，黑黑暗暗之中自己穿了說：「我是皇帝。」只能這樣，這種假皇帝白天是出不了門的。離念靈知就是這樣，除非皇帝老子睡著了，沒有人管事，才能容得左鄰右舍大家都穿了龍袍出來自稱皇帝。可是要小心呵！一旦皇帝老子醒來，或者有人舉報，他們可就倒楣了。

這就是說，一定是要眞正去證得一個於一切法中都不生滅，於一切法中都是眞如相的金剛實相心，才能夠說是眞的證得實相空性，這才是眞正的無相。因爲這個法是不生不滅的緣故，所以祂能生萬法而自己永遠是寂靜的；正是因爲這個緣故，所以你就看見了說：世間一切法乃至二乘菩提出世間法、大乘菩提的世出世間法，全都不離這個法王法。

而所有的世間法、出世間法、世出世間法，全都是「一合理相」：都是假合而有，但是背後卻有這個眞實理存在，所以一定是一合理。一切法是一合相，但是一合相的背後一定有這個眞實理——金剛心如來藏；由金剛心這個眞如法性，來顯示一合理的法相出來，這才是眞的佛法。因爲一合相全部都是從理而生，這個理就是禪門講的佛法大意，而佛法大意就是如來藏的眞實理，外於如來藏就沒有佛法大意可說。這個一合理不是佛法的細意，是佛法的大意；也就是說，祂是佛法的總相。猶如一件海青，你如果從衣領一提，整件海青就全部起來了，不會拖泥帶水；你如果是從衣襟提起，或者從下擺提，一定拖得好長，你都沒辦法處理這件海青。這個「一合理相」，講的就是這個金剛心如來藏，祂就是佛法的大意；你只要找到祂，從這個如來藏綱領一提起來，整個佛法就跟著起來了，一大串又一大串佛法都由這個綱領所聯繫。

所以，只有愚癡人不相信：禪門的所悟是如來藏。以前不是也有一些大小法師說：「如來藏不是眞實有，禪宗的開悟也不是悟如來藏。」以前有不少人這麼說。大法師們在口頭上這麼講，小法師還明白寫在書中。但是我們舉出來了：連默照禪天童宏智正覺的所悟，都仍然是如來藏，那麼大慧宗杲看話禪裡的證悟者就更是如此，因此現在他們不吭聲了。為什麼不敢吭聲？因為證據明確地擺在那裡。所以，有智慧的人絕對不隨便聽信有名的大師亂說一氣，一定會多聞熏習，然後來加以評判，最後才作下決定：自己要走什麼樣的路。如果不是這樣，不但《金剛經》不通，二乘菩提也不通，第三轉法輪的唯識諸經更不通，那就只好成為佛門中的門外漢。身在佛門中，卻是個門外漢，因為從來都沒有入門。咱們不住在佛教寺院中，但我們卻是眞正家裡人，眞正是佛門中人。那麼你們到底要當哪一種人呢？（有人答：家裡人。）對嘛！要當家裡人嘛！因為在佛門裡面當門外漢，是走不出佛門的，怎能眞的接引眾生呢？

也許有人想：「奇怪！門外漢當然在門外，怎麼走不出門？」正因為是門外漢，所以他就被關在裡面，當然就走不出寺院大門了。可是在外面的家裡人，來來去去都很自如；哪一天如果有哪個大道場要請我去演講，我照樣去，有什麼不敢去的？因爲我本來就是那裡面的人，可是他們如今住在裡面卻不是眞正裡面的人。老實說，要邀請我去演講也不容易，因爲因緣很難得。因緣難得，不是我難得，是他們難得，我是隨時可以出門的。這意思就是說，佛法是世出世間法，二乘菩提是出世間法，而世間的一切生活營運都是世間法。可是既然佛法稱爲世出世間法，那當然是腳踏兩條船，既在家裡又在外面，又說**「出門在外，不離自家」**，說**「在外行腳，不離家門」**，這才是佛法，只是這樣的佛法難得。

再回到這一品經文。由於前面所引經據典補充說明的這一些道理，說一切的大千世界、一切微塵、一切五陰世界都是一合相，都由金剛心如來藏所生，所以就成爲**「一合理相」**。接著來看看宗門裡面，對這個**「一合理相」**，又是怎麼個說法。《雲門匡眞禪師廣錄》卷二：

【師有時云：「橫說豎說菩提涅槃、眞如佛性，總是向下商量。直得拈槌豎拂時節，亦是橫說豎說，對前頭猶較些子。」僧問：「請師向上道。」師云：「大眾久立。速禮三拜。」】

如果是家裡人，讀過或聽過這一段語錄，就讚歎說：「眞的是活靈活現。」如果是住在寺裡的門外漢，聽完了就評論道：「精神有病嘛！這是在講什麼？無頭公案。」

這雲門禪師有時候說：「橫說竪說菩提涅槃、眞如佛性，總是向下商量。」意思是說，講得一大篇，從橫裡說去、直著說來，這樣講得一大堆的菩提涅槃、眞如佛性，全都與眞實佛法不相干，都是向下商量，不是在說向上事。這好像是一竹篙打翻一船人，對不對？你看，那些大師們寫了多少著作？且不說大師們，因爲那些大師們都還是信奉台灣釋印順的；就看台灣釋印順的四十一本（現在有四十二本著作了），他的四十二本著作所說，都與佛法不相干。即使咱家寫了那麼多本的書，老實說也與佛法不相干，都是向下商量。因爲那些語言文字寫在書中的，是用來作什麼呢？只是當作一個指頭用，全都是用來指向月亮的指頭。那些語言文字，包括我今天講的這麼多話，都只是指月之指而已，不是眞正的佛法。然而問題是，這個指頭到底在指涉什麼？所以雲門禪師說：「菩提涅槃、眞如佛性，橫說竪說都是向下商量。」

不但如此，他還評論祖師們說：「直得拈槌竪拂時節，」「直得」是說「就算是」：「就算是他不用語言文字來說，已經不說話了，乾脆拈起木槌或者竪起拂子來的那個時節，其實仍然是橫說竪說。」意思是說，那仍然還是向下商量底時節。這可眞怪了！祖師明明說：「拈槌竪拂是向上全提。」雲門竟然說：「這還是向下商量。」卻又下了個註腳說：「對前頭猶較些子。」說不要光顧著那些橫說竪說，也不要光顧著祖師的拈槌與竪拂；在祖師開口說話前，在祖師拈槌竪拂之前，從那個前頭一看，若是能夠看定了，「猶較些子」。「些子」就是閩南話「一朮仔（台語）」，也就是一點點的意思。「猶較些子」即是台灣話的「較贏一朮仔」，就是稍微贏過別人一點點。你看，佛法就是這樣；有人這麼說，有人那麼說，也有人這樣說，到底哪個才對？門外漢會說：「這個不對，那個不對，這個對。」家裡人卻說：「統統不對。」不信，再去問另外一位家裡人，那個家裡人竟然說：「統統都對。」糟糕了！那該怎麼辦？你得要能夠像那兩個家裡人一樣，才能夠說是眞的懂佛法了，所以眞正的般若佛法確實不容易懂。

所以，只要度一個人這樣懂了佛法，勝過度一百萬人成爲佛教裡的凡夫信徒。那你想，如今從台灣頭到台灣尾，從東台灣到西台灣，到處都有人說他們開悟了，四處都有人被大師印證開悟了。台灣如此，大陸也如此，請問：「這到底正常不正常？」眞的不正常欸！台灣佛教不正常，大陸佛教也不正常，因爲證悟佛法，自古以來就是少數人底事，從來不是多數人底事。如今那些大法師們都罵說：「大家都錯了，難道就只有你一個蕭平實悟對了？」我就回答說：「這才算是正常了。」就是這樣啊！自古以來，證悟的人都很少啦！所以家裡人說話，不同於流俗，可是卻仍然是用俗話來說非俗之法。所以禪師講話都蠻粗魯的，都跟市井升斗小民一樣地說話，可味道就是不同啊！原因就在於這個佛法的實證。

雲門這麼講：「就算是到了拈槌豎拂的時節，都仍然是橫說豎說；有智慧底人，還要再看前頭，要往前頭去認取，才算是贏了別人一點點。」有僧人上來問：「既然你講的都是向下商量的事，那麼就請師父您向上說吧！」這徒弟膽子也夠大了，敢當眾求悟說：「師父！您就向上說吧！也讓我們悟入吧！」這雲門禪師就說：「諸位大眾，你們在座下聽我講話，也站了很久了，趕快禮三拜吧！」這到底是說了、沒說？因爲乃至拈槌豎拂，都還是向下商量，他竟然教人家說：「你們站久了，腳痠了，趕快禮三拜。」講了這麼多的話，這樣看來，似乎還是向下商量，什麼地方是他向上說處？想不想知道？想啦！可是不好意思說，那麼乾脆我代你們說了：佛說微塵眾，則非微塵眾，是名微塵眾。

【「世尊！如來所說三千大千世界，則非世界，是名世界。何以故？若世界實有者，則是一合相；如來說一合相，則非一合相，是名一合相。」「須菩提！一合相者，則是不可說，但凡夫之人貪著其事。」】

講記：「世尊！如來所說的三千大千世界，就不是在指稱世界，這樣才是如來所說的世界。這是什麼緣故呢？假使世界是眞實有的話，世界就是一合之相；而如來說一合之相的時候，其實不是在說一合之相，這才是如來所說的一合之相。」「須菩提啊！我說的一合相的事，其實是不可說的，然而凡夫之人總是貪著一合相等事情。」

在〈一合理相分〉的第一段經文中，須菩提曾經說：「那些微塵的無量數目，如果是眞實有的話，佛就不說那是微塵的無量數。所以者何？因爲佛說微塵無量數，其實不是說微塵無量數，就是微塵無量數。」須菩提跟著 佛陀再使一遍這種機鋒，他就說：「世尊！如來所說的三千大千世界，就不是世界，那就是如來說的世界。」你看，這徒弟現學現賣，這才是家裡人；因為他知道佛陀在講什麼，他一聽就知道了：「以前我沒用過這一招，現在我把這一招學來立刻就用，現學現賣。」作生意一定要現買現賣才會賺錢，如果買來放上好幾年才能賣出去，那能賺什麼錢？現買現賣，一轉手賺了錢，馬上又新買來賣，又再度賺錢。學佛法也要如此，來正覺辛苦學法之目的就在這裡。現學現賣以後又可以再學更多，又可以再賣更多，就像滾雪球一樣，這樣才算你有眼光。須菩提尊者也是一樣，他跟著又說：「如來所說的三千大千世界，就不是世界，這樣才能夠說是如來說的世界。為什麼這樣說呢？如果世界是眞實有，那就是一合相；但是如來說的一合相，不是在說一合相，那才能叫作如來說的一合相。」佛就說：「須菩提！我說的一合相的實際則是不可說的，但是凡夫之人總是貪著於這個一合相的語言文字等道理。」

從事相上來說也是如此，譬如說佛法，佛法也是一合相；因為佛法就是用一大堆的語言文字來講苦、空、無我、無常，二乘佛法講完了，再來講實相、般若，講了一大堆，也都是一合相而說是佛法。有一天，突然遇到一個家裡人來了，開口就說：「你講什麼佛法？實際理地佛、法、僧都不存在了，哪還有佛法？」這個人聽在耳裡，心裡可氣了：「你這個外道，竟然敢來毀謗佛法！」那個家裡人就說：「正因爲我是外道，才敢毀謗佛法。爲什麼呢？因爲每一個人的家裡人就是眞如心，這個家裡人眞如心卻是從來都不學佛法，不是外道是什麼？」這大法師到這裡可就沒轍了。

一般人學佛以後，你如果說他是外道，他會跟你拚命。但這個家裡人不但不拚命，他反而自己承認說：「我正是外道，所以我才敢來你面前毀謗三寶，這樣毀謗三寶才是護持正法。你說一大堆的佛、法、僧等文字，但我告訴你，實際理地沒有佛、法、僧。」這個大法師如果夠聰明，聽到這裡可就不敢再講話了。這位家裡人卻接著反過來講了一大堆的「什麼是佛、什麼是法、什麼是僧」，這大法師只好聽到耳朵都垂下來，因爲他只有聽家裡人開示的分。爲什麼是這樣？因爲一般人不知道佛法是什麼。從佛法的實際理地來看，無佛無法亦無僧。眞如的自住境界中沒有一切法可說，沒有佛、法、僧可說；一切法都是一合相，一合相成就的表面上的三寶，怎麼會是眞正底佛法呢？可是凡夫都不知道這個道理，不知一合相的三寶都不是眞正的佛法，都把一合相的三寶抱得緊緊地，說這就是佛法，當然就是「貪著其事」的凡夫。

從事相上來說也是一樣，且不說別的，光說念佛就好了。我們十幾年前開始弘揚無相念佛的時候，好多教人持名唸佛的大師、小師罵死我了，你們知道嗎？有個小法師說：「**這個某某人在弘揚無相念佛，他將來死後一定會下地獄。這一句佛號多麼重要，怎麼可以叫人家把佛號丟了，他非得下地獄不可。**」類似這樣的不懂佛法的小法師，當時太多太多了。直到前年我們都還有同修遇到一個比丘尼，也都還是這樣子講。這就意味著什麼：「**一合相者，則是不可說，但凡夫之人貪著其事。**」那一句佛號是不是一合相？那當然是一合相；那一句佛號唸出來時，已經成為一合相的尾巴了；因為你先得要有一個金剛心如來藏，然後才能生了這個五陰；而這個五陰學習了語言文字以後，才能夠唸那一句佛號，所以那一句佛號是擺在最後的。像這樣子持名唸佛，怎麼能叫作眞實念佛？

這《觀經》明明講得很清楚，下品下生的人「彼人苦逼、不遑念佛」，說他臨死時被眾苦所逼，心中惶然已經來不及念佛，已經很驚恐而沒有辦法想起阿彌陀佛了，那善知識便教導他說：「你跟著我唸，唸『阿彌陀佛』。」他就跟著唸一句「阿彌陀佛」，可是他心裡面都沒有在想著　阿彌陀佛，所以說他那時不能叫作「念」佛，但他只要跟著善知識唸十句佛號也可以下品下生而往生極樂世界。從這一段經文就很清楚說明：**持佛名號不等於念佛，念佛是要持佛名號時心裡同時想著佛；所以念佛是心裡想著佛的時候才能叫作念佛，否則就是唸佛號而不是念佛。**無相念佛則是一心一意想著佛，完全沒有佛號，這才是眞正念佛，那些不懂的法師們卻說：「**蕭平實這樣弘揚無相念佛，死後要下地獄。**」我看是要生極樂淨土中的假名「地獄」才對吧！也沒有錯啊！因爲如果會無相念佛以後，即使還沒有開悟，往生極樂世界時是上品中生，還是要在蓮苞裡面住一個晚上，等於娑婆世界的半個大劫，這也可以方便稱爲淨土地獄，因爲要被關在蓮苞中一個晚上，就是半個大劫的時光都關在五百由旬方圓的大蓮苞中享受及聞法。

所以說，有許許多多的一合相，一般學佛人並不懂，也不知道什麼是一合相。但是一合相的背後到底是什麼？背後就是先有一個眞實理存在，才能夠有這一些生滅的一合相的生生滅滅現象。而善知識們就是隨佛修學，終於證得一合相背後那個理，因此就看見了「一合理相」，所以就有智慧能爲大眾說明什麼叫作眞如佛性，就能夠爲大眾說明什麼是佛法。可是一合相的背後那個眞實理，一般人是不知道的。善知識看見了一合相背後是眞實理，就把一合相攝歸眞實理，所以一合相必然就是眞實理，因爲一合相只是在背後眞實理的表面上運作而已。

譬如說，沒智慧的人看人家演傀儡戲，就跟著那個布偶在那邊哭笑；有智慧的人看了就說：「傀儡戲不就是背後那個人在那邊耍？」道理都是一樣的。所以有智慧的人看見一合相時，知道所有的一合相其實是附著在理上面運作的。所以如果要眞正把一合相的道理說清楚的話，其實是不可說；因爲說出來的都是語言文字，已經不是一合相背後的眞實理了，所以說一合相背後的眞實理不可說。可是凡夫卻貪著在一合相上面，不斷地執著，然後記得一大堆佛法名相，到處去見了人就說：「我懂佛法，我會佛法，我會說法。」終於遇到了家裡人，他有心展示自己的悟境，就開口問：「聽說你開悟了，請問佛法大意是什麼？」沒想到那個家裡人竟然說：「我不會說。」「聽說你很會說法，你見了我，爲什麼竟然說『我不會說』？」這家裡人就說：「正因爲我不會說，所以我才很會說法。」這就是說，他看見了一合理的法相。可是一般人只看到一合相，看不見一合相背後的理，因此就不斷執著在蘊處界裡面，把一合相的蘊處界當作是眞實法。

可是，這第二段經文到底在講什麼？「如來所說三千大千世界，則非世界，是名世界。」如果要鋸解秤砣，就這樣解說：因爲世界不是眞實有，因爲世界是一合相，所以三千世界就不是世界，是這樣來說世界。像這樣解釋《金剛經》，就眞的是鋸解秤砣了；秤子不是在竿子下面掛了一個鐵製的秤錘嗎？那個秤錘，你把它拿來一直鋸，把它裡外全部都鋸開了以後，結果內外一樣都是鐵，有什麼黃金可得？反而失去了秤錘原來的功用，所以 佛所說的法不是那個道理。用語言文字來解釋《金剛經》，一定不免差之毫釐、失之千里。那麼 世尊跟須菩提師徒倆講了這一小段話，究竟是在說什麼？其實跟上一段經文一樣，還是在講眞如心如來藏。整部《金剛經》就是講眞如心如來藏，如果放而大之，就說整部《大般若經》也是在講眞如心，講的就是如來藏的眞如法性。我們再從理上來說說這段經文的眞正意思，《大方廣佛華嚴經》卷二十八：

【隨順於眞如，得彼眞實法；得淨自在心，明徹大歡喜。】

《華嚴經》是頓教，有三個譯本，所以有《四十華嚴、六十華嚴、八十華嚴》；三種不同的《華嚴》譯本，只是廣譯或者略譯的差別而已，其中的道理全都一樣。《華嚴經》是 世尊成佛之後，從人間講到欲界第六天去，把整整的成佛之道一次全部說完；免得將來講完阿含聲聞解脫道以後，開始講大乘菩提般若時，眾生會毀謗說：「我知道了，你釋迦牟尼佛以前還不懂般若，以前成佛時只知道聲聞涅槃，現在才懂實相般若，所以現在才講般若。」就是爲了預防這一點，所以把成佛之道，從人間講到天上，一次把它講完。如果有誰不信，可以去人間詢問某人，證明 世尊曾經爲誰講了什麼成佛之道。問了以後證實回來，可以再去四王天再問清楚：世尊曾在那裡講了什麼佛法。問完了回來還是有懷疑，就對他說：「這還不夠啊？那你再上去忉利天問，看我釋迦牟尼曾經在那裡講了什麼佛法。」要把整個成佛之道的內涵都講過了，然後才來初轉法輪度化一些人成爲大阿羅漢，這樣就不會有人亂加毀謗了。

可是沒料到後代的人還是繼續毀謗說：「《華嚴經》是後來的弟子集體創

作而編寫、而集成的。」他們根本不懂華嚴頓教的妙義。如果是當初只懂二乘菩提，不懂般若，所講出來的二乘菩提，一定會跟後來所講大乘菩提實相般若互相矛盾，這是不可避免的。一定是先具足懂得三乘菩提了，所以前面講的聲聞解脫道跟後面講的大乘菩提，才不會互相衝突。所以華嚴就是頓教，是把整個成佛之道頓時說完，然後才進入漸教，一步一步開始度化眾生；因此就先施設二乘菩提很容易實證，然後再來講甚深般若，把阿羅漢們盡量度成菩薩，讓他們從原來的聲聞道轉入菩薩道中證悟般若；最後再來講第三法輪的唯識種智。既然證悟甚深般若了，接著就要講解諸地所修的十地之道應該要怎麼實修，所以才有第三轉法輪唯識方廣諸經。這些都講完了，最後講《無量義經》、《法華經》、《大般涅槃經》，於是整個佛法就收歸到這裡圓滿了，這才叫作「收圓」。

「收圓」是佛法術語，一貫道的講師們都不懂什麼叫作收圓，只有我們才眞懂「收圓」的眞義。「三期收圓」也不是一貫道講的什麼白陽期等說法，而是初轉法輪的二乘無我期、第二轉法輪的實相般若期、第三轉法輪的唯識種智期，這三期妙法目前都只有在我們正覺這裡才有。唯識方廣諸經說完了就是三轉法輪完畢時，漸教的教授已經圓滿了；隨後得要把前後三轉法輪所說全部收攝圓滿，就是漸教後的圓教之法，所以用《無量義經》把初轉到第三轉法輪的所有佛法攝歸於一法，說有一法具足無量義，就是第八識眞如心；然後開演《法華經》，說明古今及未來諸佛的實際境界，在第三轉法輪的最後時期，說明眼見佛性而發起成所作智才能成佛的道理，因此而講了「大通智勝佛，十劫坐道場，佛法不現前，不能成佛道」的道理；也說明那些大阿羅漢們，其實都是無量劫以來就隨佛修學菩薩行的人。最後是在入涅槃前講了眼見佛性的《大般涅槃經》，讓大眾知道成佛的最後階段是要證得佛地所隨順的佛性，於是前後三期所說一切佛法就在這時收攝圓滿了，這才是三期收圓的眞實義。佛法還沒有這樣全部收攝圓滿以前，任何一佛都不可能入涅槃的；而這個三期收圓的眞實義，一貫道是完全不懂，才會講成什麼佛法有青陽期、紅陽期、白陽期等胡說八道曲解佛法的妄說；他們還把佛法扭曲爲人天善法，亂搞一場。

話說回來，《華嚴經》這四句偈到底在講什麼？是說要隨順於眞如而得到了眞如這個眞實法。偈中是用「彼」字，而不是說自己是眞實法眞如心，因爲五蘊的自己永遠都是不眞實的，永遠都是有世間我性的。《華嚴經》中說：「隨順於眞如的人，是得到那個眞實法；而得到那個眞實法的人，就是得到了清淨而且自在底心；由於證得清淨自在心而使智慧生起了，對於法界實相已經通明透徹了，所以心中生起大歡喜。」《金剛經》這一段經文講的也就是這個道理：如來所說的一合相，就不是一合相。這到底在說什麼？正是在說那個眞如心，只是言外之意太難懂了，所以大家都落入文字相裡面猜測。佛法的實證一定是要證眞如，如果不是證眞如，就表示他把佛法修證弄錯了。證眞如的時候，這一個所證的眞如，無始以來就是眞實而如如的。祂於一切時中都是眞實存在而且不斷地運作著，永遠存在而不會有中斷的時候，才能說是眞實；祂於一切時中都於一切法不動其心，才能夠叫作如如不動。假使有時如如不動，有時非常地衝動，一直想要回罵，那就不是如如了。把這個金剛心第八識的眞實性與如如性合併起來說，就說祂是眞如。第二轉法輪的般若諸經說的般若智慧實相，就是講這個眞如。

所以菩薩修學佛法，如果有所實證，一定是證眞如，才能夠說他是在佛法中開悟了，中國禪宗裡的眞悟祖師們都是如此悟的。他一定是得到了那個眞實法，而那個眞實法不是五陰自己，所以稱爲「彼」；如果五蘊自己就是那個眞實法，那你不用修學佛法，因爲輪轉生死去，就已經是眞實佛法了。所以修學佛法不是要開悟自己、把握自己，因爲五陰自己是無常的，也是永遠都把握不了的。既然是要修無我法，怎麼還要把握自己呢？把握自己時不正是落入五陰我裡面了嗎？就不是這段經文中說的所證的「彼」了。

可是那些座下有好幾萬人的悟得自己的大師們，不論是他們座下的在家或出家弟子，都還是信得服服貼貼的，那他們到底是有智慧、還是沒智慧呢？你若說他們沒有智慧，他們那些信徒之中有好多人可是股票上市大公司的董事長，可是大學校長、中學校長、小學校長；甚至也有很多人是大學教授，可都是在作老師的人，但這種相似佛法他們竟然也聽得進去。例如大師今天才剛說要把握自己，明天後天又開示說：「佛法就是要修無我。」一方面要把握自我，一方面要修無我，自相矛盾卻還不知道，而徒眾們也都不知道這裡面互相矛盾，那到底該怎麼辦？這些大學校長、大學教授、大公司董事長們，都沒有想到這裡面很明顯的矛盾欸！眞的好奇怪呵！眞令我百思不得其解。他們可能一思即得解，我卻是百思不得其解；因爲我眞的笨，他們聰明。

這個隨順於眞如，是得到「彼」——那個眞實法；得到「那個」眞實法，就是得到清淨自在的心。明明說是「那個」眞實法，不是說我們自己覺知心這個法，所以說的是「彼」而不是「此」，爲何還要把握自己這個假的「此」法呢？而且自己離念靈知也不是永遠清淨的，是修行以後才清淨的；而且離念靈知修行以後清淨了，有時也是不清淨的。因爲今天老婆飯菜煮得很好，不知不覺就多吃了半碗，還算清淨嗎？不清淨了。等一會，老婆說：「你怎麼多吃了半碗？明天還要裝孩子的便當，份量都不夠了。」這一下氣起來了：「是我當一家之主？還是兒子當一家之主啊？」又不高興了，當然不是永遠清淨的嘛！而且離念靈知也不是本來就清淨的，可是那個眞實心，祂卻是本來就清淨的；而且祂是自在心，「自在」是說祂自己已經存在，自己本來就在，祂不是依靠別人才能生起及存在，這就是自在心。得到了這個本來清淨、本來自在的心，智慧就開始通明透徹了；智慧通明透徹了當然就生起大歡喜，這樣才是眞正修學佛法。

上週《金剛經宗通》〈一合理相分〉的第二段，我們講到理說的第一個部分，今天要講理說的第二個部分。《菩薩念佛三昧經》卷五：

【菩薩若多劫，修行是眞如，不異不分別。以此說菩提，其性甚寂靜，難得難可見。】

這段經文是從《菩薩念佛三昧經》中抄錄出來的，什麼是眞正的念佛呢？台灣這十幾年來，念佛的層次提高很多了。以前從來沒有人敢講體究念佛、實相念佛的，偶然聽到有人講實相念佛，其實也都是胡扯一頓，也並不是眞的實相念佛。甚至於我們以前那本《無相念佛》出書之前，我去杭州南路找過一位專弘念佛法門的老法師，想要把實相念佛傳給他。當時我眞的是一廂情願，心想：「**如果有個老法師願意接這個法，我就可以抽腿，要完成自己歸隱山林繼續進修還沒有圓滿的四禪八定的美夢。**」因爲我個人很喜歡住在鄉野優游自在，只管自己的道業，努力再去進修尚未完成的全部禪定，別忙這麼多的事情。也可以說，那也算是古時殘留的一小分聲聞種性；因爲二千五百多年前，這樣被熏習過一世；雖然後來也是迴小向大，但畢竟還是有那麼一點點心性；心裡也想，四禪八定還沒有全部修成。但是心性就是喜歡安靜無擾，因此從小時候起（那時台灣還沒有佛教廣傳），就很喜歡看武俠小說，那些飛仙們都不食人間煙火，眞的很羨慕，那種愛樂山林之樂的心態一直都存在。所以那個時候去杭州南路拜訪，看看他要不要這個法？見面之後與他談體究及實相念佛，發覺他根本就沒因緣得法，一來一往的談話內容眞是格格不入，沒辦法。

但是，後來過了差不多一年多，還不到兩年；有一次我同修那一天剛好自己搭公車回家，路上公車司機放著這位老法師的錄音帶，開始在講什麼一心念佛了，這是他以前極力反對的念佛行門。他不用無相的名詞，但是已經開始講要想著佛來一心念佛等等，多少開始有些改變了。以前誰要是膽敢放掉那一句佛號，那可要被他罵到臭頭的；他有一句很有名的話，就是說：**「這一句佛號，不管怎麼樣都不許放掉，死也不許放掉。」**我想有很多人聽過。但是後來他也開始改變，這幾年他在電視上講經，不再排斥憶佛想佛了，這就是進步了。所以後來佛教界，就像他一樣漸漸把念佛功夫開始提升了。

以前你如果敢說什麼念佛三昧，那可要被他罵慘的，因爲我就被他當面罵過。當時我是想要當面送上實相念佛三昧的妙法給他，可是他眞的瞧不起人，就一直把我扣帽子：**「哎呀！我們算什麼？講什麼實相念佛？那是大菩薩修的，我們談什麼實相念佛？」**我不曉得他在想什麼？菩薩要送法給他，還要聽他訓話，該怎麼辦呢？所以我漸漸對那些有名氣的大法師們失望了，知道他們只顧著名聞利養或身分地位，才不信有人眞的實證念佛三昧了。好在我們十幾年奮鬥下來，終於把這念佛三昧推廣出去，現在兩岸佛教界開始有人信受了，所以才有你們這麼多人會走進正覺裡面來。因此，現在來談談這個《菩薩念佛三昧經》，倒也有人聽得進去了，不再像以前了。

我們就來看這經裡面的六句偈怎麼說：「**菩薩如果經過很多很多劫，來修行這個眞如法，發覺這個眞如法與一切法不異但是又不分別。以這樣的眞如法來說覺悟，而說眞如法性非常非常地寂靜，這樣的人與這樣的法是很難得的，而且也是難以遇到的。**」想要遇到這樣的法，想要遇到演說這種法的人，確實很不容易。大家要瞭解這一點，眞的很不容易。在我們出來弘法以前，你們在哪裡聽誰講過眞如？只有在極少數的書上稍微讀過，也還是語焉不詳的。甚至以前還有人說：「**拿到正覺的書，讀到裡面很多地方都在講眞如，可是眞如到底是什麼？我們師父專門教禪，是禪的專家，竟然都沒有跟我們講過什麼眞如。**」沒想到這幾年大家對眞如有概念了，也終於相信正覺同修會裡面確實可以證眞如，所以大家開始對勝妙的正法有信心了：原來現在佛法有一點復興的味道了。但是在以前是很困難的。

可是菩薩多劫所修，無非就是修眞如法；因爲如果不能實證眞如法，而想要當菩薩，門都沒有！正因爲成爲眞正的菩薩，入了大乘法中，位階菩薩數中，這是一定要證眞如的。如果沒有證眞如，永遠都只是在外門廣修菩薩行，所修的六度當然全都是凡夫位的菩薩行；想要進入佛法內門來廣修菩薩行，根本就沒機會。這不是到末法時代的今天才如此，而是自古以來一直都是如此的，所以眞如法確實不容易修。一般人聽到眞如，都會覺得這好像非常勝妙。問題是，祂到底勝妙在哪裡？想不出來。去讀了許多善知識的註解，聽了許多善知識的開示，結果所得的印象仍然是模模糊糊的。這不是因爲自己笨，而是善知識沒有講清楚；善知識講不清楚，則是因爲他自己也不是眞的弄懂眞如，因爲他自己也不是實證眞如的人。所以在他自己都迷糊的情況下寫出來，你讀了當然也要迷糊了，這是正常的事。

然而這個眞如到底是什麼？其實也沒什麼値得奇怪的。眞如，意思就是眞實與如如；那麼眞實與如如的到底是什麼法？眞實與如如，這一定要探究，不能夠說就只是眞實與如如的言語。說白了，眞實與如如只是個形容詞，到底在形容什麼？一定有一個被形容的主。那個被形容的東西，有這種眞如的體性；所以當你證得那個不是東西的東西，然後你就看見了祂的眞實與如如的體性，就知道祂才是萬法之眞主，那就是證眞如。中國禪宗古來都不講證眞如的事，都只告訴你說有一個眞如心。爲什麼叫作眞如心？因爲那個心是眞實也是如如的，祂永遠是眞如性，所以就說那個心叫作眞如。《大乘起信論》裡面就說「心眞如」，意思也是一樣的。因爲你在禪宗裡面如果證得這個眞心如來藏，一定會看見祂的眞實與如如二種法性；所以證得那個心以後，就表示你已經證眞如了。因爲眞如與第八識金剛心，其實是一體的兩面。當你拿到一張紙的時候，不會只看到一面，一定兩面都可以看得到，除非你從來不曾拿到紙。所以眞如的意思，有時候是指如來藏識，是講那個第八識心；但有時候在《般若經》裡面，有兩種用法：有時眞如是指那個心，有時是說那個心的眞實而如如底自性。

所以不管那一段經文是講眞如心，或者講祂的眞如法性，只要你已經實證了，當你讀到那眞如兩個字，你都會懂得它在講什麼。菩薩一世又一世、一劫又一劫，不斷地努力修行；他努力修行的目的就是在修這個眞如之理，或者在探討要怎麼樣去實證祂。實證祂以後，如何從各個層次、各個角度、各個不同的方向，來深入體驗祂，來實際瞭解這個眞如心：祂到底有什麼不同的面貌、不同的自性。這個就是菩薩多劫要去求證這個眞如心，證得以後還要經過多劫深入去體驗觀察；最後會發覺這個眞如遍一切法中，在五蘊中祂存在，十二處十八界中祂也存在，在六入中祂也存在，所以說祂與諸法不異。因爲諸法都從這個眞如心中出生，出生以後當然不能離開祂，必須要依附於祂才能存在及運作，所以說不異。

但是這個眞如心，永遠都顯現祂的眞如性，所以祂對諸法從來都不作任何分別；菩薩要修的就是這樣的理，不是爲了把自己滅盡去取涅槃。實際上佛所說的成佛之道——佛菩提，講的就是這個道理；所以佛菩提的實證一定是寂滅的，所證的法一定是寂滅的，不會是喧鬧的離念靈知——不會是與六塵相應的離念靈知，也不會在六塵上面生起種種的念頭，更不會因爲憎愛、貪厭而生起心行；所以祂始終都是寂滅性的，因此才說「其性甚寂靜」。因爲這個眞如心會出生六塵，祂出生了六塵以後自己卻不在六塵上面了知。祂出生了六塵給祂所出生的咱們五陰，我們蘊處界在祂出生的六塵裡面運行，去產生貪愛、厭惡、喜歡、憎惡，但祂自己不對六塵作取捨。祂出生了六塵也出生了五陰的你，然後你在祂出生的六塵中去作貪厭等取捨，而祂自己對六塵從來不作分別，也從來不加以了知，所以說「其性甚寂靜」。

那麼這樣的法，這樣的佛菩提很難得遇到；並且這樣的法以及弘揚這種法的禪師，也是難可遇見的。在現代可以說只有我們正覺同修會在弘傳，別的地方打著很多的旗號也在弘傳如來藏；甚至也有個教禪聞名的大山頭說他們也在弘揚如來藏，可是等到你去學了以後，他們卻告訴你：「如來藏是個假名，沒有如來藏可證；是為了方便接引眾生，才說有如來藏。」原來他們說的如來藏是這樣，但他們也宣稱在弘揚如來藏，就是這樣騙人。而且這還是台灣特大號的山頭，因此我們就有人把他們的網頁下載起來留作證據。我們說的如來藏，是說：「眞的有這麼一個第八識，是讓你可以實證的；你實證了如來藏以後，可以現前觀察到祂是眞實的，而且是如如不動的；你罵祂、侮辱祂，祂都無所謂；你關心祂，或者你討厭祂，祂也都無所謂。」

台灣的釋印順也只是口裡討厭祂，其實他把自己的如來藏抱得緊緊的，愛得要死；可是嘴裡卻一直罵祂，他其實也不知道自己很愛自己的如來藏。

所以，知印順者，唯我也。我最知道釋印順，他自己還不知道自己這一點。他其實很愛自己的如來藏，愛得不得了，可是嘴裡卻不斷地在否定祂；而他並不知道自己否定的如來藏，就是自己所貪愛的如來藏，這就是南傳佛法講的愛阿賴耶。當他還活著時，其實是對於自己擁有阿賴耶識賜給他的功能，覺得很快樂的，這就是樂阿賴耶識，而他自己仍然不知道。然後當他臨命終的時候，就落在欣阿賴耶的境界中。平常沒有在罵如來藏的時候，他其實是樂阿賴耶者，所以不肯自殺。等到捨命進入到中陰境界以後，他又落在喜阿賴耶裡面，歡喜未來世還可以繼續出生而不是成爲斷滅空。這其實都是南傳佛法講的，可是他完全不知道自己落在這四種阿賴耶的狀態裡面，還努力在否定祂。

所以說，弘揚眞如法的人不容易遇見，而眞如法的弘揚能夠讓你遇見，這也很不容易。以前弘揚眞如法，千餘年來就是在中土弘揚；因爲天竺的眞如法早就不見了，天竺的弘傳只到玄奘去參訪、進修的那個年代爲止，當玄奘離開天竺以後不久，回教軍隊打了進來，把曇花一現的了義法以及表相正法都給滅亡了。那時候天竺的了義法容易弘傳嗎？其實已經很不容易了，因爲當時天竺眾生在正法上實證的福報已經損減很多了。所以古時就已經如此了，接下來就是中土。中土，也許在你們的印象中感覺說：「那禪宗祖師不都在弘揚眞如妙法嗎？」看來好像很多，不然禪宗哪來的一千七百則公案？問題是那一千七百則裡面，不是每一則都眞的開悟了，其中也有魚目混珠的。把那些魚目混珠的公案扣除掉以後，再把它分攤一下：一千多年來，到底剩下多少人？一千多年來，如果你以五十年作一代來計算；假使二十歲開悟，悟後再住世五十年，七十歲死亡（古人活到七十就算很老、很老了），所以五十年算是一代。古時候女人三十六、七歲就當婆子了，現在三十六、七歲還是漂亮一朵花。所以你就當它五十年是一代，這樣一代一代地傳下來；一千七百則公案扣掉錯悟者，大概是一千五百則；那一千五百則公案，你把它分攤到五十年一代來算，這樣分攤下來以後住世的能有多少人？可想而知！中國那麼廣大，你們想想看，把台灣放到中國裡面，隨便哪個地方放進去，都是那麼小的一點大，可是古代中國往往是好幾個省裡面，才有一位眞悟的禪師。

這樣算起來，台灣眞是寶地；如今台灣光是這麼一個彈丸之地，就有這麼多人明心了，而且還有眼見佛性者。而我們會裡見性的人數，幾乎要超過一千多年來中國佛教界的文字記錄了；所以台灣眞的是寶島，大家都要愛台灣。愛台灣可不能愛錯了，要用正確的方法來愛；我們正統佛教徒愛台灣的方法，就是把台灣的正法推廣出去。不論古時或者現在，我們其實還有很多師兄弟們留在大陸；有時候也要想念他們，不要把他們全給忘光了。所以我們怎麼樣光復大陸？（大眾笑…）這才是最重要的事，因爲大陸現在淪陷了（大眾笑…），被西藏密宗的外道法給全面攻佔了，不就是淪陷了嗎？西藏密宗在大陸的勢力非常大，大陸眞的淪陷了。我們要怎樣光復，使大陸不再被密宗的邪法控制，讓往昔多劫的同修們都可以遠離假藏傳佛教四大派的荼毒，就是我們正覺的同修們最重要底事。

意思就是說，其實現在蓬萊仙山，因爲有你們這些菩薩大仙住在這裡，所以大陸很多知道了義法的同胞們很羨慕你們——眞的很羨慕欸！我們由此可以知道，好多人想要求證這個眞如法，始終求不到，確實非常困難的。我們遇到了，也聽到了，甚至有許多人也證到了，有些人則是即將證到，有的人可能再過幾年才會證到，都不一定；但都應該同一歡喜，要同樣是一個歡喜心才對。但是眞的不容易證嗎？也許有人太有福報了，來到正覺同修會沒多久就實證了，覺得很容易證，所以在腦海裡還打一個好大的問號在那邊。那麼我們就來看看宗門，看我師父他自己講出他親自經歷的困難事實。

《圓悟佛果禪師語錄》卷十三：

【「老僧往日爲熱病所苦，死卻一日，覩前路黑漫漫地，都不知何往。獲再甦醒，遂驚駭生死事，便乃發心行腳，訪尋有道知識，體究此事。初到大潙，參眞如和尚；終日面壁默坐，將古人公案翻覆看；及一年許，忽有箇省處；然只是認得箇昭昭靈靈，驢前馬後只向四大身中作箇動用；若被人拶著，一似無見處，只爲解脫坑埋卻。禪道滿肚，於佛法上看即有，於世法上看即無。後到白雲老師處，被他云：『爾總無見處。』自此全無咬嚼分，遂煩悶辭去。心中疑情終不能安樂，又上白雲再參先師，便令作侍者。一日忽有官員問道次，先師云：『官人！爾不見小艷詩道：〈頻呼小玉元無事，只要檀郎認得聲。〉官人卻未曉。』老僧聽得，忽然打破漆桶，向腳跟下親見得了，元不由別人。方信『乾坤之內、宇宙之間，中有一寶祕在形山』。已至諸佛出世、祖師西來，只教人明此一件事。若也未知，只管作知作解、瞠眉努目，元不知只是捏目生華、擔枷過狀，何曾得自在安樂？如紅鑪上一點雪去。」

克勤大師是在五祖法演那邊不滿意而離開，然後嚴重地中暑才又回去的。現在依照這段記錄所講的，他說：「老僧我，」當然這個「老僧」當時也許只有四十幾歲、五十幾歲，因爲古人四十幾歲就稱老了！不過，老僧往往只是一般的謙稱。他開示中的意思就是說：「我以前過去的日子，曾經中暑，被這個熱病所苦惱，幾乎要死掉一樣；那個時候我所看見的前路是黑漫漫地，」到幾乎悶絕的時候，不都是黑漫漫地？「眼光都昏了暗了，都看不見了，根本不知道該往何處去。等後來再度清醒過來，回想起中暑嚴重底時候，整個人悶絕過去，心中都是黑漫漫地，也不知道要往哪裡去。然後醒過來了，才驚駭說這個生死的事件眞的很重要，所以我就發心行腳又開始去參訪善知識。」

克勤大師是先到大潙山，參訪眞如和尚。這個眞如和尚，不但現在大陸到處都有，台灣也是到處都有，都同樣教人面壁默坐，要求學人要坐到一念不生，說這樣就是證眞如。克勤大師當年因此喜歡靜坐，下座以後則是把古人公案拿出來，一頁又一頁翻過來、蓋過去，翻來覆去地看著。這樣經過一年多，忽然有個省發處，但也只是認得個「昭昭靈靈」，也就是錯認離念靈知爲本來面目；就認得這個離念靈知，當作是眞如心了。克勤大師又說：「當我認得離念靈知的時候，驢前馬後只向四大身中作箇動用，」一天到晚就這樣想：「你看，我離念靈知也會吃飯，也會走路，也會說話，也會打妄想，也會作任何事。」就這樣落在離念靈知裡面。「後來，如果被人家往比較深的地方這麼一拶，」拶就是逼的意思。比如以前的官衙，有一句話說：「朝南衙門八字開，有理無錢莫進來。」你單有道理而沒有錢財進貢，膽敢進來縣衙告狀，你這個原告辦到最後都還會變成被告，那時可得要被衙吏用小木棍夾指頭逼供反而成爲罪犯了。夾指頭就是「拶」，就是用刑具把人逼迫。用小木棍子這樣夾，十二根小棍子一拉緊就夾起十根指頭來，眞的很痛，所以叫作「拶」，拶就是逼迫的意思。「當我被人家這麼一拶時，根本就沒有一個見處，講不出什麼東西來，都是被解脫坑埋卻，誤以爲那樣就是證解脫了。我就像這樣子行腳，滿肚子裡學的都是禪與道；如果是從佛法上面來看，就說有禪也有道；如果從世間法上來看，可就什麼受用都沒有。」就是說，遇到了世間法時還是世間法，所學的禪道可都派不上用場。

他剛開始參訪過一些禪師而沒有入處，「後來又回到白雲山五祖老師那裡去，」就是再去依止白雲山五祖法演禪師。五祖法演禪師，我是緣慳一面，沒有辦法遇見他，也是很可惜！因爲自古以來，既明心又見性的祖師都是非常尊貴的，可惜我當年沒有辦法見到他。五祖法演可是俗話講的「硬梆梆底鐵漢子」，他還有一段故事，也是很精彩，也只有他才作得到，不過那是題外話，這裡就不談他。

「我遇到了白雲山五祖禪師，去到那邊不管講什麼，都要挨罵：『你一點見處都沒有。』」不管　克勤大師講什麼，白雲山五祖禪師都說他「無見處」，那還能開口作什麼？從此以後連開口都不行了，還能夠拿什麼東西來作文章呢？所以「從此以後全無咬嚼之分，也就煩悶辭去。」他煩悶辭去了，是因爲什麼呢？因爲　克勤先師的脾氣也大。那時候，他認爲白雲山五祖禪師都是硬生生地把他認爲正確的扭曲成錯誤的，就好像現在外面都說我把人家對的硬講成錯的一樣。那時候　克勤先師也是這樣，他心裡很不高興就告辭離開了。當他告辭離開的時候，白雲山五祖禪師在他身後撂下一句話：「汝去遊浙中，著一頓熱病打時，方思量我在。」語意就是說：「等你以後中暑嚴重，一時好不了的時候，你才會想到老僧我。」沒想到這個烏鴉嘴還眞講中了，他走了以後眞的中暑了，當時幾乎要死掉了；因爲單獨一人參禪，沒有人可以幫他刮痧等等；他就這樣硬挨著挨過來了。所以他講的：「死卻一日，觀前路黑漫漫地。」正是在他向白雲山五祖禪師告辭以後的事。

醒過來以後他就想：「爲什麼這個昭昭靈靈的離念靈知，遇到生死關頭時，一點用處都派不上？」他本來認爲說：「我昭昭靈靈的這個離念靈知就對了，就是常住底心，這心是不會中斷、不會斷滅的，不可能敵不了生死，一定可以敵得了生死。」沒想到這一中暑，這個昭昭靈靈的離念靈知還是不見了，那時根本派不上用場。他是因爲身體健壯，所以有一點不信邪。他的身體很好，但是中暑就是中暑，身體再好也沒有用。這時候昭昭靈靈的離念靈知早就不見了，在剛要悶過去以及悶過去以後剛醒過來時，在那一、二十分鐘裡面，看著前途都是黑漫漫地，都不知道要往哪裡去、要怎麼應變。所以如果悟得離念靈知，在生死大海中是沒有用處的，因爲離念靈知其實就是意識，本來就是藉著五色根、意根與法塵爲因緣而出生的，身子出問題時意識就受影響了。這時他自省而發覺說：「我這個法一定是悟錯了，否則爲什麼敵不了生死呢？」他就打從心底相信白雲山五祖禪師了，所以 克勤先師就發了個願：「等我這個中暑的熱病稍微好一點點，我就回去白雲山，永遠當他的弟子。」這下終於信了。

信了以後剛回去，白雲山五祖禪師看見他回來了，很高興說：「你回來了。」馬上就讓他去當侍者。當侍者是最難的，很辛苦。然而當侍者有個好處，只要奉侍和尚就好，其他的事都不用作。當侍者最主要的任務，就是陪著老和尚，陪著他講話。需要的時候泡個茶、遞個水，早上送個熱水上來，同時送一碗漱口茶來，這就是侍者最主要的工作。到晚上打一盆熱水來，讓老和尚洗洗臉，幫老和尚洗洗腳，也就沒事了，侍者就是這樣。其他沒事的一天之中所有時間都幹什麼呢？陪著老和尚與那些護法居士們說話。那些護法的大官、居士們來了，跟老和尚請法說話，他就在旁邊聽著。有一天他被派出寺外辦事，回來的時候聽說有個人是當官的——提刑，就等於現在的刑警隊長；比如一個縣或者一個省的刑警隊長，當時的情況應該算是一個省的刑警隊長。這位提刑前來問道，後來就走了。克勤禪師回來時有人跟他說：「那提刑有來請法，老和尚今天講的法有點奇怪，你去問老和尚看看。」

克勤先師就眞的上去問了：「老和尚！您跟他開示什麼？」五祖禪師就說：「我告訴他要注意那一首小艷詩：『那首小艷詩裡面有兩句，你要注意著。』那兩句就是：『頻呼小玉元無事，只要檀郎認得聲。』」這兩句，現在也有人寫書出來講，可是全都講錯了，亂講一通，他們根本不知道古時候的事。人家員外的千金小姐（當然是千金小姐，因爲她附帶的嫁妝很多，當然要叫作千金小姐）；這千金小姐相親時不讓人家看到，古時有錢人家的廳堂，牆壁這邊就擺著一套ㄇ字型的座椅，中央座椅的兩邊都有通道，通道都掛有竹簾。這個千金小姐就躲在竹簾後面，她看得見那個來相親的準新郎倌，但人家卻看不見她。這小姐看了中意，又不能冒冒失失跑出去跟人家見面，因爲那會讓人家笑她不知羞；可是她又想讓對方認得自己，那該怎麼辦？她靈機一動，就在竹簾後面叫喚著：「小玉啊！小玉啊！妳來一下啊！」小玉來了就說：「小姐！什麼事啊？」她卻說：「沒事！沒事！妳下去！」那小玉剛走沒多久，她又叫了：「小玉啊！小玉啊！來一下！」來了又沒事。原來她的目的只要那個被她看中的男生認得她的聲音，免得以後洞房的時候說：「我相親的到底是不是這位小姐？」要先讓他熟悉自己的聲音，這叫作「頻呼小玉元無事，只要檀郎認得聲。」

五祖法演講到這裡，克勤先師就問：「師父啊！那提刑會不會？」五祖禪師卻說：「他只認得聲。」克勤大師心想：「奇怪！既然說『只要檀郎認得聲』，他已經認得聲，爲什麼還是不肯他啊？」於是就問：「既認得聲，爲什麼卻不是？」沒想到這時候五祖禪師突然間就大聲地問他：「如何是庭前柏樹子？聻？」就這樣一手指出去。克勤先師就順著指頭看出去，原來五祖法演指著那一棵柏樹，他就趕快跑出去看；他一時間還沒有省會過來，突然就趕快跑出去看。才剛一跑出去，終於知道了，他的悟緣就是這麼奇怪。然後突然有一隻公雞飛到樹上：「咕、咕、咕——」就在那邊叫著了，他就說：「此豈不是聲！」就回寮房拿了一束香，可能是一塊沉香還是什麼香，放在袖子裡面，就進到方丈室來，把他的所悟講了出來。

被白雲山五祖禪師印可以後，他就講了一首偈：「金鴨香銷錦繡幃，笙歌叢裡醉扶歸；少年一段風流事，只許佳人獨自知。」就是這樣子。金鴨，有錢人家也許用黃金打造，也許是鍍金的。那個鴨子背上有個蓋子，掀開放了香，用火點了以後蓋起來，香就從鴨嘴飄出來，漸漸把蚊帳裡面給薰了，蚊子就離開了。這是說那個金鴨裡的香點過了很久以後，煙都已經沒了；什麼地方的香煙都沒了？錦繡幃，也就是洞房。古時候洞房，有錢人家是用織錦的床前帳圍起來，就不會有蚊子跑進去。「金鴨香銷錦繡幃」，這時表示時間已經很晚了，外面婚宴鬧酒也鬧得差不多了，所以新郎倌是「笙歌叢裡醉扶歸」。笙知道嗎？竹笙是用吹的，用一根一根的竹子做起來的笙；有人吹竹笙就會有人跟著唱歌，很熱鬧；「笙歌叢裡」就是很熱鬧的地方，在那裡喝醉了被人家扶進洞房來。新郎倌這時候才剛剛被扶進來，然而這時新郎倌已經醉了，剛成爲新嫁娘的千金小姐，這時要跟誰講少年時相親的那段風流事呢？以前她在那邊「頻呼小玉元無事」，其實只是想要讓他認得自己的聲音。但這時候她也無人可講了，因爲新郎倌已經醉了，這時候只許千金小姐那個佳人心裡面自己知道。克勤大師這偈裡的意思是說，這個開悟明心以及眼見佛性眞的很難爲人解說，即使說了人家都不會相信的。這時白雲山五祖禪師才跟他印可。

　　克勤大師後來敘述說：「先師說：『……頻呼小玉元無事，只要檀郎認得聲。官人卻未曉。』老僧聽得，忽然打破漆桶，向腳跟下親見得了，元不由別人。」這就是白雲五祖突然間逼問他：「如何是庭前柏樹子？聻？」就一手指出去，指向庭院那一棵柏樹。他一時沒有會意過來是什麼意思，就跑出去看，是跑到外面才知道的；但也算太好了，何況那一隻雞眞的是雞菩薩，還眞的幫忙他，飛在樹上鼓翅而鳴，他就連見性這一關也一起解決了。自古以來明心見性一次解決的人很少、很少、很少，這都是稀有動物。這時他追憶說：「向腳跟下親見得了，元不由別人。」原來要證的這個東西，不是從別人那裡得來的，是自己家裡本來就有的。

「這時才相信，乾坤之內、宇宙之間，」乾坤就是宇宙，也就是空間與時間，「中有一寶祕在形山，」說宇宙中間有這麼一個寶物，隱密地藏在這個五陰眾形之間。「已經到了諸佛出世、祖師從西方而來的時節，也只是教人要明白這一件事。如果對這個事情仍然是不知道，卻只管當作自己已經知道，見了家裡人就學著公案裡面那些禪師們裝模作樣。若是遇到了一個善知識勘驗他，他就向前三步，善知識說：『不是！不是！』他又後退三步，善知識說：『也不是！也不是！』結果他老兄禮拜了就走了。去到別的證悟禪師那邊，禪師勘驗他，他也許就跟人家瞠起眉毛、瞪起眼睛，不然就跟人家吐吐舌、努努嘴唇，說這樣就是，」其實全都落在離念靈知裡面，哪能就是！「只管作知作解、瞠眉努目」，被人家問著：「如何是祖師西來意？」他就把眉毛瞠高。那算什麼？意思是說：「我離念靈知生來就會這樣。」當然，誰不知道離念靈知生來就會這樣，問題是全都落在知、解上頭。佛法講的是離見聞覺知的、寂靜的、涅槃的、無生死的。這離念靈知卻是始終落在六塵而不寂靜，也不能住於無餘涅槃中，從來都是有生有滅，一直都在六塵叢鬧之中，怎麼叫作寂靜法？所以，學人家公案裡面那些機鋒，學來學去都是知其然、不知其所以然。

「元不知只是捏目生華、擔枷過狀，」人家有天眼通的人，看見天人來散花供養；他老哥看不見，就把眼睛捏一捏，冒出金星來，於是就說：「我也看見天降蓮華了。」就是有這樣的人，不幸的是，末法時代這種人漫山遍野啊！不是只有一個道場、兩個道場，那其實都叫作「擔枷過狀」。古人犯了罪，如果是輕罪，項上戴的叫作盤頭，鐵鍊從這脖子上繞兩圈，剛好剩下這麼一點點長度，有兩個厚木製成的手銬，把手穿進去，用鎖鎖起來，兩手就這樣鎖在這裡，這叫作盤頭。擔枷的人，那就是重刑犯；弄來兩個厚木板，每片都是好大一方木板，上面有一個大一點的洞，下面再來兩個小的洞；上面大洞是讓頭穿過去，就這樣嵌住，鎖起來；下面兩個洞，是把兩手伸過去，也一樣鎖起來，前往發配的地方時就把這個大木枷擔在肩上，一路走到目的地，這叫作「擔枷」。因為要用脖子擔著它，發配邊疆時就是這樣子行遠路，往往磨破頸子的皮，眞的很苦。不但如此，還要黥面；或者在臉頰上，不然就是額頭上，用鐵製的火章燙著被發配邊疆的地名。那可不像現在刺青可以用雷射除掉，古時是沒辦法的。而且，這一燙上字去，一生就消不掉了，是一輩子留在臉上的記號。那發配的路上有多麼辛苦，以及要被欺負，也就不談了。到了那邊還要自己親自把狀子，也就是移交的文書親自遞上給縣老爺，就叫作「擔枷過狀」，眞的很痛苦。

也就是說，所有悟錯底人就好像那一些擔枷過狀的犯人一樣，心裡眞的很苦；因為不論他們怎樣瞠眉努目，都只懂得學人家那一些表相；也全都是捏目生華，全都是擔枷過狀；這樣一生矇混著過日子，老是擔驚受怕，不知哪一天會被人家拆穿底蘊，那不很辛苦嗎？所以說參要眞參、悟須實悟，千萬不要籠統眞如、顢頇佛性。所以，克勤禪師罵說：「這些捏目生華、擔枷

過狀底人，何曾得自在安樂？」又說那些人所謂的解脫生死，所謂的自在安樂，其實全都「**如紅鑪上一點雪去。**」紅鑪上的火正旺，那麼一丁點的白雪投進去了，一忽兒就溶失了，根本就不可能存在。這意思就很清楚了，開悟其實是很困難的；不是現代才如此，而是古時候就已經如此了。哪有可能諸方大師都悟對了，就只有我一個蕭平實悟錯了？

在我們同修會裡面開悟算是輕鬆了，古時候禪師沒有像我們這樣作的，還打什麼禪三？你若是想要跟善知識共住，很簡單，就是辭親出家，剃了頭髮來，否則你沒機會跟善知識共住。古來就是這樣的，所以開悟始終是很困難的。可是今天在正覺同修會，開悟顯然很容易，這就是今時在台灣學佛的幸福所在。你們要是看見古人怎麼悟的，就應該慶幸說：「**我打了十次禪三，雖然還沒有開悟，還是值得慶幸。**」何況一直還沒有人打破禪三記錄的。最高記錄是七次禪三吧！目前還沒有人打破這個記錄。如果將來有人打了十次禪三，還沒有破參，仍然不應該氣餒。因為，又不必像雪峰義存那樣行腳千里，到處來去，草鞋穿破多少雙，漿水錢喝掉了幾十兩銀子，終於才打破漆桶。他一生九度上洞山，三度訪投子，也都沒個悟處；直到德山派他出差，才在巖頭的幫忙下悟入，你想，開悟哪有這麼簡單的？但是因緣際會，我們佛法復興的工作需要很多人；就正好這個時候，你來了，就有機會，所以我們當然就要爲大家施設一些方便。再過三天，又要開始打三了，這時把《金剛經》好好地聽一聽，說不定有幫助，這很難講。也許聽了，等於白聽，也不一定，那就看各人的因緣。接著再來看宗門另一個部分怎麼說，《楊岐方會和尚語錄》：

【問：「古人道『來時不將絲頭來，去時不將絲頭去』，意旨如何？」師云：「三生六十劫，未是長期。」僧無語。師云：「會麼？」僧云不會，師云：「洞庭八百里，未是闊。」】

這到底在講什麼？楊岐方會和尚，是中國禪宗史上很重要的人物；如果沒有他，就沒有白雲守端禪師，沒有白雲就沒有五祖與克勤，沒有克勤也就沒有大慧宗杲，就沒有今天的正覺同修會；所以楊岐方會是一個很重要的人物，也因爲他那個年代的宗門血脈幾乎已是單傳的模式了。有僧人來問：**「古人說有一個東西來的時候，不曾帶一個東西來，乃至不曾帶到一根絲的頭端一點點來的，走了以後也不曾帶走那一點點絲頭。」**絲頭，就是說你把那個線拆開成爲許多纖維，其中很細的一條纖維較粗的頭端一丁點，就叫作絲頭。來的時候，連這麼小小的一點點絲頭都不曾帶得來；走的時候，也不曾帶走一丁點絲頭。這到底是講什麼呢？當然是在請問無形無色的金剛心如來藏。楊岐方會禪師回答說：「三生六十劫，不算是很長壽。」只活三輩子就可以活六十劫了，卻不算長壽；換句話說，一生活二十劫，像這樣長的壽命，像這樣長的一期生死都不算長壽。楊岐方會禪師這樣開示，這到底在講什麼？人家問：「如來藏在哪裡？」他說：「三生六十劫，不算長壽。」就好像世尊在這一段經文中說的一樣，好像八竿子也打不著佛法一般。這僧人聽了不懂，然後又不知道該怎麼問；因爲禪師可以講的，就只能講到這裡，不能再講下去了；所以僧人不會，也就無語。

楊岐禪師接著就問：「會麼？」因爲這都是閩南底事，講的是閩南語：「會麼？」這僧人說：「不會。」楊岐方會看他不會，於是又奉送了兩句話：「洞庭湖闊有八百里，但是這還不算闊。」這到底在講什麼？這個眞的不容易會。所以，有人請問趙州禪師：「請您老把佛法大意告訴我好了。」老趙州就說：「那你問啊！」這僧人就問：「如何是佛法大意？」老趙州說：「六六三十六。」

有人弄不懂，來問咱家，咱家就告訴他說：「七七四十九。」有人還是弄不懂，就問：「老師！拜託啦！您告訴我啦！七七四十九到底是什麼？」「你想要知道什麼？那簡單，我告訴你：『果皮三、兩片。』」現在要把鏡頭拉回來了，拉回到這個經文第二段：「如來所說三千大千世界，則非世界，是名世界。」跟這些禪師們的答話一樣不一樣？一樣！你可別說不一樣！也許有人自作聰明說：「我知道一樣在哪裡了。」他老兄就說：「因為不論你問什麼，都亂答一通就對了。」

其實不是這個道理啦！如果他這個道理可以講得通的話，那些精神病患都可以是禪師了。一定是這樣啊！因為那些精神病患，不論你問什麼，他們都亂答一通，所以他們才應該是大禪師。可是為什麼他們永遠當不了大禪師？而且還要被醫師關在精神病院裡面，而家屬也要求醫院把他們關在那裡面，顯然他們都不是大禪師嘛！大禪師可是大搖大擺，到處去，五湖四海由他逛欸！說句不客氣的，武俠小說裡的大俠任我行見了他，還眞的不能行！所以大禪師絕對不是亂答一通，他們那樣答，我這樣答，當然各有回答的道理存在，只是難會。再來看第二則：

【問：「如何是眞如體？」師云：「夜叉屈膝眼睛黑。」問：「如何是眞如用？」師云：「金剛杵打鐵山摧。」】

這從表面上看來，禪眞的很簡單呵！這些文字，每一個字全都認得，沒有什麼玄的。「**如何是眞如體？**」是問這個眞如法性的本體，也就是請問如來藏在哪裡？楊岐禪師開示說：「**夜叉見了四大天王總是要把膝蓋屈下來，他們的眼睛都是黑黑的。**」這到底跟眞如體有什麼相干？你可別自作聰明說：「**那我知道了，夜叉就是眞如。**」結果一棒打下來，才知道原來不是。那你明天乾脆把眼睛塗黑了上來，以爲這樣就對了；沒想到還要再領三棒，所以禪門眞的叫作玄門。可是如果眞正悟了，那可一點都不玄了，親切得緊。問題的答案既然問不到，那僧人就問了：「**如何是眞如之用？**」既然眞如在哪裡，你不告訴我，那我就問祂的作用；你如果把祂的作用告訴我，根據這個作用，我就找到心體了。這個僧人還眞聰明。好，他這麼一問，楊岐方會就說：「**金剛杵打下去，連鐵山都被摧壞了。**」體是什麼？是「**夜叉屈膝眼睛黑**」；用呢？是「**金剛杵打鐵山摧**」。那麼到底體在哪裡？用在哪裡？那僧還是渺渺茫茫，無從下手。

你可別說：「禪師怎麼都這樣苛刻、這麼吝嗇，這眞如妙法就稍微放一手，又不會死了你，又不少了你一塊肉，這麼吝嗇！」可是古來禪師一向是如此的。禪師手頭鬆的，有記錄以來大概就是我，我最鬆。其次就是雪峰禪師，他座下有一百五十多人開悟明心。過去世，我也沒這麼鬆過，我比雪峰禪師緊一些。但是今天手頭不能太緊，今天有復興佛教的很多事情要作，用得著你們，所以你們就有開悟的機會。但問題是，禪師爲什麼都這樣作？其實禪師有很多手段可以幫人開悟，爲什麼卻都這麼吝嗇？手頭都這麼儉？原因是：這個法不許隨便放手，就怕萬一不小心，放手遇到了一個信不具足的人，他知道佛法大意以後將會謗法、破法，就怕是這樣。但我們總是會觀察因緣，會想方設法來幫大家，那麼諸位就努力用功吧！像《金剛經宗通》這種說法的模式，以後不會再有；我這樣子說法，只是要凸顯《金剛經》的勝妙，所以要講《金剛經宗通》。但是，將來宗說的部分可能不會整理在書中，因爲法不能濫傳，必須要非常非常謹慎，所以才不得不如此；我的目的只在凸顯《金剛經》的勝妙，才這樣子講此經的宗通。（編案：後來平實導師還是把全部內容都無保留整理出來印在書中，等待有緣人可以悟入。）再來看這段經文宗說的第三個部分：

【問：「如何是透出乾坤句？」師云：「棒下最分明。」僧無語，師乃云：「透出乾坤句，未語先剖陳。屈躬來更問，棒下取分明。」】

前面這兩則這樣講完了，如果還不會，就要等待這第三則公案了。有個僧人上來問：「如何是透出乾坤底一句？」哪一句可以透出乾坤？可以透出於世間之外、空間之外？當然就是如來藏；除了祂，沒有任何一句可以透出乾坤之外。這個僧人來問這一句，楊岐禪師大概可憐他參了這麼久還沒辦法悟入，所以大發慈悲就說：「挨棒子的時候，是最清楚的。」這絕對不是籠罩人呵！眞的「棒下最分明」。可憐的是，沒有多少人能夠在棒下悟得無生忍。直到今天台灣佛教，有沒有人喜歡打人？有！我們正覺講堂的那位鄰居，以前主持禪七時都打人，還教監香法師怎麼打香板。然而問題是，打人的不懂自己爲什麼要打人，被打的人也迷迷糊糊說他被打得很高興。曾經有人來求我打他，我說我不打人。往世打人都要被人家亂罵一通了，我這一世還是少打爲妙。

那問題來了，既然楊岐祖師說「棒下最分明」，那僧人就應該趕快去找一根棒子來；若沒有棒子，細竹棍也好；若沒有細竹棍，竹篦也好；假使也沒有，細竹也可以；只要找了來：「請師父賜棒。」不悟也難。沒想到這僧人怕痛棒，不敢請棒，那他怎麼能悟？所以楊岐禪師就送他一首偈：「透出乾坤的這一句，還沒有講出來的時候，我其實已經很清楚地剖析而陳列出來給你了。如今你還要彎下腰來再來問，那就只有等我把棒子打下來的時候，你再好好瞧一瞧了。」所以有些人眞的須要挨棒。不過，如今再要求眞的禪棒也難，因爲眞的能賜棒的人，如今已不多見。再把鏡頭拉回到經文來，看看經文有沒有跟這幾件祖師公案一樣：「如何是透出乾坤句？」「棒下最分明。」「如何是眞如體？」「夜叉屈膝眼睛黑。」「如何是眞如用？」「金剛杵打鐵山摧。」「如何是佛法西來意？」「一合相者，則是不可說，但凡夫之人貪著其事。」

〈知見不生分〉第三十一

【「須菩提！若人言『佛説我見、人見、眾生見、壽者見』，須菩提！於意云何？是人解我所説義不？」「世尊！是人不解如來所説義。何以故？世尊説我見、人見、眾生見、壽者見，即非我見、人見、眾生見、壽者見，是名我見、人見、眾生見、壽者見。」】

講記：「須菩提！如果有人説『佛陀曾説過我見、人見、眾生見、壽者見』，須菩提啊！於你的意下認爲如何呢？這個人能夠理解我所説的義理否？」「世尊！這個人不能理解如來所説的義理。我以何種緣故而這麼説呢？當世尊説我見、人見、眾生見、壽者見時，即不是説我見、人見、眾生見、壽者見，這才是世尊所説的我見、人見、眾生見、壽者見。」

這一招又來了，佛陀可眞是老婆心切欸！祂這一招不斷地使用，希望多用幾句、多用幾次以後，看會不會有哪個人一眼瞧見了，也就開悟實相般若了。眞的沒有人比祂老人家更老婆，生怕大家悟不了，所以不但用了種種的言語機鋒，也同時從知見上面來開示，所以這一品講的是「知見不生」。明明是爲了幫大家增長正知正見，卻又爲什麼講「知見不生」？這是因爲凡是會生起知見的，都是妄心、生滅心，眞如心是從來都不會在六塵中生起能知和能見的。參禪人最大的窠臼，就是落在知與見裡面；自古以來直到今天都一樣，一切錯悟者總是落在能知與能見裡面，還宣稱自己是了了分明呢。很多的參禪人，他們所要的都是能知能覺、能分別的自己，不離見分，都不想想經中爲什麼要說「法離見聞覺知」？但是，因爲聽到大師開示說：「眞心是無分別的。」也讀到經典說：「要有無分別的實證才是智慧。」所以就反過來，要把能分別的、能知能見的覺知心識陰或意識，要把有各種見解的意識心強壓下來，要壓著自己不生起分別，每天要當白癡。結果都是走錯了路頭，走錯了路頭卻還很歡喜說自己走對了路頭。

修學佛菩提，要走的路是什麼路？是黃金爲地、七重行樹、七重欄楯，而且是寶華廁列的大莊嚴路；結果末法時代自認開悟的大師們，全都走到那些泥濘路上去了，還說這路上的內容蠻豐富的；其實是滑了一跤，弄得渾身是泥，全都染汙了，還讚歎內容豐富呢。那一身泥，是指什麼東西？是六塵啊！結果還很歡喜地沾滿六塵污泥，各個都說自己走對路頭了。等到有一天遇見了行家一問，開不了金口；那時自取其辱事小，大妄語業事大。可是他們的問題都出在哪裡？都出在：「我知道了，如何、如何、如何……。」問題全都出在這裡。當他們說：「我知道了，禪就是答非所問……。」那就已經錯得離譜了，因爲那都是意識心。遇到了行家，那行家也不打斷他的話，聽他講了一大堆，突然間「噗哧！」一聲笑了出來，他老兄還質問行家說：「你爲什麼笑我？」沒想到這行家當胸打他一掌就走了，就不理他了，等他去法院提告當眾侮辱罪時再說吧！所以問題都出在執著於能知能覺而生起了種種的見解，就死在這裡。回頭來看經文怎麼說：

佛陀又說：「須菩提！如果有人說『佛講《金剛經》時是在解說我見、人見、眾生見、壽者見』，須菩提！你的意下如何呢？那個人懂得我所說底道理嗎？」須菩提尊者回答說：「世尊！那個人不瞭解如來所說的法義。爲何這麼說呢？當世尊在說什麼是我見、人見、眾生見、壽者見的時候，其實並不是在說我見、人見、眾生見、壽者見，這樣才是世尊所說眞正的我見、人見、眾生見、壽者見的眞義。」

這到底是在講什麼？好像又重複前面那一段經文了，眞的是重複啊：「佛說微塵眾，則非微塵眾，是名微塵眾。」「如來所說三千大千世界，則非世界，是名世界。」如今這裡又來了，好像這個公式一直在用著。既然世尊與須菩提父子倆，一直在用這個公式，當然其中一定有蹊蹺。如果不是眞的有蹊蹺，爲什麼 佛陀故意提起來再問，讓須菩提尊者同樣再答一遍？佛陀每問一遍，須菩提就用那個公式再答一遍，這是爲什麼？這目的很簡單，有兩個用意：第一個用意，就是從滅除眾生的知解葛藤上面來下手；另一個用意，就是同時告訴你佛法的大意，也就是告訴你眞如心的所在。

先來談第一個部分，如果有人說：「佛陀在說我見、人見、眾生見、壽者見。」那麼那個人就是不懂得 如來所說的法義。因爲 如來說我見、人見、眾生見、壽者見的時候，其實 如來講這四個見的時候，目的不是在講這四見，而是在講沒有四見的。懂得聽出弦外之音的人，聽完當下就知道那沒有四見的心，才會眞的懂得 佛所說的我見、人見、眾生見與壽者見。要這樣解釋才對。如果在那邊依文解義、鋸解秤砣，鋸到後來仍然是一塊生鐵，只是把一塊生鐵變成兩塊、四塊而已，跟佛法有什麼相干？意思就是說，不要落在意識上頭，如果落在意識上頭，就會不斷地與這些文字相應；與文字相應的結果，就一定會與我見、人見、眾生見、壽者見相應。凡是有見解的、有覺知的都是虛妄法，你要找的那個心，祂不會有見解、不會有覺知的。當世尊在說明我見、人見、眾生見、壽者見的時候，祂也同時在說明那個沒有我見、人見、眾生見、壽者見的心，要懂得同時聽取這個部分。這樣兩方面都聽清楚了，才是眞的聽懂 世尊所說的我見、人見、眾生見、壽者見，這才是這一段經文的意思。如果想要破參，就必須要注意，千萬不要落在覺知心裡頭；只要所悟的心有覺有知就是悟錯了，因爲那個覺知心不論粗細，全都是懂得我見、人見、眾生見、壽者見的，也都住在這四見裡面。你聽聞 世尊說法時應該要證的，是沒有我見、人見、眾生見、壽者見的心。再來看看第二段經文怎麼說：

【「須菩提！發阿耨多羅三藐三菩提心者，於一切法，應如是知、如是見、如是信解，不生法相。須菩提！所言法相者，如來說即非法相，是名法相。」】

講記：發無上正等正覺心，叫作發心。無上正等正覺心是指哪個心？（有人答：金剛心。）對啊！沒有人能夠與祂相提並論，祂才是無上的、才是正等正覺的心。發起這個心，也就是說你找到了這個第八識金剛心，那就是眞的發心。如果有人說：「師姊！請妳發發心，幫忙把這一盤飯吃完了。」那是不是發心？那個叫作發世俗心，不是發菩提心。佛陀就作了結論：「發起無上正等正覺心的人，對於一切法，應該像這樣瞭解、像這樣了知、像這樣的看法、像這樣的信受以及理解，不要生起任何的法相。」換句話說，你如果學佛了，你所悟得的眞實心，是有覺有知所以了知各種法相，以致於心中會生起法相的，那就悟錯了菩提心。落在離念靈知裡的心，永遠都會常常了知各種法相，於是心中常常生起各種法相，顯然是有我見、人見、眾生見、壽者見的心，就是悟錯了般若。

既然有法相，就一定有這四相，所以不管在什麼時候，都會知道自我存在，就住在我見中。看見了任何東西，都知道有個東西相對於自我；看見了任何人，都知道有別人相對於自我而存在，就是有人見。看見了很多人存在，全都是相對於自我而有眾生等法相存在，就有眾生相。看見了自己、看見了任何人，都相對的知道說，這些有情都是有壽命的，就有壽者相。那麼不就是出生了諸法相嗎？既然所悟是時時會出生我見等四種法相的心，那就是悟錯了。一定是不生法相的心，才是眞實法，才是眞正開悟時所要證的金剛心。

可是有許多人，那些假法，他們也很喜歡，因爲他們的師父都堅決認爲那個覺知心是眞的，他們就信以爲眞。等到有一天拿到金店去說：「請金師傅幫我打造成一頂皇冠。」或者想要打造成別的飾物，結果店家一看就說：「你這個不能鍛煉，只要一鍛煉了，它就會化爲烏有，變成灰燼了，因爲你這個不是眞金。」爲什麼呢？因爲它只是表面看來像黃金的物質，結果裡面是什麼呢？是用硬紙作成的，表面貼了金箔，看起來好像一塊黃金；那是不能鍛也不能燒煉的，可是他們全都信以爲眞。問題是，他們一直都還沒有機會送到黃金店裡去；如果他們有機會送到金店去，就會知道那些黃金都是假的。現在全球只有一家眞的金店，是我們開的正覺金店，沒有第二家分號，所以他們不知道自己手裡的全都是假金。如果他們有一天眞的送到這邊來，我們每位親教師都會燒給他看；這一燒就完蛋了，他們才會相信說：原來被騙了好幾年。所以 世尊開示說：「眞正發起無上正等正覺菩提心的人，於一切法，應該要像這樣知、這樣見、這樣信解。」要怎麼知、怎麼見、怎麼信解？要「不生法相」。什麼是法相？譬如知道這是講桌，就是心中已經生起法相了；知道這是男人、女人，就是生起法相了。知道這是我見、人見，就是生起法相了；知道這是眾生見、這是壽者見，就是生起法相了；這就是落入意識心中，是發起意識心而不是發起無上正等正覺之菩提心。凡是會產生法相出來的心，永遠都是虛妄法，都不是眞實法。

可是世尊說：「所言法相者，如來說即非法相，是名法相。」爲何這麼說呢？因爲你要找黃金得要在石沙中找；想要找禪宗開悟這個法，不能夠離開法相而找。法相如屎，是世間法；金剛心如來藏如金，是世出世間法；開悟時找到眞金如來藏時，卻又覺得如屎一般，不值一文，因爲想賣也無人要買，所以說是「金屎法」：不會如金，會者如屎。假使有人聽到說，這個眞如無形無色猶如虛空，心想：「那我知道了，我就到處往虛空去找找看。」那就叫作愚癡人，愚癡人往虛空找不到以後，他就開始妄想說：「那我知道，一定是宇宙虛空中有一股大能量，那我就要每天努力練功去吸取能量。」佛門中有沒有這種人？有啊！他也自稱是眞正的佛法，教徒眾們每天早上天未亮就要起床，要到某個地方去吸取日精月華；可是他們眞的吸到了嗎？全都沒有啊！都只是努力在那邊妄想著：「吸啊！吸啊！」其實什麼都沒有吸到，他們身中的能量從哪裡來的？原來還是從他們的如來藏來的，但他們全都不知道。可是這種人還眞的不少，我們就稱他們爲佛門外道。

眞正聽懂的人，就知道說：「原來一切法，都從如來藏來；所以如來藏在的時候，就會有很多法相出現，包括我們能知能覺的心，都是祂所出生的法相之一，但祂自己卻不了別六塵中的各種法相；所以我們如果要找祂，不能往虛空去找，要在自己五蘊身上找。」這樣找到了以後，發覺原來一切法相就是如來藏，如來藏就是一切法相；可是如來藏金剛心，卻又不了知任何法相，連色聲香味觸法全都不知道，當然更沒有我見、人見、眾生見、壽者見。「這時候所說的法相，如來說就不是法相，這才是法相。」這時候就說：「一切法即如來藏，一即一切，一切即一。」所以禪師就講：「萬法歸一。」有的人弄不懂，就問：「萬法歸一，一歸何處？」禪師說：「你眞的想知道？好，耳朵拉長了來。」他以爲禪師是要跟他講話，沒想到是引他分心，突然間一棍就打了下去；這時若還不知一歸何處，就得再挨一頓痛棒。那我們來看看禪宗在理上怎麼說。假使落入能知能見之中，這個人一定不會有般若智慧的，他就不是眞的證悟了。《圓悟佛果禪師語錄》卷十三：

【師云：「人人具足，各各圓成。但向己求，莫從他覓。何故？從他覓，是他家底；捨己從人，去道遠矣！須知自己分上有一段事，輝騰今古，如十日並照。但以從無始劫來妄想濃厚翳障，自心才回顧著，則黑漫漫地，卻到世間知、見，種種聲色纔現在前、一切明得；此等豈不是背覺合塵、從他求覓、不能返照耶？且如從上來乃佛乃祖，以無量百千言句方便，且道明箇什麼邊事？只被爾起見、起念、起思量、作聰明、作計校，惑卻本來自己了，卻立能立所、立現立智、立是立非，擾擾紛紛不能得脫。所以祖佛出世，只要教爾歇卻知見，打併教絲毫盡淨；且道作麼生歇？直下如懸崖撒手，放身捨命，捨卻見聞覺知，捨卻菩提、涅槃、眞如、解脫、若淨、若穢，一時捨卻，令教淨裸裸、赤灑灑，自然一聞千悟，從此直下承當。卻來返觀佛祖用處，與自己無二無別；乃至鬧市之中四民浩浩、經商貿易，以至於風鳴鳥噪，皆與自己無別；然後佛與眾生爲一，煩惱與菩提爲一，心與境爲一，明與暗爲一，是與非爲一，乃至千差萬別悉皆爲一，方可攪長河爲酥酪、變大地作黃金，都盧混成一片，而一亦不立；然後行是行、坐是坐，著衣是著衣，喫飯是喫飯，如明鏡當臺胡來胡現漢來漢現，初不作計校，而隨處見成。所以萬機頓赴而不撓其神，千難殊對而不干其慮，此豈世間粗淺知見所能測度。」】

這就是從理上來開悟大家，克勤禪師講得一大堆話的目的，就是爲大眾去黏解縛。很多人悟不了，都是被雜七雜八的一些事相給黏住了；不然就是聽聞錯誤的知見太多、太多了，那一些知解一大堆，就變成了無量無邊底葛藤，把自己給綑住了。克勤大師講的這一段話，還是去黏解縛。他常常說：「老僧從來無一法與人，上得堂來，無非就是去黏解縛。」就這樣子，把眾生黏住的東西給去掉；凡是被葛藤束縛的，就把他的葛藤給砍掉；全都砍掉、去掉了以後，參禪自然就能悟入了。接著就說，人人都具足，是每一個有情都本來就圓滿成就的。這個心就是這樣子，並不是修行以後才增加一分又一分，或者修行以後才逐漸圓滿成就這個眞如心。這個心是大家本來都有，而且大家都是本來就具足這個眞如心的整體，沒有欠缺絲毫。只要向自己身內去求，不要向外面去找；即使去尋找眞善知識求法的結果，還是要向自己身中去求，不是向外面去找。爲什麼呢？因爲如果是從別人那裡去找來的，那已是別人家裡的東西，不是自家裡本有的珍寶。

如果有個大師說，要把他的如來藏賣給你，你要不要買？千萬別買，因爲那是別人的，不是家珍；凡是從外買進來的，是從緣而有的生滅心，將來一定會再度失去。一定是自家裡本有的珍寶，才是以後永遠都不會失去的珍寶。如果有大師這麼說，想要賣他的眞如心給你，他一定是在騙你的錢財；因爲他根本就無法賣出去，你也買不到；不管你付了多少錢，最後還是買不到，因爲他無法移交他的眞如心給你。就像《浮士德》裡寫的一樣，跟魔鬼交易時，認爲自己底靈魂可以賣給魔鬼，想要獲取世間法中的好處。然而眞的可以賣出去嗎？那魔鬼可眞是傻瓜，才會跟他交易。因爲那魔鬼根本買不到他的靈魂，可是那一些神學家、文學家、哲學家都亂寫一通。《浮士德》我是高中的時候讀過，現在只有這麼一個印象，內容全都忘光了。因爲我年輕時書讀很多，只想要尋找生命的眞相，所以只記那個重點，知道這本書在講什麼；只要知道主旨就好了，內容我都不要記。

但《浮士德》書中那個說法，以前年輕時不知道它錯在哪裡，只是覺得書本裡面這麼寫，好像有點奇怪，覺得似乎講不通，但是我當時不知道奇怪在哪裡。後來悟了以後說：「笑話！那個交易怎麼可能成就？跟魔鬼交易自己的靈魂，根本是不可能成功的，除非那個魔鬼是傻瓜蛋。」果然眞是傻瓜蛋，因爲他們認爲靈魂就是常住不變的自內我本體，根本就是想像而說的。如果他們說的靈魂就是指我們所說的眞如心，那麼這個眞如心是自己身上本有的，不是外來的；魔鬼跟你交易了以後，能夠把祂拿過去嗎？也都拿不過去。所以書中的說法是不可能存在的，那都叫作戲論。讀那本《浮士德》時，我倒覺得你不如去看卡通影片，娛樂自己一番還好一點；因爲你很用心去讀了，瞭解它的意思以後，結果它竟然只是戲論，根本沒意思。

因此 克勤大師說：「捨己從人，去道遠矣。」不要把自己的寶貝丟著不顧，卻去向別人家裡尋找，那他離道可就太遠了。「應該要知道，自己分上有這麼一段事，而這一段事輝騰今古；找到了以後，你可覺得祂非常地分明，如同十個太陽一起照耀著那麼明朗。但是都因爲從無始劫以來，虛妄的想法太過濃厚，被這些虛妄的想法給遮住了，自己心裡面才想到說：『我既然有這麼一段事，這個事情眞的要好好把祂找出來。』結果這麼才一回頭想要把祂照顧好、想要找到祂，結果竟是黑漫漫地，總是找不到，只好又落到世間的能知能見裡面；種種的聲色才一現前，馬上就都知道了；這樣不就是背捨眞覺而契合六塵了嗎？不就是從別人那裡去尋找而不能返照自己眞心了嗎？」正是如此，然而不幸的，這是天下的常事；本就天下很平常底事情，也是佛門中很平常底事情。如今到處都是如此，古今亦復如是。

《金剛經宗通》上週講到三十一品〈知見不生分〉的理說部分，說到落在世間知見裡面，種種聲色才剛剛現前，立即「一切明得」；又說：「此等豈不是背覺合塵、從他求覓、不能返照耶？」這個開示或者這個訓示，正是禪門中的老生常談。這就是在教導大家，千萬不要落在聲色中。凡是能與聲音色塵相應的，全都是妄心，絕對不是法界中的眞實相。所以說，一般人與大小師們都自認爲是「背塵合覺」了，其實本質上都是背覺合塵。他們所謂的背塵合覺，和佛法中所講的背覺合塵，正好是一樣。只是他們不懂，誤會了，就認爲自己是背塵合覺了——誤以爲離念靈知了了分明地覺知自己就是眞覺，又誤以爲不起語言妄想就是合覺，殊不知自己正是妄覺而落入六塵中了。

當然，也許有人今天第一次來聽經，會懷疑說：「你蕭老師這樣講，有什麼根據呢？」我們無妨就來稍微述說一下。在《華嚴經》中所講的，其實與《起信論》中所講的，是完全一樣的，而《起信論》就是在述說背塵或者背覺的差異處。《起信論》中很清楚地告訴大家，說第八識如來藏有本覺，也就是說如來藏的眞覺是不落在六塵中的本來就存在的眞知眞覺；凡是六塵中的知覺，全都是妄覺。落入六塵知覺中的人——落在妄覺中的人，《起信論》說這種人名爲不覺。可見落在離念靈知中的現象，並不是佛法傳到中土以後才有，而是在西天時就已經如此了，由此可見菩薩法的開悟眞的很難。所以 馬鳴菩薩特地這麼說：前念生起以後打妄想了，後面再有一個清淨念生起，發覺自己在打妄想了，於是就把前面那個妄想之念制伏，不讓祂再生起妄想，所以心中不再有語言文字的妄想了，就以爲這樣叫作覺。那麼 馬鳴菩薩繼續開示說：這樣的人就叫作不覺的凡夫。原來打坐到一念不生、清清楚楚明明白白非常覺醒的時候，竟然還是不覺位的凡夫，這可是 馬鳴菩薩說的。

　　爲什麼說如來藏—阿賴耶識心體—有本覺？爲什麼悟得這個本覺的人就成爲始覺位的菩薩，就叫作始覺？爲何 馬鳴菩薩這麼說呢？這當然要探究一下，不然要如何「背塵合覺」？就永遠無法實證了。這個如來藏，又名阿賴耶識；阿賴耶識這個心，祂爲何也被稱爲識？眼耳鼻舌身意六個識，都稱爲識；識的意思是什麼？（有人答：了別。）對嘛！諸位都知道，就是了別。有了別的功能，所以稱爲識，識就是知道的意思。如來藏這個阿賴耶識，既然也被稱爲識，就表示祂也有識別的功能，所以被稱爲識，可見祂也是有覺知的。這是說，如來藏既然也稱爲識——稱爲阿賴耶識，那麼顯然祂也是有識別的功能；只不過祂的識別功能不是在六塵中運作，祂所識別的是六塵外的諸法。可是祂能夠把我們眾生所知的心—六個識—所了別的六塵變現給你，但祂自己不去了別這六塵；祂了別的是六塵以外的種種法，所以祂還是有知覺性。這個知覺性不是修來的，不是用意識心去把祂修除妄想，變成非常清楚明白的覺醒者，根本不是這樣的。阿賴耶識的那個知覺，不是修行以後才有的，祂是本來就存在的覺，因此 馬鳴菩薩說祂這個覺是本覺。

菩薩正因爲隨 佛修學，證得阿賴耶識以後，發覺阿賴耶識果然如 佛所說眞的有覺知，但祂的覺知性的運行法相是非常微細的；因爲祂的覺知性在運行的時候，都是不落在六塵中的，都是在六塵以外的種種法中來運行的。當菩薩學佛證得金剛法如來藏識以後，發覺說如來藏是本來就有覺知，這個很奇特的覺並不是修行以後、出生以後才變生出來的；那麼就知道這個覺是本來就有的，不是出生以後才有的，因此就說這個如來藏的覺知就是本覺，而每一個有情的如來藏都有這個本覺。

因爲如來藏這個覺不是五蘊出生以後才有的，也不是修行以後才有的，更不是把六塵中的妄知妄覺修行轉變清淨以後才有的；而是本來就有，是本來就清淨地在那邊存在著、運作著。菩薩如果證得如來藏的本覺，這位菩薩就不再是凡夫菩薩，他就成爲始覺位的菩薩。始覺位的菩薩如果依二乘菩提來講，就算是聖人了；因爲他至少是斷了三縛結的初果人，不落在我見之中，但智慧比初果人乃至比阿羅漢還要勝妙。可是如果從別教來說，卻說他還只是凡夫；因爲從別教來講，他得要修到初地以上才算是聖人，還沒有入地以前都叫作凡夫——外聖內凡。話說回來，這位證得如來藏的菩薩雖然還不是聖人，但也不是二乘菩提法中說的凡夫，所以在別教中就說他是賢人。

尚未入地，所以不能稱之爲聖；但他的實相般若世出世間智慧，畢竟不是阿羅漢所知，當然也不能說他是凡夫，所以就稱之爲賢人。這就是始覺位的菩薩，由於剛剛才覺悟，剛剛悟得這個本覺，就是始覺位的菩薩。始，剛剛開始；始覺，是說他剛剛覺悟如來藏的本覺了。然後悟後起修，他就會成爲漸覺位的菩薩；一直到妙覺位爲止，都是漸覺，又稱爲隨分覺。必須頓悟了以後，證得這個本覺，然後才有悟後起修的漸覺歷程可說。修到佛地了，對於如來藏的一切覺知功能無不了知，就稱爲究竟覺，又名正遍知，所以諸佛都是究竟覺，同時名爲正遍知，因爲對如來藏心體和祂所執藏的一切種子（一切功能差別）無所不知，正確的遍知一切法。

凡夫菩薩以及阿羅漢們是不覺，明心的菩薩是始覺，悟後起修一直到妙覺都叫作漸覺，又稱爲隨分覺，因爲隨著各個階位都應該隨分覺悟自己所應覺悟的般若。頓悟如來藏金剛心以後，一定要漸次去覺悟如來藏中所有的本覺功德，才能成爲隨分覺及究竟覺。所以背離了六塵而與如來藏的本覺相契合了，才能說他是「背塵合覺」的人。可是離念靈知是意識的知覺，從來不離色塵，從來不離聲塵，了了靈知的時候正是在六塵中知覺，都是合塵而不是背塵的。不論什麼人，當他的覺知心了了靈知的時候，永遠都是住在六塵中，始終都與六塵相合而背離了如來藏金剛心在六塵外的本覺，只是以智慧轉依於本覺而自己始終都不是本覺。沒有任何一個人的離念靈知是可以離開六塵的；既然都與六塵相應，就是合塵，那當然不是第八識背塵的本覺，所以說他悟錯了，叫作「背覺合塵」。

現在回來　克勤大師的開示說：「種種聲色纔現在前、一切明得。」不論哪一種聲音，哪一種色塵現前了，這覺知心離念靈知不都是馬上就明白了嗎？所以見色聞聲了了分明時，就是已經分別聲色完成了，才會說是「一切明得」。那麼這樣一來，就與塵相應了，與塵相應了就是「合塵」。落在與塵相應的境界中，而不是轉依了如來藏不與塵相應的本覺境界，那就是「背覺合塵」。也都是「從他求覓」，都是往外面去追尋六塵，落在六塵中，然後自以為開悟了，這就是不能返照眞實心如來藏的凡人。

自古以來，有非常多的大小師們都說：「修行一定要時時返照。」但問題是：要返照什麼？這個大前提一旦弄錯了，後面的參禪就跟著全盤都錯了；參禪時悟錯了，以後的修道也會全都錯誤。但是，他們從來都不能發覺自己的錯誤，就這樣自以為開悟了、見道了；也以為自己已轉入修道位，便自以為是幾地菩薩了，乃至有人自認為是十地、法王了，從來都不知道已經成為增上慢者。等到臘月三十日到來時，心中呼喊著：「好冷呵！」為什麼呢？因為陰風慘慘；到那個時候業鏡現前，在什麼時候現前呢？當息脈俱斷之時，業鏡現前了。這時候再怎麼恐怖求救，都已經來不及了，已經無法開口求救或反應了，誰也幫不上忙了，眞是可憐啦！

可是當你看見他將來一定會這麼可憐，很努力告訴他道理，想要救他，他卻從來不領情，還指責你在損害他的名聞與利養，那你該怎麼辦？你眞的也不能怎麼辦，你只能繼續告訴他：「你不要再無明了，你要趕快覺醒。」覺醒哪個呢？覺醒那個離念靈知、時時警覺分明的都是虛妄法。可是他們永遠都不會接受，你就只好一直講下去；即使講到他耳朵長繭了，你還得要繼續講、不斷地講。能夠有一點冀望的是：你如果講上一千遍，他聽過一千遍，心裡面對離念靈知的信仰就會有一點點動搖了，你就成功一半了；接著再繼續講，再講上第二個一千遍，他就會信受了，不敢再大妄語了。如果大家全都受你影響而跟著你這麼說，他就會完全信受，就會趕快滅除大妄語業，你便救了他免下地獄。但如果對方是個大師呢，他是一定不會接受的，那時你該怎麼辦？你得要向他的徒眾們廣說，說到他所有的徒眾都信你了，只剩下他一個人不信時，他心裡面就會開始懷疑是自己悟錯了，他就會相信你了，否則你要如何救他不墮地獄？

所以，這個背覺合塵與背塵合覺，是自古以來就一直爭論不斷的說法，諸家各說各話，眾說紛紜；一家講一個樣兒，諸家各不相同。你如果出來說他們落在聲色裡面，他們一定不信你，他們會說：「**我離念靈知了了分明時，都不落在聲色裡。**」可是，他們都沒有警覺到自己的離念靈知存在的時候，全都是住在聲色裡面，不曾一時一刻一剎那離開過聲色。你告訴他說：「**你這樣是錯誤的。**」他們都不會相信，枉費出家弘法一世，還誤導了一大堆信眾，跟著同犯大妄語業。

大前提一定要弄清楚，否則學佛一世，布施了很多錢財，建立了廣大福德，諸佛終究不會爲他授記成佛。《金剛經》前面也有講過：世尊往昔修了很多福德，很多多世都當轉輪聖王，對無量佛一一奉侍供養受學，都沒有被授記成佛；直到悟得如來藏金剛心而懂得般若、知道實相以後，是在 然燈佛的時候才被授記將來會成佛。我們 世尊到 然燈佛時才被授記，因爲以前都修廣大的福德，畢竟是沒有斷我見也沒有明心，所以無法被授記；所以那麼長的時間裡，不論怎麼樣用心大力供佛護法都沒辦法；一直到斷了我見、明心了，才被授記說：「**你將來成佛，名爲釋迦牟尼。**」在這之前從來沒有，可見斷我見與明心的事對於眞正學佛的人有多麼重要了。

所以「塵」與「覺」的定義，千萬不能弄錯，否則努力修六度，只有修福，從來不是修慧。「覺」要分清楚眞覺與妄覺，眞覺才是本覺。本覺，是如來藏本來就有的知覺，這一種知覺從來不在六塵中知覺，從來都不與六塵相應，都不了知六塵中的任何境界。妄覺，那就是大師們所錯說的眞如心離念靈知，那其實不是眞如心；因爲離念靈知得要住在六塵中才能存在，除非有了定力，能單獨住在法塵中，依舊不離六塵中法塵的範圍；一般人都得要依於六塵的具足，離念靈知才能存在。

以前台灣佛教界常常有人說，他們早就證得無想定了。客氣一點的人，則說他有證得二禪了；問題是，他們根本不懂無想定，也根本不懂二禪。所以有的善知識在書裡面說他已證得無想定，可是他不敢說他有證得初禪、二禪、三禪，因爲會被人家拆穿。然而他所謂的無想定是什麼？就是離念靈知，錯把覺知心中沒有語言妄想的離念境界，稱爲無想定，可見他根本不懂佛法，連世間禪定都不懂。無想定的「想」是指什麼？就是「知」，有知即是有想陰，所以在第四禪之後把知滅了成爲無知定時，就稱爲無想定。那些大師們只知道很粗糙的想陰，不知道微細的想陰。很粗糙的想陰，是說心中有語言文字在打妄想，那是很粗糙的想陰。如果心中沒有語言文字，不打妄想了，一念不生了，那也還是想陰，因爲 佛早就在阿含部的經中講過了：「想亦是知。」他落在想陰裡面，還以爲自己已經過了想陰的境界，就敢在書中公開說他有證得無想定，其實他錯了！

無想定，在阿含諸經中或阿羅漢寫的論中，說它又名無知定。近代這一些台灣、大陸的大師們說他們證得無想定，目的只是要唬人說：「我們是超過四禪境界的。」問題是，他的無想定最多就只是欲界定而已，就只是住在六塵中一念不生罷了，連未到地定都還談不上。無想定，得要怎麼樣才能說是正確的實證？無想定又叫作無知定，那是超過四禪的境界；是在四禪中把意識心滅了，無覺無知，有一點類似眠熟了，那才叫作無想定；但眠熟時呼吸及心跳都還在，無想定中卻是沒有呼吸與心跳的。他們連初禪都沒有證得，就能證無想定？這就好像說，我已經成家立業了，但是我目前還只是個嬰兒，等於這樣嘛！因爲證得無想定，要以什麼爲基礎？以四禪爲基礎。而四禪要以三禪爲基礎，三禪要以二禪爲基礎，二禪要以初禪爲基礎，初禪要以未到地定為基礎，並且還要先遠離欲界愛，叫作離生喜樂定，就是永離欲界生。初禪人由於初禪的身樂，所以他不需要欲界樂，這是修學禪定最基本的知見。他連初禪都沒有，竟然敢說他證得無想定，那不是很可笑嗎？

即使證得二禪的人，都不敢說他證得無想定了；二禪已經離五塵了，定中只有定境的法塵，就只是定境的法塵；但這個時候仍然是有定境法塵，仍然是合塵，依舊是背覺。那麼如果住在六塵具足的境界中呢？那就只是個世俗凡夫而且沒有絲毫禪定的證量。所以說背塵合覺或者背覺合塵，最大的分野就在有沒有離塵，有沒有與如來藏心的本覺相應。本覺，是如來藏本來就有的知覺，不是意識修除妄想以後變成沒有語言文字的有生有滅的知覺。意識離念靈知底知覺，有時和語言文字相應，但是在人間一切時都會與六塵相應；而如來藏的本覺，絕不與六塵相應——絕不了知六塵，不會對六塵了了分明。祂不對六塵加以覺知，因為祂不住在六塵中；悟得如來藏心的這種本覺，現見自己的如來藏心始終都不落在六塵境界中，這樣實證的人才能叫作背塵合覺。離念靈知，永遠都是合塵而背離如來藏的本覺。所以，這個背塵合覺的「覺」字的定義，千萬要弄清楚；如果沒有弄清楚，不懂得真覺有覺而妄覺也有覺，就把妄覺的覺當作金剛心的本覺；猶如說銅是黃色的，金子也是黃色的，所以錯把黃銅認作是黃金，買了回家要被罵的，問題可就大了！因此，背塵合覺，是要證得如來藏才有辦法實現的；凡是落在意識心中的，不論有念或離念，永遠都是住在六塵境界中而背覺合塵，這樣如何能返照本來面目呢？照來照去，都是照見這個背覺合塵的意識心自己，那根本就不是眞正禪宗的禪。

克勤大師接著就說，從古到今的「乃佛乃祖」，說他們所信的佛，他們所繼承的祖師，是「以無量百千言句」作爲指引弟子們的方便施設。那眞的夠老婆了，這樣從朝到暮不斷地講，見了徒弟就講，有時還讓徒弟嫌囉嗦。「像這樣子以無量百千言句方便爲弟子們開示，到底是要弟子們明個什麼事？」祖師們都學習 佛陀那個樣子，絮絮叨叨唸個不停，一直講個不停，總是講得一大堆的禪，就怕眾生聽不懂，那到底是想要大家明白什麼事呢？「卻還是被眾生們生起了能見的妄覺，心中生起了種種的念頭，又生起了許多思量分別，自以爲很聰明、很能計校；這樣把本來的自己、把本來就在的本覺的如來藏給迷惑了，卻去建立一個有能所、能觀六塵境界、有智慧、知是非的識陰覺知心為眞實底自己，擾擾紛紛不能得脫，永遠落在意識心裡頭。所以祖師們就效法佛陀一樣，出世說法之目的只是要教你把那些能知能見休歇下來，不要再認定祂是眞實心。不但如此，還要把這種錯誤的看法斬斷，而且要清洗得乾乾淨淨。」問題是，要怎麼樣能夠把祂休歇下來？「一定要把以前認定能知能覺這個心是眞心的錯誤知見給休歇下來，這個妄見如果不休歇下來，想要明心見道，永遠沒有了期。所以必須要當下猶如懸崖撒手，放身捨命，把見聞覺知的自己給放下，再也不要認自己為眞；然後用自己作工具，暫且先把所謂的菩提、涅槃、眞如、解脫、淨穢，全部都丟掉，都不要去管它。」不要再像以前一樣一心想著：「我要清淨自己，我不要打妄想就可以覺醒。」那個覺醒正是無明，正是昏昧。

以前，南部不是有一位耕雲居士嗎？他辦什麼禪呢？安祥禪。說要時時刻刻保持覺醒，常常住在安祥底境界裡面。問題是，正安祥時，是不是處在六塵之中？安祥底心是沒有辦法離開六塵的，那正好是背覺合塵。住在安祥的境界中，就只有一個心作得到，叫作意識。落在安祥境界中的背後原因是什麼？就是要清淨，不要打妄想，要覺醒。覺醒就一定是在六塵中，倒不如睡覺好；因爲睡著了，至少表相上還能離開六塵，還勉強可以算是背塵嘛！這是在表面上看來背塵，雖然不是眞的背塵。然而 佛陀教導的、祖師們教導的是：「我們意識離念靈知正在六塵中，正合塵當中，本覺的如來藏就已經離塵的。」要這樣才對。但他們都不是這樣，都要把自己處在六塵中來堅持說：「我是離塵的。」那就好像蒙著耳朵，然後叫人在那邊打鐘，向別人說：「我沒聽見、我沒聽見，眞的很寂靜啊！」不幸的是，自古至今像這樣的愚人漫山遍野、數不勝數。

所以，學佛時，特別是學大乘法，先不要管什麼菩提、涅槃、眞覺、妄覺等等，都把它們丟掉；然後把識陰自己也全面地否定掉，一心去找離見聞覺知底如來藏就對了。等到有一天眞的找到如來藏時，會發覺說：「人家如來藏本來就背塵，祂就是本覺，我覺知心何必要壓抑自己來背塵、來合覺？再怎麼壓抑我自己，我還是永遠都要住在六塵中。因爲如果沒有六塵，我覺知心就不可能生起，更別說是存在。」那，像這樣壓抑自己不了知六塵要幹什麼？假使你運氣好，遇到一位菩薩，你跟他說：「求菩薩幫忙我開悟。」菩薩說：「不要想開悟的事情，來來來！來跟我快樂快樂！咱們一起唱歌跳舞吧！」在菩薩教導下就這樣快快樂樂地開悟，有什麼不好？爲什麼要壓抑自己排斥六塵呢？當你正在唱歌跳舞底時候，你的如來藏還是背塵的眞覺，還是不住在六塵中；無妨你覺知心繼續在六塵中享樂，祂也無所謂。所以菩薩行道，可以是痛痛苦苦地行，但也可以是快快樂樂地行，究竟你要選哪一種？有智慧的你，自己判斷判斷，來作個抉擇。

我們在正覺同修會中，不要你痛苦地行道，只要你快樂地行道。痛苦的路，我自己走過來了，只要我一個人走就夠了，不要你們跟著苦。因爲那個苦，根本沒有必要，何必要苦？我苦過了，覺得划不來，我希望大家都快樂；所以來正覺學佛法是快樂的，不該是痛苦的。如果來這裡學得痛苦，一定是你自己出了什麼問題，那不是正覺同修會的問題。所以，應該自己快快樂樂地學禪，快快樂樂地學佛，腳踏實地，感覺非常實在；不像以前腳在踩的時候，都好像踩在厚棉花上面一樣虛虛的，總覺得不踏實。你們以前在任何道場學佛時不都是這樣嗎？總覺得好像是有個法可以學，可是學了十幾年下來仍然是渺渺茫茫，一點踏實感都沒有。來正覺學法以後就不要你們這樣，要你們非常踏實。當你很踏實，學佛的路就很篤定，可以知道：「**自己現在走**

在哪個地步，下一步要走什麼路，該證什麼、該作什麼，將來可以達到什麼地步。」這樣學佛一定是快樂的，因爲心裡很篤定、很踏實。

所以只在那邊學名相而沒有辦法實證，不如不學。不管是什麼菩提、涅槃，根本都不用學；當你找到如來藏時，就發覺原來菩提就是祂，涅槃也是祂，不學也會知道。找到如來藏了，把《邪見與佛法》翻一翻、讀一讀，就會知道原來阿羅漢入無餘涅槃，就是那個境界，馬上就知道了。所以，學佛而不是學羅漢的人，要建立正確的知見，最重要的就是要先明白那個根本：一切諸法的根本，三乘菩提的根本，人天善法的根本，三界的根本，萬法的根本，無非就是這個本覺心；而祂是本來就有六塵境界外的知覺，本來就不是妄覺；不必你去修祂，祂的本覺就已經存在了。你如果證得祂了，現觀祂的本覺了，你就是始覺菩薩。這麼簡單的道理，結果想不通，在那邊討論什麼是菩提，什麼是涅槃，什麼是眞如，什麼是解脫，什麼是垢淨，什麼是實相，弄了一大堆呢，結果都只是名相或知識，與自己的道業都不相干。

那些名相都是性空，性空唯名就是戲論；不如好好把本識找出來，找出來以後，人家來問說：「請問祖師西來意是什麼？」你就依他原來所學的回答：「性空唯名。」他不信，又問一遍：「請問如何是佛法大意？」你依舊答他：「性空唯名。」都對啊！也許人家說：「您這樣講，不就是戲論嗎？因爲既然其性本空，只有名相，講那麼多；你學到今天，還是跟我一樣講性空唯名，不還是戲論嗎？」「好，那沒關係，你再問一遍，我直接告訴你好了。」他又問了：「如何是佛法大意？」你回答說：「戲論。」對啊！都沒錯啊！問題是對方的照子亮不亮的問題，假使他眼尖，只這麼一瞥，瞅見了就說：「啊！原來『戲論』是這樣來的，原來佛法大意還眞的是『戲論』。」這個時候，從祖師這邊會得什麼是「戲論」二字的眞義時，當人家來問：「什麼是戲論？」可就罵起來了：「告訴你，『戲論』根本就不是戲論，你得要懂得『戲論不是戲論』，才會知道什麼叫作『戲論』。」原來這《金剛經》的公式你直接就會拿出來用了。你要是能夠證得這個本覺，無妨時時合塵之中卻同時有個離塵的，永遠住在本覺位中，這樣才是聰明人。

所以克勤大師說：「大家要一時捨卻，令教淨裸裸、赤灑灑。」也就是說，你得要把自己所有的法，不論六根六塵六識中的哪個法，要把所有法全部否定。全部否定了以後，剩下的就是如來藏。克勤大師說：「這時自然一聞千悟，從此直下承當了起來。卻返身來觀察世尊的用處、諸祖的用處，跟自己有什麼差別？結果還是同樣這個如來藏。乃至鬧市之中四民浩浩，」鬧市之中，士農工商大家商量事情、買賣交易，當然鬧聲浩浩、聲震中天；這時候都沒關係，「經商的歸經商，貿易的歸貿易，乃至於風鳴鳥噪，其實都跟自己一樣，」士農工商哪個不跟自己一樣？全都是這個如來藏。風鳴之中的那些鳥兒聒噪個不停，跟自己一樣都是如來藏；然後智慧就出生了，所以說：「這時候佛與眾生爲一，煩惱與菩提爲一，心與境爲一，明與暗爲一，是與非爲一，全部都互通而變爲一了。」一是什麼？一就是如來藏。如果會不得如來藏，哪一天半路上把我給攔住：「蕭老師！你今天不告訴我如來藏是什麼，我就不放你走。」那我說：「也可以啊！你就問嘛！我就明著告訴你吧！」好啦，他就開口問了：「哪個是如來藏？」我就答他：「一。」這就解決了。他可不能怪我啊！如果說我沒有講，那是他的悟緣還不到，那是他自己的事，因爲我已經明白告訴他了。

所以說：「這時候，乃至千差萬別悉皆爲一，方可攪長河爲酥酪、變大地作黃金，都盧混成一片，而一亦不立。」如果哪天誰來問我說：「爲什麼說『一亦不立』？」那我聽了，心裡可爽了，我轉身走人就沒事了。既然「一亦不立」，你來問我幹什麼？實際理地確實連一都不立，說個一已經是方便權巧了，已經不是實際理地了。接下來可以怎麼樣呢：「行是行，坐是坐，穿衣是穿衣，喫飯是喫飯，猶如明鏡當臺，胡來胡現、漢來漢現，根本就不去作任何的認計校量，可是這個本覺卻是隨處見成。」要這樣才叫作眞的在學佛啦！在那邊講苦、空、無我、無常、四念處，那是作什麼呢？那是生死法，那叫作學羅漢，不是眞正的學佛，學佛不當如此。

假使你家老爸很愛喝酒，並且偏愛划拳。有一天他從鄉下上來台北看你了，就住在你家，每天晚上一定要跟你划個兩拳。那你就跟他划啊！有什麼關係？身爲人子，孝道第一，老爸如果突然間清醒過來說：「你不是學佛嗎？爲什麼還要跟我划拳？」你說：「我划拳，無妨划拳，我還是住在實際理地，那有什麼關係？自是老爸不懂，不能責我小子。」也許你這麼一說，老爸突然想通：「好！今天起不再喝酒了，我跟你學佛了。」你不就度了他嗎？這也是菩薩的方便權巧。所以，這個時候你當然看見隨處現成，根本不用認計校量什麼背塵合覺、背覺合塵。正在六塵當中跟老爸划拳時，仍然是背塵合覺，根本用不著計校老爸會不會耽誤你的道業，這樣才是眞實佛法。

所以，大乘法中說：「一切衆生本來涅槃。」世尊還沒有演說大乘法以前，誰敢這麼講？等到講了大乘法以後，佛陀把這個道理講了出來；那時阿羅漢們已經明心了，轉成實義菩薩了；這時候 佛才剛一講出來，阿羅漢們也只能點頭，因爲他們不再是阿羅漢了，早就是菩薩了。這個時候，穿衣就穿衣，吃飯就吃飯，跳舞就跳舞，有什麼關係？如果想要供佛，剛好沒有飲食可供，你說：「我很會跳舞。」那你就跳一場妙舞供佛，讓大衆起信。用這個來供佛也不錯啊！只要能利樂衆生都行。那麼在這個狀況下，有什麼好計校的？這個眞如心如來藏，祂就是這樣胡來胡現、漢來漢現。一個胡人來了，你心中就顯現出一個胡人的模樣；胡人走了，來了個漢人；漢人跟胡人不太一樣，古時候畫胡人都是落腮鬍、戴著皮帽；漢人就綁著髮髻，弄個小冠、穿著漢服。你的如來藏就是這樣，那個漢人來了，祂就顯現漢人的法相給你看；如果這個人一天到晚喜歡烤羊、烤小牛等等，好了，下輩子他應當要去當胡人，他的如來藏下輩子就變個胡人給他當，他下輩子就去當胡人。

如果覺得說：「我還是像原來那樣當漢人比較文雅一點，吃衆生肉的時候，不想聽到眾生被殺的聲音，我還是當漢人好了。」心性轉變了，下輩子他的如來藏就幫他造了個漢人身。但是有什麼好計校的？沒什麼好計校的；會計校的都是意識心，如來藏從來不計校這個。你喜歡當漢人，祂就讓你當漢人；你喜歡當天人，祂就讓你當天人；因爲你喜歡當天人，你就行十善。好，既然那麼喜歡，下輩子祂就給你個天人身。如果這個張三、李四、王五、趙六，他們喜歡合起來一群人專門算計人家，心地狠毒，他們的如來藏下輩子就變個毒蛇身給他們；因爲心地陰狠毒辣，蛇就是愛毒，這都可以變生啊！而他們的如來藏卻從來都不計校，計校的都是他們的意識心。

菩薩悟了，看見法界中這樣的事實，「所以萬機頓赴而不撓其神，千難殊對而不干其慮，此豈世間粗淺知見所能測度。」眞的是如此，因此菩薩悟後可以萬機頓赴，當他忙得一塌糊塗時也沒有關係，他的本來面目仍然是離六塵的，仍然是背塵合覺；因爲他轉依如來藏，無妨意識心繼續爲佛法爲眾生不斷地去撓神，也可以萬機頓赴，但是他仍然是個始覺或者隨分覺而無所妨礙；因此，面對種種無量無邊的責難或者弘法上的難題時，依舊「不干其慮」，他的思慮還是在法上，不受影響；這眞的不是世間粗淺的知見，所能夠測量計度。想想看：你要的是這個實相智慧，還是要阿羅漢那個全無覺知的無餘涅槃？當然，你們都有智慧，都要這個佛法，不要阿羅漢那個羅漢法。但是說一句不客氣底話，阿羅漢那個解脫其實也還是這個如來藏心；因爲阿羅漢證得無餘涅槃，把自己五蘊給滅了以後入了涅槃，還是這個如來藏心。同樣是這個如來藏，我們把五蘊我執全部滅除了，又何妨繼續留著這個如來藏與五蘊同在？活著蹦蹦跳跳時就是無餘涅槃，這有什麼不好？這叫作本來自性清淨涅槃。所以根本用不著你灰身泯智去入無餘涅槃，這才是妙法。咱們繼續弘法之目的，就是要讓阿羅漢們沒得混，除非他們迴小向大。可是說眞的，如果有人眞的證得阿羅漢，他只要來這裡連續聽《金剛經宗通》三次，管保他迴小向大，不再想入涅槃了；因爲他會發覺事實確實如此；而他死後滅盡五蘊入了涅槃，其實沒有意義。一般眾生是不願入涅槃，有人是學涅槃想要入涅槃而入不得，但他卻發覺：「我入了涅槃以後有什麼意義？從此灰身泯智，既無利於眾生，也無利於自己。可是那個涅槃卻是本來就在的，不必修就已經在的，那何妨重新再把自己活轉過來，就不要入無餘涅槃了，就依佛法保持自心如來藏繼續住於無餘涅槃之中，而不斷地生生世世保有五蘊繼續救護眾生，生死輪迴而無疲倦。」

就這樣快快樂樂地走向佛道，痛苦的時候也還是快樂的。當千夫所指眾口同聲，指著你，罵你是邪魔外道底時候，你說：「我才眞的是邪魔外道，你們都不是邪魔外道。爲什麼呢？因爲我從來不學佛，不正是外道嗎？我從來都不知有三寶，我心中無一切法，不正是邪魔嗎？」他們將會聽得瞠目結舌。對啊！學佛的都是意識，我如來藏從來不學佛，當然眞是外道。「我如來藏從來都要讓我這個五蘊眾生繼續保有五蘊在欲界中生存，也教眾生這樣繼續生存在人間流轉生死而學法，那我不是邪魔嗎？有了五蘊，你才能學佛，否則你還能學什麼佛？所以邪魔才是幫助你成佛的人；你們那些人罵我是邪魔外道，但你們眞正學佛時反而得要學我這個邪魔外道。你們就是不懂，還在那邊罵我什麼呢？」單這一席話，就要叫他們啞口無言。

所以只要你通達於眞實法，橫說豎說都由著你，並且全部都符合　佛陀的教旨。但是如果弄錯了，落在離念靈知裡面，背覺合塵，那時正說也錯，更別說是橫說豎說了。等你悟了可就隨你說了，阿羅漢看見你這樣說法，他能不認同嗎？老實說，凡是眞正阿羅漢都會認同的。但是如果有法師自認爲是阿羅漢而不認同你的說法，你就知道那個人還沒斷我見，一定是凡夫假冒阿羅漢，連初果都不是。你可以這樣斷定，絕對不會有謗僧的嫌疑，這我可以跟你打包票。因爲阿羅漢只是智慧淺，並不是完全沒智慧；你說的如果是正理，他會聽懂，只是無法實證而已，所以他絕對不會謗你。阿羅漢都無法測量你這樣的知見，你的所知所見非阿羅漢所能臆測思量，那你說凡夫世間粗淺的知見，哪能夠測量呢？當然無法測度你。

接著我們再來看理說的第二個部分，這個部分主要是說，如來藏、金剛心、此經，雖然離見聞覺知，但祂不是全然無知的，祂了了常知而不是意識夜夜斷滅的妄知。那些錯悟的大師們都說：「**我了了常知而不分別。**」問題是，他們根本就不懂佛法；因爲他們的了了常知，也是夜夜混沌常斷，夜夜都不是「了了」也不是「常」知，「常」是永遠不中斷的。他們的知總是每天晚上就中斷了，哪裡有常？還自稱是了了呢。常是要從無始劫以來，一直到現在，乃至未來無量劫以後，祂仍然是「常」而不中斷的知；永遠都是常而不間斷的知，那才能叫作了了「常」知。有時候禪宗祖師悟了會說：「**了常知，恆不終止。**」他說的眞是「常」，錯悟大師們卻把自己夜夜都斷的知，拿來套在祖師說的「常知」上面，這叫作牛頭逗馬嘴，就叫作二不像。不幸的是，這種狀況自古以來一直都存在著，所以才要勞動菩薩們一世又一世，不怕辛苦地不斷說法。我們再來看下一個理說，《大慧普覺禪師語錄》卷二十七：

【不識左右以謂如何？昔達磨謂二祖曰：「汝但外息諸緣，內心無喘，心如牆壁，可以入道。」二祖種種說心、說性，俱不契。一日忽然省得達磨所示要門，遽白達磨曰：「弟子此回始息諸緣也。」達磨知其已悟，更不窮詰，只曰：「莫成斷滅去否？」曰：「無。」達磨曰：「子作麼生？」曰：「了了常知故，言之不可及。」達磨曰：「此乃從上諸佛、諸祖所傳心體。汝今既得，更勿疑也。」彥沖云：「夜夢晝思，十年之間未能全克；或端坐靜默，一空其心，使慮無所緣、事無所託，頗覺輕安。」讀至此，不覺失笑。何故？既慮無所緣，豈非達磨所謂內心無喘乎？事無所託，豈非達磨所謂外息諸緣乎？二祖初不識達磨所示方便，將謂外息諸緣、內心無喘，可以說心說性、說道說理；引文字證據，欲求印可；所以達磨一一列下，無處用心，方始退步思量：「心如牆壁之語，非達磨實法。」忽然於牆壁上頓息諸緣，即時見

月亡指，便道：「了了常知故，言之不可及。」】

這一段文字，是大慧宗杲問一個官；他們當官的，都覺得自己很厲害，到處找禪師參訪，希望禪師放水給他們。可是禪師才沒這麼輕易放水，禪師要放水時可得要看：你官當這麼大，慢有沒有除啊？如果慢不除，不禮拜三寶，不供養三寶，說他也要得三寶的法，禪師總是會跟他們虛與委蛇，暗地裡還罵他們遲鈍。他們往往著了禪師的賊，還無可奈何呢！並且走了以後，禪師往往就世諦流布出去，讓世人皆知。現在回來說這個官，可能官也不小，因爲他的職務是常侍於皇帝左右，所以官名就稱爲左右。大慧宗杲說：「不知道左右你的說法如何呢？以前達磨大師向二祖開示說：『只要外息諸緣，內心無喘，心如牆壁，可以入道。』」禪師說法都不明講的，他不會跟你講得很細，永遠不會像我講得這麼老婆；聽得懂，算你有福氣；聽不懂，算你沒福報。「可是那時二祖慧可大師，聽不懂達磨大師意在何處，以爲就是用覺知心外息諸緣，用覺知心不要去求東求西，就不再有種種的運作勞累。以爲覺知心只要不動，如牆壁一樣就可以入道。不知道達磨講的是如來藏，所以當年慧可大師剛開始時，就種種的說心說性，說心如何如何，心有什麼法性等等，講了一大堆，都在意識上作文章，不契達磨之意。」

「有一天忽然悟了，才知道原來達磨講的是那個，不是這個覺知心，所以匆促地趕快去向達磨大師稟白說：『弟子我這一回才終於懂得什麼叫作息諸緣，現在終於把諸緣給息了。』」他趕著跑到達磨大師前面去說息諸緣、心無喘，明明跑得飛快一直在喘氣，竟說心無喘，而他卻是眞的心無喘；因爲在喘之中有不喘的，不息諸緣之中就有息諸緣的，所以說：「我這一回眞的息諸緣了。」因爲意識妄心正在種種攀緣，無妨如來藏本來就無攀緣；然後意識轉依於祂，就是息諸緣了。「達磨大師知道他悟了，所以就沒有一直再窮追猛打勘驗他，卻是作了一些反問說：『會不會斷滅去呢？』」如果是意識離念靈知，一定會有時斷滅，晚上睡著就斷滅了。「二祖慧可回答說：『不斷滅，沒有斷滅的現象。』達磨大師就說：『那你是悟個什麼東西啊？』二祖慧可說：『了了常知，可是要用言語來說祂，卻也說不到祂。』」

了了，這兩個字有文章啊！意識能永遠了了嗎？沒辦法欸！意識有時忽略了聲塵，有時忽略了味塵，有時忽略了觸塵，所以不是永遠了了，而且也會常常錯誤地認知。可是，眞如心永遠是了了：你外面有什麼樣的色塵，我就變現什麼色塵出來給你了知，從來不曾亂過，永遠都是了了。外面是什麼樣的聲塵，我就變現什麼樣的聲塵給你覺知心，從來都是了了，不曾含糊過。所以說祂是永遠地「了了」。又爲什麼「常知」呢？因爲若是祂應該知道的，祂絕對不會忽略；乃至於這個參禪的人，心中在想什麼，祂也絕對不忽略，永遠都是了了而常知。這個參禪的人想這樣的時候，祂就這樣，祂絕對不會違背說：「參禪者想要這樣，我偏偏要那樣。」絕對不會。也許你想說：「蕭老師說的這樣是指什麼？那樣是指什麼？」我偏不告訴你！等到你悟了以後，我也不用告訴你，你自然會知道，那豈不是兩廂無事？

接著說祂「了了」而「常知」，祂的知是沒有中斷過的；當眾生睡著了，祂的知仍然是了了而常不中斷。當眾生有意外，悶絕了，祂的知仍然是了了，常而不斷。當眾生色身敗壞死亡了，祂仍然是了了而常知，不曾一剎那間斷過，就知道要爲眾生出生中陰身，這樣才叫作了了常知啦！那些迷糊大師把那個不是了了而且不常的覺知心妄知，拿來套上去說也是了了常知，我們沒辦法接受他們誤會後所說底道理。因爲人家的了了常知，你就算把祂鋸開了，祂裡面還是黃金，表裡如一，永遠了了而且常知。他們那個了知六塵的黃金，不用鋸，只要磨一下就不見了，原來都是生鐵電鍍金膜的假金。所以，爲了讓學佛的人得到眞實的法義，你應該要說明這其中的差異處；否則你的法與錯悟大師底法，從表面看來都一樣，一般學佛人要如何辨別呢？如果不能辨別，他們對佛法就永遠沒有入處了。所以接著說，達磨大師答覆二祖慧可說：「你所說的這個法，是從古時以來向上諸祖諸佛所傳底心體；你今天既然得到了，千萬不要再懷疑說：難道佛法講的就是這個心嗎？」

大慧宗杲又說：「有個人叫作彥沖，他有一次寫信給我，信中這麼說：『我彥沖晚上作夢的時候，或者說白天醒著的時候，一直都在想著這個法，十年之間終究沒有辦法完全克服障礙。可是最近以來，我有時候正身誠意端坐著，不起一言一語，就是一個辦法，把我自己的心給空掉，讓我這個心沒有攀緣，也不會去思慮想事情，什麼事情都不會被我這個心再去依託了。我覺得，我現在參禪眞的不錯，我覺得很輕安。』我大慧宗杲讀到這個地方，不覺就大笑起來了。爲什麼呢？既然眞的慮無所緣，既然是思慮沒有所緣的話，那不就是達磨大師說的內心無喘了嗎？既然是事無所託，不就是達磨所說的外息諸緣嗎？那你爲什麼還要端坐靜默，還要在那邊頗覺輕安呢？二祖慧可當初不知道、不懂得達磨所開示的方便說，還誤以為這個覺知心只要外息諸緣、內心無喘，就可以說心說性、說道說理了；他引來一些文字證據，就想要達磨大師為他印可；所以當初達磨大師一件一件把它列出來，說他錯在哪裡，他就沒有個地方可以再用覺知心來作說明了，那時候方才退下來好好去思量說：『如果心如牆壁無情，這應該不是達磨所說的眞正的眞實法，他是意在言外。』然後忽然面壁時頓息諸緣，原來面壁的時候不是要覺知心面壁，這時候才懂得說原來是那個傢伙根本不用面壁，祂本來就息諸緣，這個時候即時見月亡指，」看到了如來藏的時候，都忘了覺知心自己存在，因為覺知心專心在思量；思量後就專心去觀察：這個如來藏到底怎麼回事，都忘了自己存在了。見月亡指的時候，關於什麼參禪的方法、要如何專心參究等等全都忘了。得魚當然要忘筌，抓到魚的時候，你還要抓著籠子幹什麼？把抓魚的那個籠子拿著，把其中的魚抓出來，那魚筌就往牆角一丟了事，還要再一手拿著魚，一手拿著那個筌嗎？根本就不需要了。「到這個時候，他還是像悟前一樣底說法：『了了常知故，言之不可及。』」看來好像跟錯悟的人說法一樣，可是內涵卻大不相同。

這是宗門裡的理說。我是怕大家不懂，所以特地講了這許多的言語，要讓大家知道說，證離念靈知是錯悟而落入妄心。離念靈知就是五陰自己，自己是因緣生、因緣滅的無常心，不應該想要把握自己。任憑你神通再大，無常來時還是把握不了自己的；得要用離念靈知心自己作工具，來找另一個背後的眞實不壞底自己，那才是了了常知的，所以我才會講這麼多。好，我們再來看《圓悟佛果禪師語錄》卷四：

【劉宣教請，上堂。僧問：「劍輪頂上飛大寶光，虎眼峰前豁開宗要。既是向上人，須明向上事。如何是向上事？」師云：「坐卻舌頭。」進云：「此猶是向下事。」師云：「果然轉不得。」進云：「直得蓋天蓋地底來，和尚向甚處出頭？」師云：「且向千里外立。」進云：「爭奈覿面相呈，毫髮無間。」師云：「已遭點額也。」師乃云：「生平唯以此相知，促榻論心到極微；轉眼奄然今五載，人間空只想形儀。祖佛知見生死根源，萬世不移易一絲毫，千聖莫能窮趣向；其生也電光石火舉必全眞，其滅也玉轉珠回通身無影。所以道：『群靈一源假名爲佛，體竭形消而不滅，金流朴散而常存。』於一現一切而普該，於一切現一而無剎不遍，同古同今契物契我，正體一如非生非滅；

『生滅去來，本如來藏妙眞如性。』夫如是，則生未嘗生，滅未嘗滅，去未嘗去，來未嘗來，都盧是箇如來藏體、眞如正性。敢問提舉中奉，即今在什麼處？還委悉麼？無生無住著，處處是全身。」】

你看，人家悟得深就是這麼說話，直教吳下阿蒙無思量處。假使連悟都沒有，也想要學人家這麼說，會像什麼呢？會像三歲娃兒學語。這劉宣教請他開示，這個「請」是什麼意思，知道嗎？很簡單一個字，卻不是隨隨便便就請的；他來到寺中請 克勤圓悟大師上堂開示，那得要先具儀。具什麼儀？一方面是威儀，要穿得很齊整；另一方面是要禮儀，不許無緣無故憑著官大就來寺院開口說：「和尚！上堂開示！」沒這回事啦！和尚才不甩他呢！他得要懂禮儀：「闔寺眾僧靠我吃飯、辦道，你來了就隨便叫我上堂開示？」所以他得要具儀。具儀奉請之後，和尚才能上堂開示無上大法的。以現代的語彙說：「不是說佛法要賣錢，而是我住持佛法不易；你一個凡夫俗子憑著官大，隨隨便便就要我上堂演說無上大法，沒這回事！你若想要聽我演說無上大法，先具儀再說。」具儀供養三寶之後才能「請」，受「請」以後當然得要上堂。上堂時，大家問來問去，劉宣教就有法可學了。

有個僧人問：「劍輪頂上飛大寶光，」這劍舞起來不就是大寶光嗎？那寶劍磨得很利，亮晶晶地，大太陽下掄起來，那寶劍舞動時不就是個輝亮底大圓輪嗎？那不就是飛大寶光嗎？「虎眼峰前參禪悟得了，自然就豁開宗要了，」也就是很分明地打開了宗門中的要旨；「既然咱們是叢林中的僧人，都是向上學法底人，當然一定要明白宗門向上一路底事，」這向上一路底事情是參禪人一定要知道的，「所以只好問您老和尚，如何是向上事？」意思就是說：「如何是開悟明心的實證內涵，希望老和尚您把明心的內容告訴我，讓我也明心吧！我也想要開悟啊！」圓悟大師開示說：「你把舌頭給停了。」叫他把舌頭停下來，這個僧人聽不出弦外之音，誤以為克勤大師眞的要他閉嘴，於是開口就說：「您說的這個還是向下事，不是向上事。」原來是個瞎眼僧！人家把向上事告訴他了，他還聽不懂，還說：「您講的這個是向下事。」因爲他認爲大師叫他閉嘴時眞的只是要叫他閉嘴，所以認爲這只是世俗事，他覺得沒有禪味，就稱爲向下事。

什麼叫作禪味？我常常說：「不懂禪的人才會覺得有禪味，眞懂禪底人覺得沒什麼禪味了。」因爲看得清清楚楚，住於眞如境中，哪還有禪味？

所以一般人家裡喜歡請人寫了斗大的「禪」字，斗大還不算大，有人寫成籮筐大，裱好掛在牆壁上，得意地說：「這個禪眞好！」等到悟了以後，才回到家，上前一把撕下來扔了，因爲「禪」對他而言已經沒有什麼味道了。正因爲你不在廬山，才會覺得：「**廬山煙雨好美呵！**」當你進入廬山煙雨中的時候，還有廬山煙雨嗎？都沒有了，你已經看不見那種韻味了；因爲廬山的一切，你都了了分明，都不矇朧、都不玄了，就沒什麼韻味了。因爲你有智慧的時候就沒有世俗人所認知底禪味了。所以喜歡「禪」味底人是什麼人呢？是還沒有證悟底人。

這僧人也是一樣，圓悟大師已經全盤托出了，他依舊看不見，還說圓悟大師說的依舊是向下事。人家悟得深時說話就很平淡，機鋒也是淡得不得了，讓他不覺得是機鋒。因爲太平淡了，所以他根本不知道，就說：「**這個還是向下事。**」圓悟大師就說：「**原來你果然是轉不得，你根本不知道禪要怎麼轉。**」懂得禪怎麼轉的人就懂得經怎麼轉，懂得轉經底人輕輕一轉就解決了；不懂的人雇了十條牛在那邊努力轉，那個禪底石磨卻一點都不動，所以說他果然轉不得。也就是直接指出那個僧人說：「**你根本無法轉經。**」那個僧人就進一步再問：「就算是蓋天蓋地那樣地來，和尚您要向什麼處出頭？」意思就是說，如果聲勢浩浩全面都來了，那你要怎麼出頭？因爲那一輪寶光，那個鋒利的劍這樣耍起來，如果聲勢蓋天蓋地一樣來，一般大師確實不好出頭頂住；那僧人這一問，心想：「和尚您要向什麼處出頭？」這個叫作不解問底人，都不懂得該怎麼問禪。但是 克勤大師手段出諸方，他就如同水上底葫蘆一樣，東壓西轉、西壓東轉，南壓北轉、北壓南轉，反正你就捺不下水底去；圓悟大師就是這樣子，他輕易地一句話就打發了那個僧人：「我暫且向千里外站著等他吧！」表面上底語意是說：「我就向千里外站著看他舞劍吧！」其實密意都洩漏了，也眞的破費不少欸！結果這個僧人還是不懂啊！因此他接著又問：「爭奈覿面相呈，毫髮無間。」他其實不懂，還要裝懂說：「欸！可是我明明已經當面拿出來相呈了，一點間隔都沒有啊！」他還以爲靈知心可以這樣子，把祖師說的話拿來套在自己身上。克勤大師這時候不得不跟他點一下了：「你已經被人家點額回頭了，你都還不知道，還以爲你已經跳過龍門了。」

點額有個典故，黃河的鯉魚長大以後若能跳過龍門，就可以變成飛龍。

如果這一跳沒跳過去，仙人就從牠額頭點了一下留個記號，牠就永遠不能當飛龍，因爲牠沒有資格再來跳龍門了。鯉魚躍龍門，有聽過嗎？（平實導師接著開玩笑說：）所以你們家魚池的鯉魚如果額頭這裡有一點，就是牠去跳龍門而沒有跳過去，在落水之前被仙人點額回來了。圓悟大師就是指點這個僧人說：「你已經被人家點額回來了，永遠當不了飛龍了，可是你自己還不知道呢。」就是點醒他這一點。被點額了，意思就是說，原來他的手腳早都被圓悟大師看穿了，於是那僧人就不敢再講話了。

「生平唯以此相知，促榻論心到極微；轉眼奄然今五載，人間空只想形儀。」圓悟大師開示說：「我克勤圓悟生平就是以這個法來跟諸方相知相惜，促榻論心到最微細的時候，轉眼到今天突然已經五年了，」這有個典故，促榻論心，是說圓悟大師悟後不久，去求見張無盡。張無盡是宰相退休下來，因爲當朝奸臣當道，他也不太想當官了，既然被人家奏了一本，他就乾脆告老還鄉；皇帝那麼昏庸，跟著他幹什麼？就告老還鄉。告老還鄉後，因爲也是四川人，是個川巴子，而圓悟大師也是川巴子，他想：「家鄉有個當過宰相的張無盡居士，也自稱開悟了，得要去跟他點一點才行，否則他還以爲自己真的悟了。」就回去荊南求見。那時候 圓悟大師正年輕，大概三十歲左右，一個人划著小舟來到。張無盡剛見到他的時候，還不太理會他；可是他就跟張無盡講禪門底向上全提、半提、轉語，這時張無盡耳朵就拉長了聽；後來又開始談到華嚴的要旨，越來越精彩。張無盡聽得歡喜，可是天已經晚了，覺得意猶未盡，於是請 圓悟大師留下來用齋，捨不得放他走了。

到最後用齋過了，好茶點了上來，一面喝茶就一面談，談到後來，夜已深了，竟不讓 圓悟大師回家睡覺，就把大師留下來，同榻而眠繼續再談。張無盡在眠床上還一直問個不停，問到即將天亮，所以「促榻論心」講的就是這個典故。就因爲這樣，後來張無盡一生雖然口中沒有直接承認 圓悟大師是他底師父，實際上他對 圓悟大師，卻是一生都用對待師父的禮節來奉侍的。這裡講的「促榻論心」，就是講這個時節。克勤圓悟大師說：「我生平與人相知，跟人家結爲至交，都用這個心。」意思是說，如果不懂這個心，沒有資格跟我論交。「我以前跟張無盡促榻論心，論到最微細的地步，如今轉眼已經過了五年了，如今只好『人間空只想形儀』。」是說張無盡倒也不錯，可惜如今不在人間了，也只能空想他的形儀了。

「祖佛知見生死根源，萬世不移易一絲毫，千聖莫能窮趣向；其生也電光石火舉必全眞，其滅也玉轉珠回通身無影。」克勤大師接著說：「祖師與諸佛的所知所見，是生死的根源，一切眾生之所以生、之所以死，都是由這個心來實現。若沒這個心，有情生也生不得、死也死不得。而這個心即是生死根源底道理，即使經過了一萬世以後，也是不會有一點點的變動。」永遠都是如此，不可能有所改變。

以前我們弘法初期，也用公案來開示，後來我們乾脆就寫了《公案拈提》。我們有些同修遇到外面有人自稱開悟了，因爲那時候整個台灣宣稱開悟的人非常多，不論你去到哪裡都會遇到自稱開悟的人；又因爲那些道場有很多人去打一次禪七，就被蓋了印章說是開悟了，所以到處可以遇見「開悟」的人。這幾年自認爲開悟的人反而少了，都在正覺裡面，所以現在出去要遇到開悟的人還眞是難。以前可是很容易遇見的，所以我們有的同修就問對方：「聽說你開悟了，你也自稱開悟了，那我問你開悟者一定懂的東西。」「你要問什麼？」「我問一個公案，這是人家祖師開悟的公案；你既然悟了，應該跟祖師所悟一樣，那這個公案你應該懂。」就拿一個公案出來問對方，對方聽完公案，根本不知所云，就說：「哎呀！你別問我這個啦！這已經千年前的老公案，已經老掉牙了；現在是二十世紀了，你還問這個！」

可是問題來了，古人悟的那個心，到二十世紀來，會變換嗎？如果是會變的，那就是無常心。且不說二十世紀的昨天，二十一世紀的今天都不會變，乃至無窮無量無邊的阿僧祇劫以後，這個心還是同一種心，還是不會演變，只有永遠不變的才是你要尋求的妙法。如果一千多年前悟底心，到現在應該變成悟得另外一個心，那你求這個法幹什麼？這一定是無常而會變異的法，你又何必求證祂？因此，後來我們就一年又一年，每年寫一本公案出來流通；寫到第七輯的時候，因爲寫太快了，結果多寫出幾則來了，就放在電腦裡面準備以後有空再寫成第八輯；結果到現在都沒出版，因爲有些厭煩而不想寫了；寫來寫去都是總相的東西，已經寫得膩了、煩了。現在我如果要寫那麼厚的公案，兩個月就可以解決；可是不想寫了，因爲覺得有那七輯已經夠多了，所以剩下的幾則公案拈提就一直擺在電腦裡面，永遠沒有完工的時日。這意思就是說，禪宗所悟的這個法，盡未來際都永遠不會移易一絲毫；乃至將來三大阿僧祇劫以後，當你成佛了，那時候的無垢識心體跟現在悟的這個第八識還是一樣的，仍然是眞實與如如；永遠是眞如性而不會有絲毫的改變，所以說「不移易一絲毫」。接著說：「千聖莫能窮趣向。」自古至今，那麼多的聖者都沒有辦法窮究說，這個心將來會變成怎麼樣。因爲祂永遠無趣向，永遠是如此不變。

如果已經證得這個心了，就說是法身慧命出生了，那其實只是一念之間就悟了；一念是很短的時間，所以每一個人的法身慧命「其生也電光石火」；就像那閃電一刹那之間照亮了整個大地，你一刹那間就看清楚了。看清楚以後，你從此就知道是祂，只要見過一次就永遠知道祂了，說出來時一定正確，所以說「舉必全眞」。一旦悟得祂，當你向上師舉報說：「我找到了，是哪一個。」當你拿出來的時候，一定是全體拿出來，不會說先拿出一條牛的尾巴來，再拿出牛的後腿，然後再拿出肚子，然後再拿出牛頭、牛角，眞的沒這回事，而是「舉必全眞」。可是「舉必全眞」之前，當你開悟的時候也只是像擊石火、閃電光那一刹那而已，就只是靈光一現終於知道了：「原來是這傢伙！」本來還想要罵祂一頓說：「你爲什麼老是躲藏得那麼隱密，讓我找不到？」結果卻沒辦法開得口罵祂，因爲祂從來不曾遮隱，從來都沒有瞞過你；祂一天到晚在你眼前晃，你就是看不見祂，那你有什麼辦法？只能怪自己眼盲昏昧，所以說「**電光石火舉必全眞**」。

祂如果離開了五陰，「**其滅也玉轉珠回通身無影**」，猶如玉盤上，這個珠子轉到另一邊去，不在這裡了，你在這裡什麼也看不見，眞是通身無影。然而當你找到祂底時候，祂也還是通身無影；因爲祂沒有形色，沒有顯色，沒有表色也沒有無表色，祂什麼色都沒有，那你要怎麼找祂？而祂的了別性非常非常微細，你也很難察覺祂的存在；了別性就是識性，祂的識性非常微細；當祂在了別時，在那個了別的過程中，你都不容易察覺祂的，所以很難找到祂。特別是祂離開五蘊身時，無形無色，你根本就無法看得見祂，但祂一定常住不滅，所以說「**其滅也玉轉珠回通身無影**」。但一切有情全都由這樣的心所出生，成佛時也是由這樣的心所成就，由於這個緣故，所以說：「**群靈一源假名爲佛**。」是說所有的有情眾生，同樣都是根源於這個法而出生，假名方便說這個法叫作佛，又叫作自性空。「**即使五陰形體已經消竭，乃至腐爛毀壞全無一法了，但是這一個眞如心永遠都不會消滅，如同『金流朴散而常存』**。」譬如說，你用一些木頭去燒煉金礦礦石，燒到最後那些木頭都已經燒光了，可是黃金流溢出來以後，卻成爲常存不壞的純清物質。

「於一現一切而普該」，克勤大師又說：「於一現一切而普該，」於這一個如來藏心體上面，顯現一切萬法而普遍於三界六道中。三界六道中，你看來看去都同樣是如來藏所生，都有如來藏存在著；所以於這一個法卻可以顯現無量法，既可以顯現無色界天，也可以顯現色界天，還可以顯現欲界天，乃至顯現人間、顯現畜生、顯現餓鬼，也可以顯現地獄境界，所以「一切而普該」，但都是一個什麼心呢？如來藏。那個人造惡，祂就幫他現畜生身；那個人行善，祂就幫他造天身；謗法謗賢聖，就幫他造地獄身，可是同樣都是如來藏，沒有第二個東西，所以「於一現一切而普該」。

「於一切現一而無刹不遍」，於一切有情所顯現的其實都是同樣的如來藏，所以去到東方世界看見了藥師佛，也是這個如來藏；看見祂座下的菩薩們，也同樣是這個如來藏。不相信，回到娑婆來，看見了釋迦牟尼佛及一切有情還是如此；還不相信，再跑到西方極樂世界再看，也還是如此。還不肯相信，心想：「那我上升到色界天去瞧一瞧。」結果也是如此。上窮碧落以後，下黃泉去看一看吧！原來餓鬼有情也是如此，地獄眾生也是如此，所以說「**於一切現一而無刹不遍**」。不管你去到哪個佛刹，你所見的，同樣都是這個如來藏。

「**同古同今契物契我**」，契什麼物？眾生色身就是物，怎麼不是物？難道眾生身不是物？如果不是物，要叫作什麼？因爲人間凡是有生命的，全都是物；你再看看山上，不也都是植「物」嗎？山下，大家跑來跑去，不都是動「物」嗎？那麼若不是物，是什麼？眞如心能感應一切動植物，這就叫作隨緣應物。有時候隨緣應物，我不這樣講；因爲不可以說物就是五陰，說了就壞大事，但有時候卻要這樣講；譬如現在就要這樣講，這不就是契物嗎？契了物以後還能契我，爲什麼契我？我覺知心想什麼都瞞不了祂，祂都配合得恰到好處，當然也是契我。古人如此，今人如此，未來人也是如此；未來人假設他有三頭六臂，都還是逃不掉這個法則的，因爲這是法界中的眞相。

「**正體一如非生非滅**」，可就沒時間講了，那要下週再會了。

我們上週《金剛經宗通》補充資料宗說的部分，說到：「**於一現一切而普該，於一切現一而無刹不遍，同古同今契物契我。**」我們講到這裡。接下來要說：「**正體一如非生非滅。**」也就是說，一切法，包括山河大地、十方三世，其實都是這一個法之所生，因此說眞實而不虛底法體；而這個眞實存在能生萬法的心體，其實永遠都是同一個如。從無始劫以來就是如，到現在還是如，未來也仍將同樣的如。換句話說，永遠都不能動其心，祂是永遠如如不動的。一般人說：「威武不能屈，富貴不能淫。」可是那只是意識的境界，只是因爲修養好，所以富貴不能使他貪著，威武不能逼他屈服；但那畢竟是面對境界而作的不同常人的回應，可是在實相法界中，眞如心體是根本不了別境界的。當祂面對境界的時候，祂只是如鏡現像一般，該回應的回應，但是從來不了知「應習」或「應證」，也從來不了知是善或是惡。這也就是說，在這種永遠不對境界加以了知，而一向隨緣應物底時候，才可以是永遠底如；因爲不面對任何順心違心的境界，所以自然沒有厭惡或喜好，當然就可以永遠的如；自無始劫之前到現在，乃至從現在到未來的無量劫之後，也仍然是同樣這樣的如，所以說「正體一如」。也正因爲是這樣的心，所以才能是常住的，而且是永遠公平的，永遠是如法界理的不生滅心，否則就不可能是不生亦不滅底，所以說「正體一如非生非滅」。

克勤大師又說：「正因爲這個緣故，所以《楞嚴經》中才會這麼說：『生滅去來，本如來藏妙眞如性。』一切生滅法，一切有來有去底法，本來就是如來藏中微妙的眞如法性之所顯現，大乘成佛之道與二乘菩提特別不同之處就在於此。也就是說，在二乘菩提中必須要讓大家瞭解，蘊處界等諸法永遠是有生必滅之虛妄法；必須如此才能使大家斷除我見與我執而獲得解脫的功德與受用。可是那種解脫畢竟不究竟，只能解脫於三界分段生死，不是究竟的解脫，因爲變易生死仍然存在；也就是說，異熟種子仍然無法全部加以淨化而不再變易，所以說那種解脫不是究竟的解脫。眞正的解脫是本來就解脫的，而不是像二乘菩提那樣，要修行以後斷了我執才算解脫；而且是眞如心中的一切種子都究竟清淨，以後永遠都不再變異了。所以大乘菩提之中，見道入門所要證的，就是實相心，而這個實相心是本來即已解脫，不是修行後才解脫的。並且要現見阿羅漢們所證得的有餘涅槃，以及他們入滅後所入的無餘涅槃，本質仍然是妙眞如性、本來解脫，無異於菩薩所證的本來解脫；只是二乘聖人不瞭解，無法實證。

因此說，大乘菩提的實證，迥異於二乘菩提的涅槃。也就是說，於諸生滅法中現見生滅法的根源本來解脫、本來涅槃，然後以這個根源來觀察一切生滅法，由這個所證的萬法根源的立場，來看待一切祂所生的諸法；這時候，把實相法所生的一切生滅法，攝歸於實相法中，這樣一來，一切的生滅法有爲法，就變成附屬於本不生滅的實相法中，於是無生之法如來藏所生的蘊處界，就跟著成爲無生，這就是「**生未嘗生**」。這就是說，所有的生滅法就好像明鏡表面所顯現的影像一般，對於不瞭解那些影像是虛妄法的人，我們應該要告訴他們、教導他們，讓他們了知那些影像的虛妄，而能夠從那些虛妄影像中解脫出來，不再被那些影像所迷惑；由於修學二乘菩提，因此他可以不再貪著而被鏡中的影像所繫縛，這就是二乘菩提的修法。

但是，對於已經解脫於明鏡表面影像繫縛的人來說，還應該要告訴他們說：「**這些影像雖然是虛妄的，但是卻有一個眞實法，你是應該去加以實證的。那個眞實法就是那面鏡子，如同無盡高、無盡遠、無盡大的一面明鏡，生滅不住的影像就存在於常住的明鏡中。**」當眾生在執著那些影像時，看不到鏡子的本身，錯把鏡中影像認定爲眞實我。可是當他們已經解脫於鏡中影像以後，卻應該告訴他們：「**這些影像是從鏡體來的，而鏡體是不生滅的，所有生滅的影像都是附屬於鏡體的，因此這些影像是跟著鏡體不生不滅的。**」

就要他去親證這個鏡體，去證這個無量無邊大的鏡子。親證了以後，他就知道：「原來這些影像都附屬於鏡子，而鏡子從來無生，未來也將永遠無滅；那麼，又何妨鏡中底影像繼續存在？又何妨說鏡子裡的影像無生亦無滅？」所以轉依了這個鏡子如來藏心以後，就知道說：「那些影像蘊處界其實也是不生滅的，因爲鏡子如來藏不生滅的緣故。」那麼，這樣一來，就不需要再去滅掉那些影像了，也就是不需要再像聲聞人那樣滅盡五蘊而入無餘涅槃，不再受生於人間或天界。以後就用那些影像——蘊處界，作爲工具來度眾生。這就是先斷除對鏡中影像的貪著，然後再叫他去證那個鏡子實體；所以這些影像生滅法也就是蘊處界，其實本來就是妙眞如性—如來藏的勝妙眞如性—中示現出來的，然後附屬於不生滅的如來藏心體而跟著成爲不生不滅法，所以《楞嚴經》才會這麼說：**生滅去來，本如來藏妙眞如性**。

以前講過《楞嚴經》，可能有許多人沒聽到，但我們一直不想太早出版；後來有人捐了一筆錢來，逼得我不得不提早把它整理出版，所以將會提前到二〇〇九年開始逐輯出版。我記得好像是預定在二〇〇九年開始出版，可是現在還撥不出時間來把它潤飾一下，要趕快再找時間。爲什麼這樣呢？因爲那部經講得很精彩，在眾生可以閱讀的緣還沒有成熟以前，太早出版也沒什麼意思。如果先讓大家吃香喝辣習慣了，接著粗茶淡飯端了出來，大家都不想吃了；所以這個要留到後面再來出版，就得故意推遲十五年，但後來又把十五年改爲十年，所以二〇〇九年就要開始出版（編案：共十五輯，已全部出版）。

那麼，不曉得諸位聽過的人還記不記得，《楞嚴經》裡面有許多許多地方講五陰六入十二處十八界時，都是每個單元的最後一段講完時，世尊就開示說：「本非因緣，非自然性。」有沒有？可是這一句結論之前，在每個單元開始時都會預先提示一句開示：「云何（五陰）……本如來藏妙眞如性？」解說爲何五陰、六入……等法本來就是如來藏的妙眞如性，解說完了以後就總結說：「本非因緣，非自然性。」這一句是不常說的，都是在一個單元結束時才會說。是在說明每一陰、每一根、每一塵、每一識、每一入以及六界的每一界都是無常，也都必定要有所依之法才能生起，卻不能歸還於那些因緣法以後，都會說每一法「本非因緣、非自然性」。但是很多人讀不懂，就斷章取義說：「你看，世尊說六識的能見之性、能聞之性、能嗅之性、能嚐之性、能覺之性、能知之性『本非因緣、非自然性』，所以能見能聞之性就是常住法，就是佛性。」眞的嚴重誤會了，那是因爲最前面已經特地指出「本如來藏妙眞如性」了，所以後面同樣講非因緣生、非自然生時，就省略這一句。所以在講到五陰這單元時，或是六根的單元、六塵的單元、六識的單元、六入的單元、六界的單元時，都會先提示說五陰、六根、六塵、六識、六入、六界都一樣：「本如來藏妙眞如性」，因爲只能還歸於如來藏，所以在每個單元總結時就說「本非因緣，非自然性」，不重複說「本如來藏妙眞如性」。

因爲有個大前提在那裡，後面就可以省略同樣的結論不說了；不然講解每一法的每一段經文中都要加上這幾句，不是很累贅嗎？可是那些人都把這個本如來藏妙眞如性大前提給砍掉，專門用後面那幾句來理解，然後拿來跟我爭執說：「你看！我們的見聞知覺性就是佛性，你怎麼說不是？」可是那個前提已經講了，一切生滅去來的五陰十二處……等法「本如來藏妙眞如性」。意思就是說，能見之性、能聞之性，乃至能覺能知之性，雖然是生滅性，是有去有來的，但不是單靠因緣就能生出來，也不是自己自然就會有的，都是由如來藏的妙眞如性中生出來的，當然求悟金剛三昧的人就得尋找如來藏而證得眞如法性。

這些見聞知覺性，絕對不是單靠因緣就能出生的，也不是自然出生的，也不能攝歸於所依的各種因緣，而是由如來藏運作妙眞如性所生，當然只能攝歸如來藏，所以說六識的見聞覺知等自性本來就是如來藏的妙眞如性之一。結果他們把大前提砍掉，還振振有詞來跟我爭執說：「你看，《楞嚴經》也講能見之性就是佛性。」如果這樣講得通，那是不是意味著說 佛陀講的四阿含諸經都應該要修改？因爲他們這樣講的時候，已經跟四阿含諸經的說法衝突了。然而 佛講的不是那個意思，是說這六識的功能性並不是自然生的——不自生，也不是由各種因緣共生的，也不是由別人所生——非他生，而是由如來藏藉各種因緣所出生的，是如來藏藉著因緣而自然出生的；如來藏有這個能力可以自然出生六識的功能性，但也要藉各種因緣才能出生，所以最後歸結說：「本非因緣，非自然性。」

意思是說，一切法不該還歸因緣或還歸自然，都應該歸攝到如來藏中；歸攝到如來藏以後，這生滅去來的蘊處界，又何妨世世都有、本來涅槃？諸佛菩薩就這樣子依如來藏，而到處去示現受生來利樂眾生。菩薩正是因爲這個緣故，所以於無量世生死中都無疲倦，能夠廣利有情。阿羅漢們也是因爲這樣，看到菩薩悲心這麼大，生死中有那麼多的痛苦，他們竟然都不計較，竟然都願意一世又一世來人間，受生老病死的各種痛苦；願意一世又一世，永無終止再來與眾生同事利行；正因爲菩薩這樣子「生死無疲倦」作榜樣，所以那許多的阿羅漢們才願意迴小向大，才能實證般若而成爲大菩薩，而願意世世受生人間利樂有情。因此，既然萬法一再地生滅當中，有一個常住不壞底心，而萬法都攝歸這個常住心以後，依附於這個常住心時，就沒有生滅可說了。譬如鏡中變動不斷的生滅影像，只要鏡子一直存在，影像就會一直存在；何妨影像不斷地生滅，而用這個影像來利樂眾生。那麼影像是指什麼？影像就是指我們的蘊處界，由如來藏鏡子不斷地變現出來，就這樣不斷的利樂眾生，永無止盡，而最後成就了無上佛道。這就是大乘菩提異於二乘菩提的所在，只是因爲太深太難實證，所以才會使許多的凡夫大師誤會，因此佛法才會演變到今天這個膚淺的地步。

不過大家都別擔心，佛法到了危急存亡之秋，自然會有菩薩再來振興，不必大家來擔心。如果沒有菩薩乘願再來，佛自然會從別的星球調一位、二位弟子過來，也就解決了，所以都不必擔心。要擔心的是，不要造下謗法、謗賢聖的惡業，免得將來 佛陀派了某個菩薩來的時候，那種子流注出來的因緣，就難與善知識相應。就是這一點要注意，否則都不會有問題；只要法還沒有到最後滅盡的時刻，佛總是會照顧的。只要還有一點點的因緣值得派菩薩來，自然就會派菩薩來，所以大家都不用擔這個心。

講到這裡，圓悟大師作了個結論：「夫如是，則生未嘗生，滅未嘗滅，去未嘗去，來未嘗來，都盧是箇如來藏體、眞如正性。」確實是如此，像克勤圓悟這種善知識，眞的像許多人學佛時講的：「有機會就要抓住他的衣角，緊跟著不放。」我都還要抓他的衣角，我始終不放他；所以眞正的善知識很難得見，可是有多少人知道他是眞正善知識？當年他剛出來弘法的時候，也是有許多人不服他的；直到他講出華嚴的勝妙境界，宰相張無盡佩服到五體投地之後，大家才知道原來華嚴的勝境是可以實證的，才知道他是個大菩薩，才知道他早就實證華嚴的勝境了。張無盡其實就是這樣欽服他的，所以終生以師父之禮來奉侍他。

克勤圓悟大師最後作了這麼個結論：「一定是像這個樣子去實證了，實

證這個境界以後就可以觀察到一個事實：生滅去來的那一些法，也就是明鏡中那個影像，」就是我們這些蘊處界，「生時其實未嘗生，滅時也未嘗滅，」因爲那只是明珠或明鏡表面的影像生了滅了而已，但是上一輩子生爲胡人，出現在明珠影像表面上，看來是個胡人；可是捨報了以後，胡人走了，下一世生爲漢人，這明珠表面看來就是漢人，就只是這樣而已。但是你如果以珠體或鏡體爲所歸，那麼那個影像自然就攝歸於珠體或鏡體了，所以那個影像就屬於珠體或鏡體了。同樣的，生滅去來的蘊處界，如果不從珠體、鏡體來看，那眞是生滅法；但你如果從這個珠體或鏡體，也就是從如來藏來看，上一世當胡人，這一世當漢人，下一世也許當夷人，也就是當洋人啦！可是不管你哪一世當胡人、漢人或是夷人，始終是在這個明珠、鏡體的表面示現而已。你找到如來藏時，這樣去觀察看看，是不是這個道理？完全是這個道理，沒有誰能推翻眞悟者所眼見的這個事實。你看一個人的時候，你是看他的如來藏：這個如來藏上一世表面示現爲一個胡人，這一世示現爲一個漢人；譬如說上一世當大陸人，這一世當台灣人，下一世也許又回去當大陸人，那你從如來藏來看的時候，上一世的大陸人、這一世的台灣人、下一世的大陸人，這三者有區別嗎？都沒有！因爲你是看同一個如來藏。如果你的過去、現在、未來三世，分別當了大陸人、台灣人、美國人；你悟後來看這三個大陸人、台灣人、美國人，看來看去全都是同一個如來藏心；而三世不同底蘊處界只是如來藏心的表面顯現出來的不同影像，就只是這樣而已。那麼依這樣的事實來看，上一世死掉的那個大陸人，這一世還在的台灣人，下一世即將出生的美國人，其實是同一個如來藏；當你這世死後生到美國去了，是不是有生滅？沒有！因爲你看的是如來藏，三世不同的五蘊身分只是如來藏心體表面的影像罷了，三世的蘊處界影像只是在如來藏表面顯現生滅而已。

因此，當你把這些影像攝歸到明珠本體的時候，這明珠本體非生非滅，明珠表面所顯現底影像也就跟著珠體非生非滅，所以說「生未嘗生」，何曾有生？只是五蘊影像不斷在轉變而已，那怎麼可以說是有生呢？既然沒有生，當這個影像滅了，其實也不能說它有滅。當影像去了，說它去了；但是去了以後，還有新的影像隨即在珠體表面生出來取代舊的，而你從明珠本體的立場來看這些影像的時候，這些影像又哪裡有去來？只是明珠的表面影像在轉變而已，只是影像不斷地換來換去而已。「所以從這樣來看，所有的蘊處界都盧是個如來藏體，正是眞如正性，也就是如來藏眞實如如的眞正法性。」像這樣子，你又何必要羡慕那些阿羅漢入無餘涅槃呢？當阿羅漢們迴心大乘而開悟以後看到這個事實，他們也不必再入無餘涅槃了，就可以迴小向大、廣行菩薩道了。所以說大乘法的實證，不能外於如來藏這個寶珠，離開了如來藏寶珠而說他有成佛之道可修可行可學可習，那都是謬說，都是虛妄說。

克勤圓悟禪師說完了這些法，接著提問：「敢問提舉中奉，即今在什麼處？還委悉麼？無生無住著，處處是全身。」「我可得要當面問一問了：你這位提舉中奉大官，還知道嗎？」因爲世間人眞的欠教訓，特別是提舉中奉這一類的大官，都是很聰明的人，各個都覺得自己已經是佛了。可是所遇到的每一個開悟底禪師們，竟然各個都說還沒有成佛；而這些禪師說底法，他們竟然都聽不懂；終於好不容易聽出一點點味道來，竟然只能讚歎說聞所未聞。這就是說，禪師開示完了，一定要問一問。於是 克勤大師就說：「我這裡就來問你：如今你落在什麼地方呢？是不是落在那個影像裡面，落在生滅法裡面，昧略了不生不滅的那個眞實體？」眾生都是這樣，永遠都只看到鏡子中的影像，把它當作眞實，卻把鏡子本體給忘了，永遠不知道鏡子在哪裡？甚至於還否認說：「根本沒有鏡子啊！」因爲他只看到鏡子裡的影像在不斷生滅。然後 克勤大師又問：「如今你落在什麼處？」最後問他一句：「你還知道嗎？你還弄得清楚嗎？」然後不免要給一個入處，就送了兩句話：「無生無住著，處處是全身。」你看人家大師說來多麼輕鬆：無生的法永遠無所住，對任何一法都沒有執著；你們想要找到祂嗎？處處都是祂的全身。克勤大師眞的沒有欺人誑人，說的都是如實語，確實處處都是這個法身的全身。

只要你悟了，你說：「在台灣有我這個法身在，別的地方應該也有吧？不然我跑到大陸去瞧瞧看。」也還在。又說：「在大陸平地還不夠瞧，我跑到珠穆朗瑪峰上去瞧瞧好了。」我告訴你，法身也在那裡。不信，又想：「我去美國旅遊，順便去美國瞧一瞧我的法身在不在那裡？」結果到了那邊，原來也在。想一想說：「既然來到美國了，乾脆去美國正覺講堂看看。」去到那邊一看說：「原來我的法身也在這裡！」那不是「處處是全身」嗎？如果在地球上覺得還不夠瞧，也許一、二十年後，可以花筆大錢去月球觀光，那你去月球上面瞧一瞧，你的法身在不在那裡？你一定會這樣說：「原來也在月球上。」那豈不是「處處是全身」？何處找不到呢？眞的「處處是全身」，不管你到哪裡去找，都可以找到你這個如來藏；那時候回頭返觀自己這個蘊處界影像，一點都不驚訝地說：「這蘊處界不就是如來藏的妙眞如性嗎？」

好啦！還沒有找到如來藏的人一聽完我上面的說法，心想：「哎呀！今晚賺到了。好在今天晚上我有來聽經，原來我的覺知心就是如來藏。」那可就錯了！十萬八千里遠了。因爲我這個說法雖然正確，可是裡面有機關；你還沒有證得如來藏時，就瞧不破我這些話裡底機關，一定落入影像中，瞧不見明鏡實體。實證的人講話就是這樣，無可挑剔；可是他裡面有機關，不可能跟你明說；但是你可以指責實證者沒有明說嗎？等你悟了，你可又說：「哎呀！圓悟大師早就明說了，那天晚上蕭老師也都明說了。」那麼到底明說在何處？乾脆我也跟諸位明說算了，請大眾把耳朵拉長了，聽好了：「正覺講堂，今天來了好多人！」

〈應化非真分〉第三十二

【「須菩提！若有人以滿無量阿僧祇世界七寶，持用布施；若有善男子、善女人發菩薩心者，持於此經乃至四句偈等，受持、讀誦、為人演說，其福勝彼。云何為人演說，不取於相，如如不動？何以故？

一切有為法　如夢幻泡影

如露亦如電　應作如是觀」

佛說是經已，長老須菩提及諸比丘、比丘尼、優婆塞、優婆夷，一切世間天、人、阿修羅，聞佛所說，皆大歡喜，信受奉行。】

講記：「須菩提啊！如果有人以遍滿無量阿僧祇世界的七寶，拿出來布施；如果有另外一位善男子或善女人發起菩薩心的時候，受持此經整部或半部或一部分，乃至於只受持其中一首四句偈，能夠受持、讀誦、為人演說，這位受持此經的人，他的福德勝過前面那位作廣大布施的人。」

「那麼受持此經的人要如何為人演說，而且能夠不取種種世間相，可以如如不動呢？

為什麼要在受持此經為人演說時不取諸相而且如如不動呢？

一切生滅有為的諸法，都是猶如夢中變幻不定的事情，也像是雨滴掉入水中暫時出現的水泡，又像是鏡子出現的影子一般無常；

這一切的生滅有為諸法都好像是清晨的露水一般，太陽出現時就隨即消失了；

一切蘊處界等有為法又好像雷時雨短暫出現的電光一般，很快就消失了；

眞正修證金剛法界而發起實相般若的菩薩都應該作這樣的觀察。」

佛陀說完了「此經」金剛心以後，長老須菩提以及諸比丘、比丘尼、優婆塞、優婆夷，一切世間的天、人、阿修羅，聽聞 佛陀所說的妙法以後，心中都是大大地歡喜，由衷地信受與奉行。

這個「應化非眞」，其實是對古時候以及現在的所有大師們當頭棒喝，因為他們都認為說：「二千五百多年前的佛陀是眞的，但佛陀入滅了以後，那就是灰飛煙滅，已經不存在了。」很多人在外面道場聽過這樣的說法，聽太多了。不但如此，凡是讀過《妙雲集》的人也都會記得印順法師這麼說，他在書中的大意是這麼說的：大乘經典都是後人編造的，編造這些大乘經典的人，其實只是在表達後代佛弟子們對 佛陀永恆的懷念罷了！其實 佛陀已經入涅槃而不存在了。你們有沒有讀過？有啊！他的意思就是說：釋迦佛就只有在地球成佛，沒有、也不曾在別的星球上成佛。二千五百多年前在人間成佛的 釋迦佛就是眞身，祂死後就灰飛煙滅了。大家可以懷念 釋迦佛、可以感恩戴德，但是祂畢竟已經不存在了。後世的人如果讀了 釋迦佛講的經典，主要是四阿含，大部分是 佛講的經典；然而大乘非佛說，其餘的大乘經典都是後人對 佛陀永恆懷念而編造出來紀念 佛陀的經教。如果能夠把四阿含諸經讀完了，成就解脱道了，那你就是成佛了。而解脱道只是緣起性空，沒有別的法，也沒有講到第七識與第八識。這就是釋印順的《妙雲集》中所要表達的最主要宗旨，所以他自認爲懂得四阿含、證得解脱道，已經成佛了，因此他的傳記書名是這樣的：《印順導師傳——看見佛陀在人間》。他是親自同意這個書名的，因爲這書還是他親自校對潤飾的；那麼請問：他是不是以佛自居？可是這位「印順尊佛」現在已經不可能生在人間了，因爲大妄語加上破壞佛法，也破壞了二乘解脫妙法。他們都不相信因果的，可是等到接受因果報償的時候，他們又忘了上一世幹過什麼了，這就是眾生可憐的地方。

假使你有了如夢觀，常常在定中與夢中看見過去世的許多事情，你就會怕因果，一定會怕死了。爲什麼我面對諸方大師的時候，若沒有證據就不敢妄說一句話？一定有證據才敢說，因爲我很怕因果。因爲我有一次看見，那不曉得幾劫以前誹謗一個人，那個人還沒有開悟，只是一個凡夫，但是他有四禪的功夫，他也很會講經，可是那時一時吃味就說：「哎呀！**那也沒什麼，只是聰明會講經，其實他的證量也沒什麼。**」由於對方有第四禪的功德，我毀謗後年老捨報就變成老鼠去了，很嚴重呵！我在那個景況中去觀察，因爲這一世已經有種智，雖然意識回到以往而住在那種很不如意的狀況中，我也在觀察：往世當老鼠的那個情境之中，一樣八識心王具足；證明人類在講話時，家裡的老鼠聽懂。因爲我回到那個當老鼠的時候，以現在的覺知心在看著那個境界時，我發覺：人類在那邊講什麼話，我當時這個老鼠的覺知心能夠聽懂。我那時雖是老鼠身，但我聽懂他們說的話啊！因此當我出定以後，我就說：「**喔！以後不能隨便殺老鼠了。**」眞的不能隨便殺，因爲牠眞的聽懂，知道人類在想什麼。所以你如果對牠作什麼事情，牠也知道，因爲牠一樣是八識心王具足；牠只是嘴裡不能講話，但牠其實聽懂。我那一世倒也還好啦！只有短短的一段時間而已。才出生幾個月以後，有一次遇到了一隻貓，爲了生存就與貓鬥智，看誰聰明，心裡想著說：「**裝個模樣往那邊跑，但是我要從這邊溜掉。**」結果貓也知道你要怎麼溜，於是衝上一邊想要溜之大吉時，被貓一掌就打死了。死後馬上又回到人間來，因爲福德修得很大，上一世造的惡業不算很大。必須是福德修很大，否則很難一世就回到人間來；那等於是因果律給我一個小小的警告，讓我記得要忌口。現在大家想想看，那些謗佛的人，公開說 佛陀已經灰飛煙滅的人們，同時又把 佛所說的三乘菩提根本法如來藏否定掉，等於砍掉三乘菩提的根本，使阿羅漢所入的無餘涅槃將成爲斷滅空；這是破壞三乘菩提加上謗佛，那個果報我是不敢想像的。

而他們不相信有地獄，也不相信因果報應會使人淪落爲畜生，所以他們敢隨便說；我可不敢說，因爲這是親自體驗過底事情，很怕這一世沒有根據而講錯了，那麼死後因果一定要負。可是他們不怕，所以一直主張說：二千

五百多年前的 佛陀是眞實的，但祂入滅了以後就是斷滅了。實際上是不是這樣？當你證得如來藏的時候，你一定會去觀察，這如來藏心體，你有沒有辦法把祂毀壞？結果是，你永遠找不到任何一個方法可以毀壞如來藏心。這個道理，其實從一個很簡單的邏輯就可以瞭解到了。當這個子法從母法出生的時候，子法是不能抵抗母法的；子法是無法殺掉母法的，因爲子法一定要依母法才能存在。永遠都是這樣，這是法界中的現實；依附於別人而存在的，如果別人死了，自己就一定會死，那怎麼可能殺掉別人？因爲別人一定比他更強，功德一定比他更大。譬如說手與身體，手如果生起了無明，手說：「**我比身體更強，我把身體殺死了，我手就可以作王。**」可不可能呢？一定不可能，因爲手是要依於身體才能存在的。法界的實相就是這樣，而你蘊處界是從如來藏中生出來的，離開了如來藏，你就沒有存在的餘地了。結果竟然有人說：「**我可以把如來藏殺掉，然後我自己獨自存在。**」那就是閩南語所罵的說：「**笨到連癢處都不知道要抓的人。**」世間有沒有這種人？沒有！所以只有死後受苦報的人，沒有這種不懂得抓癢底愚癡人。

這就是說，金剛心、此經、如來藏，三名一心，是眞實法，而這個眞實法可以一世又一世地化現每世不同的蘊處界。二千五百年前的 佛陀，正是由祂的第八識無垢識化現，只是爲了感應我們這個地球世界中證悟因緣成熟的人而來示現受生。我們大家也都一樣是再來人，感應自己往世的業力及願力而再度受生於這裡。外面有好多凡夫搞個人崇拜，動不動就說：「我們師父是再來人。」有一天你遇見了他們那些人，或者遇見了他們的師父，你就告訴他說：「師父！您是再來人，我也是再來人；您上輩子是王二麻子再來，我是張三、李四再來。」有誰不是再來人？又不是斷見外道，當然每一個人都是再來人。於佛法中，「再來人」三個字有一定的含意；如果眞要說自己是再來人，一定得要有那個實質；若是沒有實質，說自己是再來人，其實都是空幻的；只是堆砌了一些語言而推捧出一個假的再來人，那有什麼用呢？

一定是要有那個實質可以回報信施的眾生，才是眞正的再來人。眾生對他供養，對他起信而布施，他必須有正法教導回報，不應該空受信施；能夠有法回報於供養他的眾生，這樣的再來人才值得眾生愛惜。如果只是來幫助眾生大妄語，這樣的再來人，有什麼值得珍惜的呢？這才是再來人這三個字最重要的重點所在。假使你不知道大師們正在幫助眾生大妄語，那你就無罪，你可以不必講出眞相。假使你知道那些大師們幫助了很多很多眾生犯下大妄語業，將來苦痛果報無量無邊，不是「所爲布施者果報無邊」，而是幫人大妄語痛苦果報無邊，那是另一方向的果報。而那些眾生不知不覺中就被陷害而同犯大妄語業，是以善心而被陷害；你知道了卻不肯講出來，那些被害的眾生就沒有補救的機會，那你就是無慈無悲。所以，你如果有一點點慈悲心，就應該要講出來，要把實情告訴眾生；同時也把那個事實，讓害人大妄語的大師知道，這樣才能說你有慈有悲。

如果明知道事實眞相，竟然反對別人作這個救護眾生的事情，那就不是無慈無悲而已，應該叫作大惡之人。大家都要瞭解這一點。因此你既然知道了，應該把法義拿出來辨正，這樣讓大家知道，然後可以離開大妄語業。害人大妄語的業，遠比殺人放火更嚴重；因爲惡人去殺人放火，那些被害死的人，不過是被害一世，下一世仍然活在人間過得好好地；可是被人害了而犯下大妄語業，死後下去地獄中，那可不是一世、兩世，也不是十百千生受苦。我們看見人家在救那些人的時候，究竟應該加以讚歎，還是應該加以批評或抵制？這是大家必須要注意的一個重要的觀念。

《金剛經》最後一品爲什麼要說「**應化非眞**」？這一定是很重要的一個題目，所以《金剛經》中 佛陀把它擺在最後來說，作爲壓軸好戲。也就是說，眾生還沒有實證如來藏之前，並不知道蘊處界只有一世，誤以爲離念靈知可以去到後世，成爲與常見外道合流的凡夫眾生。而「此經」可以從無始以前，延續到未來無量無邊阿僧祇劫而仍然繼續存在，常住不滅，這必須要讓大家瞭解。當大家都瞭解這個道理以後，具足信心才有可能努力勤行菩薩道，才有可能心中永無疲倦地繼續救護眾生；因爲一切所爲，功不唐捐。

如果所有人都像台灣印順法師所說的，釋迦佛入滅以後就是灰飛煙滅了，那麼大家死後也都一樣成爲斷滅空，努力學佛是要作什麼呢？那麼阿羅漢入無餘涅槃應該也是灰飛煙滅了，這樣度眾生成爲斷滅空，有什麼意思？本來眾生在三界中輪迴痛苦與歡樂，永遠無窮無盡地痛苦與歡樂，眾生倒也喜歡這樣。痛苦的時候痛苦得很高興，對不對？你看人家辦喪事的時候，堂上二老往生了，他不也哭得很高興嗎？你叫他不要哭了，他還是喜歡哭。當他生了個兒子、生了個女兒，很高興啊！都沒想說，那是隔壁家老婆婆死了往生來的，他只顧著眼前高興。可是他們在痛苦與高興當中，卻是很喜歡的，你叫他平平淡淡地過日子，他才不喜歡呢！所以眾生輪迴得很喜歡，你何苦把他們變成斷滅空？那有什麼意義？這眞是事實啊！如果阿羅漢入涅槃後是斷滅空，我倒是要勸他們不必再弘揚佛法了。

可是法界的事實，並不是他們說的那樣。所有的眾生都有無量的往世，也將會有無量底未來世，永無窮盡；正因爲每一個人都有一個眞實常住，永遠顯現眞如法性的如來藏，也就是 佛在初轉法輪的四阿含中所說的涅槃中的本際；正因爲有這個本際常住不滅，所以阿羅漢們入了無餘涅槃，不是斷滅空，而是常住不變。佛又說無餘涅槃是眞實、清涼、寂靜，這樣才是佛法。〈應化非眞分〉就是在說明這個道理，是把《金剛經》作一個總結說：「如果有人把我釋迦牟尼佛這個五蘊身當作是眞實法，那是不對的；因爲我這個五蘊身，只是應化而現，是感應眾生得度的因緣而來世間應化，所以我這個應化身不是眞身。」講的就是這個道理。現在來看經文：

佛說：「須菩提！假使有人以布滿了無量阿僧祇世界的七寶，拿來用作布施的財物，這個福德非常之大；可是另外還有別的善男子或善女人發起了菩薩心，用他所悟得的『此經』金剛心來爲人解說，或者乃至只以『此經』

所生的四句偈，自己受持或故意讀誦發出聲音來使別人聽聞，或者是爲人一一加以解說，這個人的福德是遠勝過那位布滿無量阿僧祇世界七寶布施的人。」爲什麼是這樣？因爲以布滿無量數阿僧祇世界的七寶來布施，福德雖然廣大，畢竟只是有爲法；有爲的世間福德，終究會有用盡底一天；可是由「此經」世出世間法而獲得的福德是無窮無盡的，並且它世世追隨著你，沒有人能偷竊剝奪。而且用世間的七寶布施，所得的畢竟是世間有爲法底福德，不能超出於世間。而悟得此經的人，所得的福德不但函蓋了世間的福德，並且也函蓋了出世間法的福德。單單把所悟得的「此經」也就是如來藏，自己寫了個四句偈來受持，那福德就遠超過遍滿無量阿僧祇世界七寶布施的人。如果進而將整部「此經」，也就是將這個如來藏各種不同的層面都加以解說，讓別人也可以實證；實證之後同樣也可以如你一樣現觀，那麼你的福德是不可思量的；因爲這是無量的未來際都會繼續存在的福德，不是有時而盡的世間福德。

接著佛說：「爲什麼爲人演說『此經』的時候，不取世間相而如如不動？爲什麼要這樣說呢？這是說，一切有爲之法都如同夢境，如同幻化；又如同水泡，也如同影像一樣；又如早上的露水，太陽才剛升起來，露水一會兒就消失了。又如同暗夜中的閃電，幾個刹那就過去了。應該要像這樣子來觀察，安住於這樣的正觀之中。」這個意思是在說什麼呢？一般人註解《金剛經》時總是依文解義，所以他們註解到最後說：「如果有善男子、善女人發菩薩心的時候，把《金剛經》乃至經中的四句偈來受持讀誦為人演說，他的福德勝過前面布施遍滿無量阿僧祇世界財寶的人。」錯了！佛說的「此經」講的就是摩尼珠，是能生萬法的摩尼寶珠；佛說的「此經」就是如來藏心，不是講經文中的這一些經句。經中語句有什麼值得尊貴的？其實沒有！它之所以值得尊敬與珍貴，是因爲它一直不斷地指示出各人都有的那個寶珠，不斷地指示出那個如意寶的所在與清淨體性，這才值得尊敬珍貴。如果你證得此經，隨你編造出一首四句偈受持而不中斷，盡其一生就這麼受持一首四句偈，福德就勝過那個布施無量財寶的人。如果還能夠讀誦，讓人家聽了產生愛樂之心；如果能再進一步，爲人演說，也使人能夠實證，這個福德絕對是遠勝於那個以遍滿無量阿僧祇世界七寶布施的人；因爲這是無上福德，而且是世出世間的福德，不單是像二乘聖人那樣的出世間福德而已。

所以，學佛法時必須要在正確的知見下次第進修，也就是說，不應該學習錯誤底知見，也不能妄想躐等跳躍地亂修學；必須腳踏實地如實履踐，必須依照正確次第一一進修，才算是眞正在學佛；否則的話，都只能夠說他在修集見道的資糧。最後結束的這一小段經文中，佛陀爲什麼要開示說「爲人演說此經的時候，不取於相而如如不動」？因爲這是個重點，所以佛才要把它擺在最後，作爲畫龍點睛。如果爲人演說「此經」的時候，口若懸河滔滔不絕，說這個如來藏是從來都不貪不厭的，可是心裡卻一直在想著說：「我這樣講，聽眾會不會就不肯再供養我了？」那他就不是如如不動了。正是這樣啊！很多人講《金剛經》是爲了福德而講的；他的心是浮動的，不是如如不動的。他們講《金剛經》的目的也是爲了讓眾生佩服說：「這位師父好厲害呵！你看，《金剛經》講得這麼好。」爲什麼要讓眾生這樣感覺呢？因爲名聞與供養就在這裡頭，這就是他們註解《金剛經》或者宣講《金剛經》之目的。

但是有智慧的人不這樣作，有智慧的人會先拿秤子把自己秤一秤：「到底我有幾斤幾兩？值得爲眾生公開講解《金剛經》？」末法時代並不是沒有這種人，還是有的啊！我說一件事好了，大陸有一位法師註解了《心經》，整部書都寫好了，打字也打好了，後來看到我的《心經密意》，他說：「我這個註解就不用出版了。」這表示什麼？表示他很有智慧。然後他就努力在修學，這就是有智慧的人。所以說末法時代並不是正法全都不存在了，而是說大部分的人無緣於正法的實證，這才叫作末法。但是正法的密意以及實證，仍然會繼續延續下去，只是不能像正法時期那樣普遍；所以不是說末法的時候就不可能開悟，只是能開悟的人越來越少了，是根性不如正法時期、像法時期了。

現在回到經文來說，爲什麼善知識爲人演說這個如來藏法的時候，不取於相而如如不動？因爲他轉依了此經，此經就是如來藏，就是《心經》所說的心。轉依了此經以後，他現前看見所有的有爲法，都如夢如幻、如泡如影、如露亦如電。可是「此經」卻是永遠眞實存在，而「此經」對於一切有情從來無所求。既然轉依於此經如來藏了，爲人說法時，爲什麼還要取相呢？如果爲人說法時取了相，那麻煩就大了：「這前面幾位一定要空下來，這個位子留給捐一千萬元的信徒坐，那個位子留給捐九百萬元的人坐。那一位是八百萬元，這一位是七百萬元。」他得要這樣子。如果沒有這種大護法時，就特地空著不許人坐，那都叫作取相分別。如果眞要取相分別的話，我們將來正覺寺建成的時候，該怎麼樣呢？分成九等的不同房間，九品功德主住這一種最差的，五品功德主住這一種好一些的房間，一品功德主是住最好的房間。對啊！應該要這樣啊！台灣很有名的大道場就已經有人這樣作了，而且同樣都分爲九品，還不只是一個道場呵！那就是爲人演說時大大取相，不斷地飛動其心。就是這樣啊！正因爲這樣，所以說這時候是末法時期。

古時候，禪師們不甩這一套的；皇帝老兒來了，也是如此。你皇帝老兒可以把我抓去關，也就是供養在皇宮裡不許離開；這也沒關係，但是你想要得我的法，我就偏不給你。你如果敢砍我的頭，你就下令來砍嘛！命隨時可以給你，法永遠不給你，古來禪師就是這樣子。只要還有機會活下來，總是要活，活著就還有機會弘法，死了就沒機會了；所以禪師們不會故意去牴觸皇帝，但是皇帝想要從他們手裡得法，眞的沒機會；除非皇帝是個大護法，規定全國每一家都要信奉三寶，要修學了義法，也不限制禪師弘揚正法。那當然，這皇帝是當了禪師的徒弟，已經成爲大菩薩了，當然該找個機會幫他開悟。如果他要抵制正法，或是想要以強迫的手段來得法，根本沒機會。所以古來有些禪師，被皇帝半強迫的請入宮中供養，每天見面論法，禪師就是不把實證的法傳給他；皇帝就一直把他留在皇宮裡，但是每天不斷地論法，禪師總是給他偏中去的機鋒，皇帝是沒機會悟入的。那皇帝也不能夠說那位國師沒有爲他，還是有啊！只是難會而已。

所以取不取相，要看他所悟的本質。如果他所悟的本質是無始以來就不取相的心，而且未來也一樣是永遠不取相的心；當他悟了這樣的心，轉依於這樣的心以後，他爲人說法時，一定也不取相。皇帝老子來了，他也是如如不動的；那個撿破爛的老婆婆來了，他也是一樣的說法；這樣才是眞正懂得「應化非眞」的人。爲什麼呢？因爲一切有爲法如夢如幻、如泡如影、如露亦如電；作如是觀的時候，當然就知道：「我這個應化身並不是眞的，你皇帝老子若是要砍我的頭，就讓你砍；但是你想要盜法、要強迫得法，我沒得給你。」所以「應化非眞」，只是講應化如來嗎？不！是在講每一個善知識，所以才要這樣說：「云何爲人演說，不取於相，如如不動？」不單是應化如來非眞而已，所有爲人演說此經如來藏的人，也都是「應化非眞」。也許有人說：「你往自己臉上貼金啊？你自己是應化如來啊？」我說我不是應身如來，我早就說過了。莫說要跟如來相提並論，即使是那一些大菩薩們，我都不敢想要跟他們相提並論；因爲以我們目前的立足之地，想要看那些大菩薩們的背部都看不見，更不要說看到他們的脖子，怎能自比於應化如來？

不過我也要說一句老實話，其實我也可以不必再來人間；因爲我得的初禪又不是這一世才得的，並且我也不是只得初禪。從佛世以來，不論哪一世走了，我不可以去色界天嗎？爲什麼還要來人間受苦？人間有生老病死，眞的不好過欸！尤其我這一世拿到的這個色身眞的不太好用，小時候就像是個藥罐子，偏偏又沒錢買藥。人家說「天可憐見」，終於還可以長大，我說是佛菩薩可憐幫忙；所以長大了，倒是努力把身體練好了；但是現在也不行了，畢竟六十好幾了。可是這個苦我還是願意接受，因爲不能平白得到佛恩就把祂忘掉。往世不斷的行菩薩道都悟不了，爲什麼遇到 釋迦牟尼佛來了，我們就悟了？爲什麼可以追隨祂次第走到這個地步來？這總有原因吧！因爲過去無量世以來不斷地修集悟道的資糧，所以才能夠親承 佛陀；雖然一直未離隔陰之迷，但是我們應該大躍進的時候，祂就來了；當祂初轉法輪時，我們就跟著修證聲聞、緣覺法；二轉法輪時我們就跟著修證般若、中道，就把小乘法放在一邊，不想再要了，我們就改修般若二轉法輪的實相金剛妙法；到了第三轉法輪時，哇！更妙！我們就跟著繼續修證一切種智，就這樣一路走到今天，那麼不就世世都有應化之身了嗎？

這意思在說什麼？也就是說，這段經文不是單指應化佛本身，也同時說到一切的善知識都應該如此。這就是說，「爲人演說，不取於相，如如不動」；前面有說善男子、善女人發了菩薩心的人，持此經讀誦乃至爲人演說；所以這幾句經文顯然是包括所有演說《金剛經》的善知識，也包括所有爲人宣講如來藏妙法的善知識在內，不是單指應化身的 佛陀而已。這是很清楚的，經文中可以看得出來，也在最後這一段經文中畫龍點睛而點了出來。也就是說，佛陀到了《金剛經》最後這個部分，說「此經」是眞實的，由此經而顯現出來的應化身則是虛妄的、是有爲法，如夢如幻、如泡如影、如露亦如電。但是一定要依止「此經」來說一切的有爲法，不該離開「此經」而純粹說無因唯緣論的一切有爲法緣起性空。一切有爲法的緣起性空都要依「此經」來說，而使佛法乃至解脫道成爲有因有緣論的佛法或者解脫道，不該成爲無因唯緣論的法。

不幸的是，影響了台灣三大山頭的台灣印順法師，他的應成派中觀思想，正好是無因唯緣論，而不是有因有緣論，違背了佛說。佛陀有先見之明，把這最後畫龍點睛的這一段講得很清楚：是依於「此經」，也就是依這個如來藏來說一切有爲法如夢幻泡影、如露亦如電，並且特地交代「**應作如是觀**」。也就是說，一切有爲法，每一世不斷地有蘊處界生生滅滅，但是要依於不取相的、如如不動的「此經」來爲人說法，這樣才是有大福德的善知識。而善知識的五蘊身只是應化而來的，並不是眞實身，眞實的法身其實還是金剛心如來藏。所以善知識前一世也許是叫作張三，這一世可以是李四，下一世也許是王五，下下世也許取個很俗的名字叫作王二麻子。這很難說，但是只要所證的法眞實，一定是證眞如，那麼他對名聞利養必然是如如不動的，必然也是不取相的，那就夠了。我們再來看看理說的部分該怎麼說，《佛說千佛因緣經》：

【佛住平等空，法性相亦然；僧依無爲會，三寶義無異。了本性相空，歸依處寂滅；常行眞如道，乃應菩薩行。】

這一首偈道盡了菩薩之所應行，以及菩薩之所住。第一句說，佛是住於平等平等的空性中。那麼 佛住於這種平等空性中，是從何而來的？當然是從法性而來。佛之所以成佛，正是因為實證了這個法性。實證了這個法性，所以能夠修到究竟地；依止於這個常住的法性才能成佛，諸佛所證的法性、法相，當然也都是如此。

而眾僧，當然是依於這個無為的勝會而存在。僧，一定是依無為而存在。僧的定義，自古以來很少人能如實了知。一般人以為什麼樣叫作僧呢？就是把頭髮剃光了，像我這樣還不算，還要再燙幾個戒疤；然後不但受菩薩戒，還要受聲聞戒；接著還要再改姓，改為姓釋，說要這樣才叫作僧。可是請你們看看，我身後佛龕裡的這位菩薩固然是僧，另一邊這位菩薩也是僧；你們看 觀世音菩薩穿得多漂亮、多華麗，他也是僧；胸佩瓔珞，手臂上還有臂釧，天衣飄飄非常地華麗，腳下踏著蓮花模樣的輪寶，但他並沒有改姓釋，卻也是僧；可別說他是在家人，他不住在俗家的。文殊、普賢又何嘗不是如此？甚至於經中對僧的定義還有更寬廣的解釋，但是有誰知道呢？沒有！現代很少人知道。

所以僧的定義就是這三個字——依無為。只要確實依於無為的人就是僧。若是還在凡夫位中，就不是勝義僧。要怎麼樣叫作大乘勝義僧？得要依於無為法，所以捨親出家、捐棄財物，不捉持生像金銀，住於寺院中，這才稱之為大乘勝義僧。另外，有一種僧是什麼呢？是斷我見以後，也稱為僧；也許他還留著長頭髮，或者是女人而燙了頭髮，還穿著漂亮的衣服，換一句現在流行的話叫作「辣媽」；雖然她已經當了媽媽，可是很時髦，但因為實證三乘菩提了，那她也是僧。因為她依於無為法，依於無為就是僧，這是經中廣義的解釋。假使你是今天第一次來聽經的人，也許你聽了會生起煩惱。你心中如果沒有因此生起煩惱，才會跟這個法有緣；不久你也可以成為很時髦的辣媽僧，這就是阿含諸經中說的僧的定義，因為妳證得大乘沙門法了。

所以在家人證得阿羅漢果之後，有一天他死了，佛陀就召集了座下跟隨在祂身邊的出家阿羅漢們：「你們要先供養他的屍身，然後為他荼毘。」出家阿羅漢們同去為一個在家阿羅漢的屍身供養，然後為他火化。這個典故有多少人知道呢？這是已經過去二千五百多年的事，所以叫作故事，但不是編造出來的story。所以，故事有的是已經過去的事，就叫作故事；有的是說給孩童聽的，是編造出來的，也叫作故事。我說的是眞實的陳故之事，並且記載於阿含部的經典之中。所以說菩薩僧很難思議，有時候菩薩爲了救往世的弟子，他寧可受生去當畜生，藉著與往世的弟子同事，然後度化他，因此叫作難行能行、不可思議。這不是二乘人所能作得到的。

那麼什麼叫作僧？依無爲。凡夫僧要怎麼樣依無爲？要捨親出家，捐棄財物，修學無爲；證道了以後，更應該如此，所以說僧。如果菩薩僧爲人講解「此經」，確實不應該取相。如是取相的僧，譬如大護法來了，就高聲呼喊：「請上座！泡好茶！」一般的護法來了，就把音量放低一些說：「上座！泡茶！」如果是小護法來了，就有氣沒力地說：「坐！茶！」這個現象是自古以來就存在的，存在於什麼地方？存在於凡夫僧之大師中，因爲他們取相，他們心中無法如如不動。

在了義法中如此說僧，在淨土持名唸佛的法門中亦復如是說，所以淨土經裡面不是說嗎：**取相分別的人是情執深重，不可能得到高品位的往生**。這是一樣的道理。這就是說「**僧依無爲會**」，依無爲法的法會而住在人間，這才是眞正的僧。佛既然依於這個眞如法性，而大乘僧也應該依於「**無爲會**」，同樣都依這個眞如法性。那麼法由佛說，僧來弘法，這三寶的道理不就是同一個法嗎？所以說「三寶義無異」。

如果能夠了達法界實相中本性的法相本來是空，那麼所歸依而安住下來的那個境界相、那個處所，就永遠是寂滅的。當你依止於「此經」如來藏，依於「此經」而安住的時候，此經自身的境界是如何的呢？無六根、無六塵、無六識，就是無十八界；連十八界都不存在了，祂自己所住的境界就是這樣，但祂卻跟我們十八界同時存在。我們十八界依祂才能運作，而祂自己是不住在六根境界中、不住在六塵境界中、不住在六識境界中去起任何的了知和貪著；但是十八界有所需要時，祂都能支援。而祂自己是寂靜的，你歸依了祂，當然你的歸依處也是寂滅的。可是祂卻不應該被解釋作一切法空的寂滅，因爲祂是眞實法，有眞如法性；而祂對世間法是如如不動的，永遠不取於相。所以善人行善生欲界天享樂，祂仍然如如不動而支應那個欲界天人的需要。如果惡人造惡而下地獄，祂仍然是如如不動，但是也支應那個地獄有情受苦所需要的一切六塵相分，所以說祂是眞如。

實證了「此經」眞如的人，了達本性相空；因爲祂沒有任何顯色、形色、表色、無表色，祂全都沒有；而祂的這個本性的法相也是空，這才是究竟的歸依處，而這個歸依處卻是寂滅的。可是這個寂滅的歸依處，卻是眞實而如如。所以說菩薩爲人講「此經」的時候，應該常行眞如之道，以眞如之道來教導眾生修證而利益眾生獲得智慧與解脫；這樣作的人才能與菩薩行相應，否則就與菩薩行不相應了。那麼諸位找到「此經」以後，你去觀察所有的善知識，是不是有人能這樣行？當你把全台灣、全世界的善知識都觀察完了，才會知道你自己證得「此經」的可貴。因爲在同修會中，你會覺得說：「我只是這麼多證悟者中的一個，坐在增上班裡面都沒有人看見我。」你不覺得自己的可貴。也就是說，當你這一顆珍貴的黑珍珠，被放在許多黑珍珠裡面的時候，你不覺得自己有多麼可貴；可是你如果被拿去放在那一些白色的一般珍珠裡面，大家都會看見你：「喔！那顆黑珍珠可眞的很有特色呵！」雖然是黑色的，卻亮得不得了，大家一眼就瞧見了。所以這其實是很可貴的，不因爲你混在很多證悟者當中好像不很顯眼，就覺得不可貴；因爲若是本質可貴的，就永遠都是可貴的。

能夠依止於「此經」而爲人說法，現見佛法僧三寶，不一亦不異。這樣才能夠以眞如之道來廣利眾生，這樣去行菩薩道才能與成佛之道相應。與菩薩應修的成佛之道如實相應而不斷地實行，結果是什麼呢？就是究竟成佛。可是很多人以爲說：「究竟成佛以後就什麼事都沒了。」不是啊！究竟成佛以後事情更多了，因爲要利益眾生永無窮盡，不可一日而止。所以說，成佛之道不是小根小器的人所能修習。既然如此，想要在菩薩道裡面踏入內門正式走向成佛之道，這個內明的密意當然得要是有大心也有大願的人才能獲得。如果用聲聞人的心態，爲自己利益的心態，而想要得到諸佛都不明傳的根本大法，那是不可能的。縱使運用種種的方便善巧去刺探得到的般若密意，智慧一樣是無法如實生起的，修道時終究還是會被障礙，成佛之道一定走得非常坎坷、非常崎嶇。

再來說第二個部分，要向大家強調，證悟以後應當要轉依眞如法性，歸於無所得。也就是說，證悟的目的，不是只爲了知道那個密意，不是只爲了想要找到如來藏在哪裡而已；證悟之後可以現前觀察此經，也就是現前觀察如來藏的眞實性與如如性，獲得解脫及智慧功德，不是只有知道密意而無法生起智慧也沒有解脫的受用。如來藏對於世間種種法不貪亦不厭，祂對於三乘菩提不加以了知，因爲祂是三乘菩提所證之標的，特別是大乘菩提。二乘菩提的修行雖然不必證得祂，但是所證的解脫境界，卻必須依止於「此經」金剛心才能存在。那麼由此看來，證悟之後當然要轉依「此經」的眞如法性。

轉依眞如法性的時候，你可以現前觀察到祂於一切法中完全無所得。從一切有爲法來看所得，都是緣起性空、無常必滅；但是如果你證得「此經」而從「此經」來看世間法的一切所得，你會發覺雖然在蘊處界上來看是有所得，可是依「此經」的境界來看仍然是無所得。從如來藏自己的境界來講，既不擁有任何世間財物名聲，也不擁有任何眷屬，仍然是無所得。所以，不論是從有爲法來看、從蘊處界來看，或者是從無爲法、從如來藏此經來看，都一樣是無所得。要能夠如此現觀二邊都無所得，轉依這樣的現觀所生起的見地，然後歸於無所得，才能夠遠離汙垢而發起解脫的功德，這樣的證悟才會有受用。能夠作到這樣，再接下來就能滋生更深妙的般若智慧，乃至於未來發起一切種智，所以《佛說文殊師利巡行經》有這樣的記載：

【「復次，大德舍利弗！若人說言：『過去、未來、現在如來有依、不依。』如是之人則謗如來。何以故？眞如無念，亦無所念；眞如不退，眞如無相。

復次，大德舍利弗！過去眞如不可得，未來眞如不可得，現在眞如不可得，乃至心眞如不可得，如是等應知。復次大德舍利弗！更無有法在眞如外而可顯說。」長老舍利弗言：「文殊師利！諸佛如來住眞如已，然後說法。」文殊師利言：「大德舍利弗！眞如非有，云何如來住眞如已而當說法？大德舍利弗！彼法亦無，云何如來住眞如已而當說法？如來亦無，何處如來住眞如已而當說法？一切諸法皆不可得，諸佛如來亦不可得。又此可得、不可得法，如是二種皆不可得。如來非說亦非不說，何以故？大德舍利弗！如來無說，不可說言『此是如來』。」】

我把這一段經文拿來作爲這個《金剛經宗通》最後的圓滿說法，故意放到最後這一段經文來說。在這一段經文中，文殊菩薩這麼說：「大德舍利弗！假使有人這樣說：『過去如來有依、不依，未來如來有依、不依，現在如來一樣是有依與不依。』這樣說的人就是在誹謗如來。」這到底在講什麼？這就是說，證悟者不是從意識覺知心的立場來看待眞如、看待如來，而是從自心眞如的立場來看待眞如、看待如來、看待般若智慧。如果有人從意識的立場來看待眞如、如來、般若時，他就是誤會般若智慧的凡夫或愚人。

自心如來是離兩邊的，祂沒有所依，也沒有不依。你找到「此經」如來藏以後，了知祂就是眞如、就是眞實如來；這時對自己的眞如—自心如來—給予現前觀察時，你現在依我所說就可以同時觀察到這個事實：你這個自心如來有依止於什麼法嗎？都沒有啊！並沒有依於什麼法啊！祂以前及現在有對哪個法喜歡了嗎？或者說對同一個法有厭惡了嗎？都沒有啊！祂必須依止於某一個世間法才能存在嗎？或者祂會離於某個世間法而存在嗎？這二邊都沒有。也許有人講說：「有啊！祂依附於我蘊處界存在啊！」請問：「你蘊處界壞了，祂還依附於你嗎？」祂也可以不依你，只是你必須要依祂，所以祂沒有離開你；你若沒有依止於祂，你早就翹辮子了；所以你還是時時刻刻都得依依祂，但祂可以不依你。可是祂依你的時候，你知道說：「祂現在是依附於我，所以跟著我在正覺講堂中。」但是祂眞的有依附於你嗎？祂並不了知「這個五陰是依我存在，我跟五陰在這裡」；祂都不起這種了知，祂哪有依你？所以說祂沒有依。可是祂也沒有不依啊！因爲祂還是跟你在一起啊！祂是你最忠誠的朋友，比你的拜把子還要親。所以，祂並沒有離你而去，你也不能夠說祂是捨你而去；因此說自心如來沒有依，也沒有不依，不住在依與不依兩邊。過去諸如來如此現觀，現在十方世界的如來如此現觀；諸位是以後會成佛的未來如來，眼前也是如此現觀，眞實如來確實沒有依、也沒有不依。

說有依與不依，其實都是五陰自己底事，五陰境界中才有所謂的依或不依。爲什麼這樣說？因爲證得自心如來的人，依眞如而住。眞如是什麼？就是「此經」金剛心如來藏的眞實與如如，名爲眞如。祂於一切法不動其心，卻能時時生其心而配合一切法，所以祂是眞實，所以祂也是如如；這個金剛心如來藏「此經」有如此的眞實自性與如如自性，合起來就叫作眞如。所以眞如是什麼呢？眞如就是「此經」如來藏的眞實性與如如性，就用眞如來指稱金剛心如來藏。依於如來藏的眞如法性來看一切諸法時，不能夠說是有或無；因爲在眞如法性中，無所謂有或無的認知，這才是法界中的眞實相。所以如果有人說：「過去如來、現在如來、未來如來有依，或者有不依。」這都是誹謗眞實如來，因爲眞如無念，亦無所念。如來藏的眞如性怎麼會有所念呢？你們證得如來藏的人，可以現前觀察看看：你自己的如來藏，祂所顯現的眞如性有沒有所念？完全沒有。祂會不會起念？永遠都不會。莫說如來藏所顯示出來的眞如法性，單是如來藏本身就從來都不起念了；因爲從來不起念，自然也不會記掛什麼而無所念，才能隨緣應物而沒有錯失五陰的需求，才能永遠不錯失因果律的報償，所以「眞如無念，亦無所念」。眞如會不會退失？永遠不會退失。爲什麼眞如不會退失？時間到了，且聽下回分解。

上週補充資料是理說的部分講到「眞如無念，亦無所念」，接著今天講「眞如不退，眞如無相」。眞如爲什麼不退？又爲什麼無相？有許多人學佛，學了十幾年、二十幾年，或者出家十幾年、二十幾年了，但是眞如這兩個字，他還眞沒聽過；並且不是只有少數出家人這樣，是很多出家人與在家人都這樣。爲什麼會有這個狀況呢？這道理其實很簡單，就是以往如果聽到第八識如來藏或者眞如時，立刻就指責說：「那就是外道的神我、梵我，不是佛法。」所以根本就不想聽到眞如這個名稱。大山頭的堂頭和尚既然都不講眞如了，座下弟子們也就不問，因爲他們都被誤導了，心裡都想：「那是外道的東西，我問它幹嘛呢？」那麼不如乾脆一句話指責說：「眞如或如來藏，都是外道法。」就可以永遠閉口不談，那麼他有沒有證悟般若的事情，自然就不會有弟子們追究了。

而且自從印順法師的密宗應成派中觀六識論學說，在台灣廣大的弘揚起來以後，又因爲四大山頭裡面的三大山頭，全都信奉印順派的六識論學說，所以在所有的說法場合，他們都不說眞如、如來藏；乃至以禪而聞名的法鼓山系統，也是從來不講眞如的。老實說一句話，眞如究竟是什麼？這些大師們實在也是無從揣測；不論他們在心裡面如何思惟想像，終究還是摸不著一點點邊緣。當他們看到《大品般若》、《小品般若》等經典裡面講眞如，也只能想像說：「**祂大概就是很清淨，完全如如不動那一類的。**」但他們對眞如勝法，終究只是有個印象而已，而那個印象偏又是錯誤的。

可是古來禪宗祖師們常常說眞如，他們講的眞如就是《起信論》講的「**心眞如**」。**心眞如**是說有一個心，祂永遠是眞實與如如的，所以就把那個心稱爲**心眞如**。古時候證悟的祖師，也說這個心叫作如來藏。但因爲這二、三十年來的台灣，四大山頭之中已有三個大山頭是信奉釋印順六識論學說的，所以乾脆就不講眞如，又否定第八識金剛心。當他們否定第八識而不講眞如時，也就幫他們把未悟言悟底事情解圍了。因爲人家要是來問：「**師父！這《般若經》中說有眞如，那眞如要怎麼證？眞如又是個什麼東西呢？**」師父就好講話了：「大乘非佛說，所以那是外道神我，是外道梵我，不必管祂啦！」這麼幾句話，就可以推卸掉弘法者對弟子們應該教導眞如法的全部責任了。依親證而度人的實際經驗來說，眞如還眞的難懂。禪宗講的心眞如，以及這段經文講的「眞如不退，眞如無相」，也眞的很難理解，因爲這時講的眞如意思可就不一樣了；因爲這裡的眞如，是講心眞如的行相，是說如來藏運行時的眞如法相是眞實而如如的。

前面也向諸位講過了：人人都有一個眞佛，坐在五蘊山中；祂很尊貴，所以不見一般人；一般人要見祂，也見不到。尊貴到什麼地步呢？尊貴到即使菩薩悟了，也只能是菩薩去見祂，祂也不見菩薩，就是這麼尊貴。但是這麼尊貴的一尊眞佛，都在你們各個五蘊山中，不在外面，不在虛空。這就是說，這個第八識，祂是永遠都顯示出眞如法性，祂永遠顯示出眞如法的行相來。也就是說，當你證悟以後，你可以觀察到祂是眞實的，是永恆的，是金剛性，不可被壞滅的，所以祂是眞實。除了眞實性以外，又發覺祂在我們五陰十八界運作的時候，祂永遠是如如不動的。會動心的就不是如如不動的，並且這個如如不動是永遠如此：以前就如此，現在還是如此，未來也將是如此，所以祂是如。因爲這個如來藏心，祂有這樣的眞實性與如如性，把這兩個合起來，就叫作眞如。

眞如爲什麼不退呢？因爲如來藏的心性是無始以來就眞實而如如的，不是修行以後才變成眞實與如如的，而這個眞如體性是永遠不會退失的。如果證得眞如以後，卻發覺自己所證的眞如心是有時候會動心：「因爲剛才人家送了一千萬元來供養我，我心裡面樂起來了，就很瞧得起這位施主而不像以前那樣瞧不起他了。」這就是動心了，就不是如如不動了。那麼，剛剛還在高興呢：「一千萬元明天就可以存到銀行户頭去了。」眞高興呵！可是突然出現了一個人說：「師父！你這麼貪財，我們寺院裡面錢那麼多了，你還要這麼多錢幹嘛？」心裡又生氣起來了，不是如如不動了。如果他有智慧返觀一下，就會知道：「原來我這個離念靈知還是會動心。」那就應該知道自己悟錯了，就表示他所證的眞如是會退失的，就是悟錯了、證錯了；這表示他所悟的眞如不是如如不動的，也不是永遠不退的。所以有智慧的人就會自我檢查：「我一定是會錯意了，把佛陀講的眞如給誤會了。」等他有一天終於證得如來藏時，他會發覺：「原來這回所悟的這個心，不論我怎麼樣罵祂、怎樣褒獎祂，祂都是如如不動的。」這時才是真的證悟真如了，這時候才有把握而可以說是真的證真如。爲什麼「真如不退」？因爲如來藏這個心的真如體性，是本來就如此，不是修成的；既是本來就如此而非修成的，那祂當然是永遠不會退轉於真如法性的了，所以經中說「真如不退」。

百法明門裡面六無爲中的真如無爲，就是講：修到佛地以後連真如心中的一切種子都清淨了，那就是究竟地的真如無爲。不過因地就不能如此的真如嗎？錯了！這個真如無爲其實因地就已經是如此了，只是所含藏的七識種子不清淨罷了，而祂真如心體自身仍然是清淨無爲永遠真如的，所以因地也有真如無爲，不會退失。那麼因地對真如無爲最好的表示就是虛空無爲，是說這個如來藏心，祂的體性猶如虛空、無爲無作；因爲祂永遠猶如虛空而無爲無作，所以就叫作虛空無爲。很多人誤會了亂講說：「那個虛空，你燒它也不痛，你砍它也不痛，所以它永遠都無爲無作。」請問：虛空跟有情有什麼直接關係？如果要講粗魯一些，就說：「虛空干他有情何事？」因爲虛空與有情無直接關係。如果說我們造了業，種子要存到虛空，那時虛空才會跟我們有關。然而我們造了善惡業以後，這些業的種子又不存到虛空中；不管是善業種、惡業種，全部都不存到虛空中，那麼虛空跟我們所造的業種有什麼相干？而百法明門中爲什麼還是要講解虛空無爲的法義內涵？其實虛空無爲所講的都是自心第八識「此經」的事情，怎麼會干它虛空底事呢？所以不要把虛空無爲誤會爲虛空。

所以說，這個眞如法性是不退的，不論是凡夫或聖人都一樣。但眞如也是無相的，因爲這個眞如只是在如來藏運行的過程當中，所顯示出來的如來藏心的眞實性與如如性；眞如這個法性並不是一種物質的法，也不像我們的七轉識有覺知心的行爲等法相，而眞如只是第八識心顯示出來的眞實如如法性，並不像第八識心有運作時的法相，所以眞如法性當然是無相的。如果找到一個眞如是有相的，比如與六塵相相應的法相，或者有貪瞋癡相，或者有別境等心所法的心行運作的功能與法相顯現出來，那就不是眞如了；那叫作第七識意根、末那識，乃至眼耳鼻舌身意等六識心體的法性，已經不是眞如了。眞如本身是無相的，所以眞如不可能有相，因爲眞如只是在顯示第八識金剛心的眞實性與如如性而已，怎麼可以說眞如有相呢？

經文中　文殊菩薩接著說：「復次，大德舍利弗！過去眞如不可得，未來眞如不可得，現在眞如不可得，乃至心眞如不可得，如是等應知。」這聽起來好像又有點怪怪的，似乎是前言不對後語，似乎與前面的開示互相違背了。但這其實不是經文本身古怪，而是讀的人自己古怪；因爲還沒有證悟，所以讀起來就覺得古怪了，眞悟的人讀起來都不會覺得古怪。眞如是很難被凡夫與二乘聖人瞭解的，即使我們十幾年來在許多書中已經寫到那麼明白、那麼細膩、那麼詳細了，還是有許多人繼續誤會我書中寫的眞如意涵，所以我們對這種怪事早就見怪而不怪；因爲怪事年年有，不一定是現在特別多，而是古來就已經很多了；但這種怪事也永遠都不會消失，所以我們也覺得很平常。爲什麼平常呢？是因爲他們還沒有證悟，所以讀起來就覺得很奇怪。就好像達賴喇嘛讀三乘經典時根本就讀不懂，因此他就說：「佛陀講的三乘經典前後矛盾。」那其實是他自己讀經不懂而出了問題，不是 佛陀講的經典出了問題；因爲我們讀起來，前後三轉法輪的三乘菩提諸經互相都沒有矛盾，只有深淺廣狹的差別而已。

所以同樣底道理，現在來看 文殊菩薩說的「過去眞如不可得」，是說假使你已經轉依了所證得的心眞如，由第八識眞如心自己的境界來看，這時候眞的看見「過去眞如不可得」的境界了；因爲第八識心從來都不了知六塵，所以祂也不會去了知自己是不是永遠住在眞如法性中；依祂自己不了知自己的立場來看，眞的沒有過去眞如可說，當下也沒有現在眞如可說，未來仍然沒有眞如可說。也就是說實際上，你如果從如來藏自身所住的立場來看，不是由覺知心自己的功能套在如來藏身上，來看祂自己所住的立場—因爲心眞如祂不會這樣作—由你意識證得如來藏來現觀祂的眞如性以後，再由你的意識覺知心自己轉依於心眞如第八識而產生的智慧，依如來藏自己的境界來看待的時候，就沒有所謂自己的眞如、別人的眞如；過去眞如如此，現在眞如如此，未來眞如也仍然是如此，所以經文中說沒有三世眞如可說，不是說沒有三世眞如可證。

那麼也沒有心眞如可說，這就是說，如果從如來藏自己的立場來看，也沒有如來藏自己，也不了知自己的存在，這時哪有什麼心眞如可說呢？這意思其實是在向舍利弗尊者開示說：「你悟得這個心眞如，能觀察三世眞如了；但是不應該依止於意識心自己而安住於心眞如的境界，應該要依止於你所住的心眞如自己所住的境界來安住意識心自己。」那麼這樣一來，天下太平；

人家辱罵也好，褒揚也好，送來五千萬美元供養也好，都沒什麼不好啦！那五千萬美元中途被人家攔走了，也沒什麼不好，真是究竟的解脫。這就是大菩薩向舍利弗尊者所開示的道理，也就是教導他要轉依心眞如而不再依意識境界而住的道理。

也許有人心裡想說：「舍利弗尊者至少也是個阿羅漢，憑什麼要聽你菩薩這樣開示？」其實錯了，人家 文殊菩薩是多久以來就是妙覺菩薩了，舍利弗尊者迴小向大的時候，眞正明心了也才不過是第七住位，要到初地還遠著呢！他當時得要好好努力進修，每天都是要用跑百米的速度去跑，整整一天都要這樣跑；這樣跑完一世以後終於入地了，能不能看得見 文殊菩薩的背部呢？看不見啦！更不要想看到他的脖子。這就是說，其實剛悟的阿羅漢們與大菩薩的差別是很大的，一定要聽大菩薩的開示。所以舍利弗尊者聽了，他就懂得：「原來是要依止這個心眞如的境界來安住，不能老是用意識所知的如來藏的境界來安住，而是應該究竟的轉依，究竟轉依以後就沒有一法可得。」那時候，就可以像台灣的印順法師誤打誤撞那樣講說：「般若就是一切法空。」藉著無生法忍的智慧而完全解脫，遠遠超越俱解脫境界，那時他說「一切法空」的時候就沒有人敢講話。但是，如果釋印順也學著講一切法空，哪一天我遇見了他，一定當面指戳他，說他沒有資格講「一切法空」；因爲他完全活在意識境界裡面，意識境界中明明諸法儼然，怎能夠說「一切法空」呢？他眞的沒有資格這樣說。舍利弗尊者如果遵照 文殊師利菩薩的教誨，直接轉依了心眞如，那就有資格說「一切法空」。所以佛法中的一些名相，不是每一個人都可以宣稱他住於「一切法空」中，那得要轉依心眞如以後才有這個資格說。

那麼這樣子講解完了，都說三世眞如不可得，乃至心眞如也不可得；因爲如來藏心不會返觀自己是眞如性，祂從來都不返觀自己的。不但這個如來藏心不返觀自己，意根就已經不返觀自己了；能了知自己在幹什麼的是意識心，這個意識心排班已經排到最尾端去了。你們看那個布袋戲剛開場時的扮仙，在扮仙的時候，主角是最後出來示現的，也是坐在中間最後方最高之處，就是這個道理；凡是最早出場的人是最差的，排在最低的地方，大家最先看到他。一樣的道理，你看看，先有心眞如這個如來藏，然後出生了意根，有了意根，藉意根爲緣再出生了五色根，這樣就六根了；有了六根就藉六根爲緣，再出生了六塵；有了六根六塵爲緣，如來藏就出生了六識，意識是不是在位階最低的六識裡面？是！所以說一句不客氣的話，意識是層次最低的心，扮仙時祂還是得坐在最低的地方，要跟前五識坐在一起。不論是粗意識或細意識都一樣，大家全都認得祂，而坐在後面的第七識意根，大家都不認得；至於坐在最高、最後面的第八識心眞如，大家得要悟後才能看見祂，好比是最後出場、層次最高的人。這個坐在最低層次而與前五識同住的意識，其實就是錯悟者所「悟」底離念靈知。

對世俗法中的一般人，對於從來都不打坐的人來講，意識就是有念靈知；原來還稱不上小老哥，要叫作小老弟。這位小老弟鍛鍊到離念時卻一天到晚說：「**我最厲害，我最偉大。**」然而不管意識能離念多久，祂永遠還是意識小老弟，永遠不會變成第七識意根或第八識眞如。人家意根與心眞如第八識只是讓著祂：意根是有時讓著祂，如來藏則是完全讓著祂、一直寵著祂；沒想到祂意識還眞覺得自己是老大，這就是愚癡人。這些愚癡人幾乎遍滿台灣佛教界，也幾乎是遍滿大陸佛教界，更是遍滿一切外教修行人中，不論你去到哪一個宗教或佛教哪一個道場都是如此。連佛教裡的不迴心大阿羅漢也還無法想像心眞如，所以縱使是三明六通大阿羅漢，也眞的需要聽大菩薩底開示；聽過以後得要求證心眞如，然後轉依於心眞如的境界來看一切法，那時一切法就不重要了。只有什麼才是重要的呢？大悲願。爲了眾生不要再被人家誤導，爲了救護眾生回歸正道，因此生生世世願意在人間生老病死而不以爲苦。要這樣子才算是發大心，除此以外，其他都可以不計較，這就是轉依心眞如底道理。

那麼，文殊菩薩開示完了接著說：「還有，大德舍利弗啊！除了心眞如以外，根本就沒有一個法在眞如之外而可以顯示、可以爲人解說。」以前我爲諸位講過，說三大阿僧祇劫的極長時間裡，以「普賢十大願王」遊盡十方三世一切世界，結果最後即將成佛時，文殊菩薩把善財童子指引去見彌勒菩薩，彌勒菩薩就打開了大寶樓閣，讓善財童子進去遊玩，才知道說，原來萬法具足，全都在大寶樓閣裡面。那個大寶樓閣是指什麼？（有人答：如來藏。）諸位都很有智慧，都還記得，顯然我以前都沒有白講。不錯！原來善財五十三參跑來跑去參訪諸善知識們，其實全都在大寶樓閣裡面，根本就不曾外於大寶樓閣。也就是說，從因地生死輪迴的時候，連佛法都沒有聽過的時候，連三寶的名稱也都沒聽過，那個時候就已經在自己的如來藏中生活，可是眾生並不知道。等到後來有一世聽到人家說「佛」這個名稱時，頭髮就會立即豎起來。我現在說到這個「佛」字，又豎起來了；可惜我的頭髮太短了，你們看不到。當你聽到「佛」這個字，你的身毛就豎了起來，這表示你往世一定已經學佛很久了；你曾經跟隨過很多的佛，供養過很多尊佛，這個情感你是捨不掉的，這表示你已經是久學菩薩了。那麼也許有人心裡面想：**「我聽到『佛』這個字，也是都會起雞皮疙瘩，那就是身毛直豎，可是我爲什麼還悟不了？」**我說：**「你別急！你在正覺同修會裡，這一世就會開悟了。」**這樣聽了，心裡面是不是很安慰？但是有一個條件，前提就是不謗三寶，特別是法寶裡面的如來藏妙義，從來都沒有毀謗過，一聽就很歡喜。如果往世曾經謗了如來藏，就算聽到「佛」的名號，毛髮就會豎立，那也沒有用，還是悟不了；要趕快去懺悔消罪，把那個罪業給滅了才會有機會。

現在話說回來，其實所有眾生，都在他的如來藏裡面輪迴、修道、成佛，沒有離開過他的如來藏。也許有人講：**「我明明跟別人有互相接觸，爲什麼說我都住在我的如來藏裡面？」**很簡單，因爲其實能跟別人接觸，能跟外面的山河世界接觸的，能跟外面六塵接觸的都是如來藏，不是你覺知心；你不知道，還把如來藏替你接觸的，當作是自己去接觸的。這個說法對於剛來正覺學法的人會覺得很玄，聽起來眞的很玄，心裡大約也不會相信；可是等你悟了以後，一點都不玄，也由不得你不信，因爲悟後的現觀，事實眞的是如此。所以阿羅漢所寫的論中就把這個如來藏（當然他們不用如來藏的名稱，只稱爲「識」），他們就把這個如來藏稱爲「外識」，因爲阿羅漢們聽聞過世尊說法以後，都知道六識覺知心無法接觸外境，能接觸外境的是另外一個識，就是涅槃的本際；而那個識在哪裡呢？他們還不知道，只知道是這樣而已，所以阿羅漢們在論中就說這個識叫作外識。

那麼其實每一個人覺知心所接觸到的，都是自己的如來藏依外相分所變現出來的內相分六塵；覺知心的自己既然只能在如來藏變現的內相分六塵裡面生存與運作，那你返觀一下，你覺知心能不能外於如來藏呢？你能不能直接觸知外法六塵呢？聰明的人稍微思惟一下，從邏輯上就知道絕對不可能。因爲覺知心既然是在內相分六塵裡面運作，當知絕無可能接觸外塵，那麼請問：輪迴生死是不是在如來藏中輪迴生死？（有人答：是。）好！你們都有智慧，所以說「是」。如果是這樣依正理來看，接著修學菩薩道，三大阿僧祇劫之中難行能行，這樣行盡了三大阿僧祇劫菩薩道之後成佛了，也還是在如來藏中成佛，不外於如來藏。

藉著如來藏而為眾生宣說一切妙法，所說的這些法當然也都不外於這個眞如心如來藏。如果有誰說他的佛法是多麼勝妙，結果都是把在心眞如以外的法拿來說是正法，顯然那是個凡夫，因為連未證般若的定性聲聞阿羅漢們都不會這樣說。以大乘菩提來講，他是還沒有入門的人。從二乘菩提來講，他也是還沒有入門的。

你們有一些人以前曾經在別的地方練氣功，有沒有？不管他們叫作什麼功，我不指名道姓來說；他們自稱是大乘的氣功，也自稱是佛法。他們教導大家要如何練氣，要如何吸收天地中的精氣增長內力；這些都是外道法，都不是佛法，所以他們全都是外道。他們每天練得不亦樂乎，身體也變強壯起來了。所以常常有學氣功的人們說：「你看，師父叫我在農曆的每個月十四、十五、十六，只要沒有烏雲，就要到野外空曠之處吸收日精月華。」有沒有呢？有啊！然後如果天氣晴朗，每天早上四、五點鐘就要起床，跑到野外去吸收日精。有沒有呢？有啊！身體也眞的變健康了。其實他們是怎麼樣健康起來的？不是因爲日精月華而健康的，是因爲每天早睡早起去運動，當然就健康了，懂了嗎？但他們那個健康是從哪裡來的？還是從如來藏來；因爲努力運動，如來藏就幫他們去運作，於是他們就越來越健康。這就是說，一切法，他們外道法行者都以爲自己是內道，但本質全是外道；但是從我們的智慧來看他們的氣功時，他們那個外道法其實也是內道，但他們都不懂，所以他們不可以說自己是內道；因爲他們都外於眞實心眞如心而求一切法，都是不知其所以然。其實一切法都是心眞如中的法，沒有一法能外於心眞如而運作、而顯示出來、而爲人解說。

文殊菩薩開示完了，長老舍利弗就說：「文殊師利！諸佛如來住於眞如之後，然後才爲大眾說法。」他當時想，應該是如此；因爲諸佛如來就是悟得眞如，然後轉依眞如的境界才爲大眾說法，他以爲他這樣講是對的。這就是說，智慧到某一個程度的時候，所知就住在那個程度，無法超越，但是大菩薩的所見並不是這樣的。這就好像說，盲人想要瞭解白雪究竟是怎麼回事，有人拿棉花給他摸，說白雪像棉花一樣白；因爲他看不見，只好用摸的，摸了就說：「喔！原來白雪就是這樣軟軟地。」他還不知道白雪的「雪白」到底怎麼回事；因爲對於眼盲的人而言，「雪白」是無法形容的，得要眼見。像白雪那麼白，那是眼見，但不是白雪的本身，因爲雪白並不是白雪的本身，他就以爲：「喔！原來雪白就是柔軟的。」舍利弗現在也是這樣，只知道眞如的一部分。然後有人又說：「你這樣還是誤會了，哪一天我再告訴你啦！」改天去弄了一些剉冰來，用快速的榨汁機攪了以後，眞的是雪白、雪白，就告訴他說：「你看，這個東西就是雪白、雪白，白雪就像這個樣子。」因爲他看不見，於是他一摸就說：「原來冰冰冷冷的，就是『雪白』。」又變成這樣誤會了，你怎樣說明都沒辦法使他完全理解雪白的意思。

所以現在舍利弗尊者又知道了另一部分，可是他以爲說：「喔！那這樣應該就是這個狀況了。」沒想到 文殊菩薩又說：「大德舍利弗！剛才已經告訴你說三世眞如不可得了，你爲什麼現在又說諸佛如來是住在眞如裡面然後說法呢？」這就像什麼呢？那禪三剛開始，殺我見以後問說：「你們三縛結斷了沒有？」大眾回答說：「斷了。」「是誰斷了？」「我們斷了。」那時斷三縛結的是誰呢？原來還是有我意識，就像是這個情形。所以 文殊菩薩說

「眞如非有」，當你轉依心眞如的時候，就已經沒有眞如可說了，爲什麼還說如來住入眞如以後才爲眾生說法呢？這就是說，當你眞正住於眞如境界時，並無一法可得。可是如來爲人說法時是怎麼樣呢？還是要用意識心來說；但那只是爲眾生而說而作的，並不是如來自己所住的無住處涅槃境界。

可是大德舍利弗那時候剛明心，他畢竟還是有很多的不懂，才會有這樣的說法出來；文殊菩薩就糾正他說：「不是你所說的這個樣子。」然後又說：「大德舍利弗！住在眞如法性裡的時候，連眞如法也沒有了，爲什麼能夠住在眞如法裡爲人說法？而住在眞如法以後，眞如法不被自己所知而說眞如法已經是不存在了，怎麼能說如來是住在眞如以後來爲人說法呢？而如來也沒有了，怎麼可以說哪個地方是如來住在那個眞如裡面而爲眾生說法呢？」因爲從心眞如自己的立場來看，沒有眞如可說，也沒有眞實如來自己可說；這個自心如來自己既然不了知自己，也不可說，又如何說如來住於眞如而爲人說法？這樣聽懂嗎？

只有找到如來藏以後，能夠現觀如來藏的眞如法性了，才能眞的聽得懂我現在說的是什麼；否則會覺得奇怪：「這些說法好像就是一大堆的佛法名相堆砌起來，那一堆名相到底是在說明什麼？」對於我這些說法還是聽不懂，不知道眞實義是什麼，一定會如此。可是悟了如來藏以後，來讀《般若經》的時候就說：「原來佛菩薩們講來講去都是在講眞如。」有的人也許才讀一卷、二卷就膩了，就不想讀了；但還是要勉強去讀一讀，因爲可以不斷地經由這一些《般若經》中繁瑣語句底開示，使自己不斷地熏習如何去轉依眞如，所以確實是有作用的；悟後就是要藉著閱讀般若諸經而趕快去完成三賢位的修證，只要依照般若諸經所說而完成轉依，並且修集了足夠的福德及永伏性障如阿羅漢，就可以進入初地了，所以這還是很重要的。

剛剛是說，從自心如來來看待三界一切法時，其實也沒有自心如來可得。當然，不要像那一些錯悟的人誤會說：「你看，《般若經》自己講的：沒有自心如來。」就否定自心如來的存在，而公開主張說：般若系經典所說的就是性空唯名。那他就是依文解義，現在可不要像他們那樣誤會，而說沒有如來可證、可得；先要親證自心如來以後，才能轉依自心如來的無所得境界，而說沒有任何一法可得，才能說一切法空。接著說：「一切諸法皆不可得，諸佛如來亦不可得。」也就是說，你如果從如來藏自己所安住的境界來看時，眞的沒有諸佛如來可得，沒有任何一法可得，也沒有任何僧寶可得。所以，我有時候說：「無佛、無法亦無僧。」就是從心眞如自己的立場來說的，但不是從意識的立場來說。從意識的立場來說，三寶全都具足可得、全都具足可證。但是證得以後轉依於心眞如自己的立場來看，確實沒有任何一法可得，三寶亦不可得。能如實轉依心眞如的境界，自然就無所罣礙了。

接下來，文殊菩薩怕大德舍利弗可能又誤會說：「喔！那這樣子，連諸佛都不可得了。」所以乾脆就先講了：「而且這個可得或者不可得的法，這兩種也都不可得。」也就是說，不要像那個磁鐵一樣，你把它從這邊的鐵板撥開，它就粘到另一邊去了；再從另一邊的鐵板撥開，它又粘到這一邊鐵板來了。眾生的心就像這樣，對一切法的磁性強得不得了，眾生的覺知心、意根，老實講，都比「任我行」的「吸星大法」還要厲害，不斷地在吸一切的東西；凡是可以攀緣的，祂都要攀緣，除非祂攀緣不到。譬如說眞如，他還沒有悟得眞如時，還不曉得眞如是什麼，就無從攀緣起；否則的話，他一定全都攀緣，眾生心都是這樣。因此，文殊菩薩乾脆先講出來：「而且這個可得與不可得，像這樣的兩個法也都不可得，你就不要再說『那就有不可得，或者有可得』。」先幫他打預防針，要舍利弗完全轉依於心眞如來看待可得與不可得，自然就沒有可得與不可得了。

接著又解釋：「如來說法，其實非說亦非不說，」從事相上看來，佛陀是有說法的；可是若從實際理地來說，佛陀是無所說法的。等悟了以後從理上來看，卻又說 佛陀其實一直都在說法；雖然祂很多時候都沒有開口，也是一直在說法；可是從事相上來說，祂又沒有說法。你看，就這樣顚過來倒過去，結果也都對；可是你如果從凡夫的立場來看，沒有智慧從理上來現觀這個事實，經中的這兩個說法對他而言，顯然是互相衝突、互相矛盾的；因爲剛好都顚倒，說法的在理上這邊就變成不說法者，事上這邊不說法的到理上那邊卻變成說法者，就這樣顚三倒四。可是你如果懂得大乘菩提，眞的實證法界實相中的眞實理了，配合原來事上的所見，因此能夠腳踏兩條船，橫跨於現象界與實相界，那你就全部都通了，讀起來可是一點矛盾都沒有。實證大乘法的菩薩們就是腳踏兩條船，一隻腳踏在眞如法界中，另一隻腳又踏在三界的事相法界中，所以具足了實相法界，也具足了現象法界，那時隨你怎麼講都通；縱使 文殊菩薩來了，也不能夠說你這樣講錯了，只能說你所講的還不夠究竟，因爲事實眞的是這樣。但這個不是剛悟的人所能有的智慧，所以說悟後轉依眞如其實也並不容易。很多人都知道轉依的道理，我講經論時也講了很多，在書上也寫了很多，但是所有人眞的都能作到嗎？不見得！所以《大般若經》才要講這麼久，世尊也講了十幾年。

爲什麼說「如來非說亦非不說」呢？文殊菩薩解釋說：「大德舍利弗！如來無說，所以你不可以說『這就是如來』。」既不可以說這就是如來，那到底哪個是如來？釋迦牟尼佛在人間，《金剛經》也講了這麼長；雖然比起《小品般若》來，算是短到非常短了；然而一般佛弟子課誦起來，畢竟也是要二十幾分鐘，那到底 世尊是說了或者沒說？其實眞實如來從來沒有講過一句話，所以說「如來無說」，因此不可以說在講話的那個應身佛就是眞正實際理地的如來；講話的是 釋迦牟尼佛身體上的嘴巴在講話，只是 釋迦如來的覺知心在講話，眞實如來無垢識從來離語言道，怎麼可以說眞實如來有所說？

可是你如果要從字句表面來信受 文殊菩薩這句話，那你又上當了。因爲去到禪三的時候，我會告訴你：「眞實如來廣說、無邊說、剎那說、無盡說，從來不停止地說法，可是說法的依舊不是眞實如來。」那你該怎麼辨？死定了！那要從何參起呢？怎麼辨呢？明明我剛剛才說：「眞實如來常時說、無間斷地說。」結果又反過來說：「說法的不是眞實如來。」有人心裡不服，就想：「你是把我當瘋子嗎？是對我裝瘋賣傻嗎？」聽我這樣譬喻以後，一定也有人會這麼想：「對啊！你就是把我們當個瘋子、當個三歲小孩來看待，才會這麼講。」可是我告訴你：「法界實相中眞的是如此，因爲事實是如此。」所以說，如果沒有找到心眞如，聽說山河大地上都有佛性可以看見時，從此以後山河大地都不敢踩，都不能放心走路了；因爲都有佛性，粗魯地踩下去該怎麼辨？可是人家見性者說的「山河大地都有佛性」，並不是你想的那個意思。那是他的自證境界，而山河大地確實都沒有佛性，你儘管踩都沒關係。如果房子破舊了，挖土機來，你就儘管挖，舊屋子和大地都不會哀哀大哭，你別擔心！因爲它們是無情，沒有佛性；然而眼見佛性者，卻可以在山河大地上面親眼看見自己的佛性遍滿一切處。

所以說只要悟得不眞，善知識怎麼說，他就怎麼誤會。善知識見了他那樣誤會，再把他拉回來說：「不是你想的那樣。」他就又落到另外一邊，又變成另外一個錯誤底看法，永遠無法處中而住。但善知識永遠都是處中而說，凡夫聽了卻永遠都是處邊而聞，眞的沒有辦法。所以最重要的事情，就是你如何親證這個心眞如，這個心眞如就是第八識如來藏，就是《金剛經》中說的「此經」，就是《法華經》中說的「此經」，也就是四大部《阿含經》中說的出生了名色的識——那個識能出生名色。所以把這個道理說了，還沒有被我印證的人就不要太有把握了，因爲般若極深奧而不可思惟測度。往年都有人很有把握，禪三第一天報到的時候「老神在在」，都不肯用心檢查自己所悟究竟對不對；等到進了小參室，一問三不知，出來以後就怪自己，一直敲腦袋：「**在外面好聰明，進去小參室裡怎麼都講不出話來？**」不是因爲講不出話來變得不聰明，而是因爲悟錯了或體驗不夠，還有許多偏差；往年都有這樣的人物，而且都不在少數。

所以說般若甚深極甚深，還不說諸地的無生法忍，光是三賢位的般若就深不可測了。阿羅漢們如果不迴小向大而想要證般若，門都沒有！只要他不肯迴小向大，佛陀絕對不會幫他證悟的；即使阿羅漢貴爲人天應供，世尊一樣是這樣看待他們。那你說：佛陀是不是偏心？怎麼不偏心？絕對偏心！只因爲他們不肯迴小向大，不肯發願再來受生當菩薩，世尊就不幫他們開悟般若了。爲什麼呢？因爲他們只要能夠入涅槃就夠了，明心而開悟般若根本就沒有必要，多此一舉！佛陀又不是閒著無聊，阿羅漢也不必閒著無聊。你既然不想當菩薩，這個般若是你所不需要證的法，那你來求證這個法作什麼？完全無必要。所以只要他們不肯迴小向大，佛就不把明心的法傳給他們，就是這樣子，所以你當然可以說 佛是偏心的；但這樣子偏心，才是眞的不偏心。同樣是兒子，爲什麼不給他呢？因爲這個孩子，他只想要享樂，所以給他解脫三界生死的快樂，他修到此地也就夠了；你把如來家的龐大事業傳給他幹嘛？所以如來家業不需要傳給他。

那麼你們明心了，快樂不快樂？（有人說：快樂。）快樂啊！快樂得不得了，後來又想起來說：「我下輩子還要再來人間受生，又要來經歷生老病死。」且不說病與死，光說住在媽媽肚子裡面的十個月，就會覺得很難過了。可是菩薩都覺得沒關係，因爲菩薩通達了般若，知道住在媽媽肚子裡面十個月的意識，是下一世全新的意識，什麼都不懂，也不懂得什麼是侷促的痛苦，那麼住胎十個月有什麼關係？那就投胎去了，菩薩是這樣看生老病死的。所以說，什麼是眞實如來？這件事情是修學佛菩提的人頂頂重要底大事，認爲是天下一等一的大事，一定要弄清楚；如果弄不清楚，號稱學佛一生，結果都是在學羅漢而不是學佛。不幸的是，他們學羅漢又學不成；就像人家不會畫的人宣稱他在畫老虎，跟著那人學習而畫出來的卻只是一條小犬，那可就悲哀了。再來看理說的第三個部分，仍然是同一部經的經文，《佛說文殊師利巡行經》：

【爾時長老舍利弗語文殊師利童子言：「甚爲希有！文殊師利乃能善說如是法門成就眾生。」文殊師利言：「大德舍利弗！眞如不滅、眞如不增，法界不滅、法界不增，諸眾生界不滅不增。何以故？彼唯言語，無人可依，無處可依，非『依、不依』。大德舍利弗！如是不依即是菩提，如是菩提即是解脫。若依法者，是則分別；若知非作、亦非非作，即是涅槃。」】

長老舍利弗向　文殊師利童子說；這個「童子」二字可不要誤會，妄以爲　文殊菩薩那時候是不是還沒有長大？可不要誤會了。「童子」是說他修童子行，就像《阿含經》中那個童女迦葉——鳩摩羅迦葉，她是修童女行，並不是說她還是個小女孩，千萬不要誤會了。菩薩要修童子行、童女行，我們現在就是要實現這個理想，把 佛陀時代的大乘法重新實現起來，所以我們祖師堂中也有童子菩薩；不受聲聞戒，但是受菩薩戒，出家成為正覺祖師堂的常住以後，還是屬於僧寶之一，這就是修童子行。文殊、普賢、觀世音菩薩摩訶薩，他們都是修童子行，都不受聲聞戒，只受菩薩戒，但一樣是出家修行的人，所以稱為 文殊師利童子，不是說他那時候還沒有長大。

長老舍利弗向 文殊菩薩說：「**甚為希有！文殊師利童子竟然能夠善於宣說這樣的法門來成就眾生。**」這是讚歎之語，文殊師利童子就說：「**大德舍利弗！眞如不減、眞如不增，**」因為眞如就是如來藏顯示出來的眞實與如如底法性，而這個法性從來都不會改變，就說如來藏即是眞如，所以說眞如是不減、也是不增的。眞如是如此，所以就產生一個現象：「**法界不減、法界不增，諸眾生界不減不增。**」這裡講的法界是指諸法的功能差別，界就是功能差別。這個法界可以廣義而說，也可以狹義而說。狹義而說，就是說如來藏所出生的諸法功能差別，包括祂自己顯示出來的功能差別，以及祂所出生的五色根、意根以及識陰六識的功能差別，乃至祂所出生的六塵的功能差別等等，這些功能差別是不減也不增的。那麼廣義而說，是說眾生的功能差別不減也不增。如果再廣義來講，六凡法界也就是六種凡夫眾生的各種功能差別，同樣是不減也不增。再加上四聖法界，變成十法界的功能差別，同樣是不減也不增。爲什麼不減也不增呢？因爲全都依於如來藏眞如心而有，而如來藏所出生的一切法的功能差別永遠是不減也不增的。

也許有人心裡面生起了一個懷疑：「如果說諸法的功能差別是不減也不增的，爲什麼你蕭老師能夠這樣說法而我不能？」也許有人想說：「爲什麼諸佛有那樣的功德而我們不能？」也許還有人想說：「爲什麼螞蟻不能夠有我們人類的功能差別？」這樣衍生出去，就有非常多的疑問，但都是同樣的一個疑問，這一些疑問都是源於同一個原因，所以眾生才有不同的功能差別。什麼原因呢？是智慧的差別以及業障的差別，而不是有情眾生心眞如中的種子有所差別。譬如說：「你明心了，哪一天邀請你上來講兩個鐘頭般若，你認爲怎麼樣呢？」你一定說：「不要！不要！」可是如果哪一天 佛陀說：「蕭平實！來！今天換你上來說法，我歇息一會兒。」我也會說：「不要！不要！」因爲那麼多的八地、九地、十地大菩薩在座，我能上去說什麼法呢？顯然各人功能差別在表相是很不同的。這是什麼緣故呢？因爲智慧所證不同，也因爲業障、法而有所不同，不只是通達與否的差別。但其實大家本來就擁有的那些種子—功能差別—都是相同的，只是你還沒有修到那個地步，它們無法顯發出來。

如果是從螞蟻與一般人的大差別來看，那也很簡單，就是牠的業報如此，因爲牠往昔無量劫以前造了惡業，所以八萬劫來當螞蟻；三明六通大阿羅漢看到八萬劫前，牠已經是螞蟻，所以八萬劫來就是當螞蟻；再看未來八萬大劫以後，牠依舊還是螞蟻，脫不了螞蟻身的功能差別。大阿羅漢不曉得牠爲什麼那麼久都要當螞蟻，不知道牠爲何過去、未來那麼久都要當螞蟻；因爲他的所見有限，只能看到過去八萬大劫、未來八萬大劫，就只能看到這樣而已，這樣總共只能看到前後十六萬大劫。可是 佛陀有宿住隨念智力，可以追溯到無量劫前，原來牠以前謗了什麼法，所以果報很嚴重，因此牠現在當螞蟻還只是花報，無量劫前造惡業後所受的正報已經受完了，在未來無數劫以後還是要繼續領受花報再當螞蟻的。那就是說牠的業障的問題，使牠無法成爲人身，不能擁有人類的功能差別，但牠的人身功能差別種子還是存在的，將來報盡受生人間而成爲人類時，就能發起人身的功能差別；因爲業障，所以人類所能了知、所能見、所能觸的，螞蟻都作不到。

人能看那麼遠，螞蟻之所見，對人類而言，說牠只看到這麼短，就說牠短視。所以罵人的時候，可以罵人說：「你那麼短視，猶如螞蟻。」有時說他「眼光如豆」，因為所見最多不過一吋或一顆豆子的長度；螞蟻所見就是如此，所以牠很重要的事情就是要不斷的嗅，如果牠能看很遠的話，遠遠看見你來了，牠就準備要逃跑了；可是當你來了，螞蟻不會逃跑；為什麼呢？因為牠所見很短。人們覺得說：「你看，我一見，就能見那麼遠。」可是你如果比起那些大菩薩們十方世界來來去去，跟他們的所見比起來，到底你的所見是遠還是近呢？又顯得很近了，所以這就是業障的問題。而大阿羅漢所見只能到達前後八萬大劫，則是法障的問題，不是業障的問題；但他們將來迴心大乘而成佛以後，諸佛的功能差別他們會同樣擁有的。至於在智慧上面，是由於你修證的差別，產生了不同的狀況。但是從一般眾生來講，他為什麼不能具足那麼多的功德？譬如以細菌來講，細菌比起螞蟻，那功德又差很遠了，顯然牠的法界是減少了很多。那麼到底法界是有增還是沒有增？是有減或是無減？其實每一有情的法界（功能差別、種子）全都具足圓滿，但是因爲業障所障，所以使得他無法顯發；但其實法界的本身是不減也不增的，只要他的惡業報完了，回復人身時就會重新發起人身的功能差別，因此就說諸眾生「界」不減不增。

這意思就是說，眾生界是不會有增減的，是說眾生的諸法功能不會有所增減，因爲如來藏含藏的種子永遠不會有增減。如來藏如果可以切割或可以合併，眾生界才會有增減；但是每一有情的如來藏都是不可切割也不可能合併的，沒有誰可與別人的如來藏合併的，也沒有誰可以把如來藏切割成二個而說我下輩子要變成兩個人，所以說眾生界不減不增。講到這裡，諸位有沒有想起某一個教派的說法，有沒有？一定會想到啊！他們說：「我們要觀想，把我的本尊觀想跟佛的本尊合併。」有沒有？想起來了呵！然後說：「我要練成我的虹光身，虹光身觀想成就以後，然後我這個光要跟佛的母光合併，要融入母光。」有沒有？請問：「假藏傳佛教四大教派所說的眾生界有增減沒有？」有啦！變成可增可減了，那你說他們荒唐不荒唐！如果有一個人說他開悟了，他說：「我們成佛以後要跟佛的眞如合併。」那他悟在什麼地方？悟在妄想！

然後又有人說：「**我現在當法王時只有一個人，但我死後下輩子要分身成五個人。**」那他是不是法王？他是妄想法的大王啦！因爲這樣一來，眾生界就可以增減了。所以你絕對不要相信那種人的說法，那麼請問大家：你有沒有智慧？（眾答：有！）對嘛！要這麼大聲才對嘛！你講不出口？佛法中沒有所謂謙虛客氣，因爲佛法中沒有這回事；凡是謙虛或客氣的，都是意識妄心，全都要被責罵。佛法中本來就如此，對就對，不對就不對；爲什麼明明是對的，竟然不敢說「我對」，那到底你是對還是不對？在眞正的佛法中沒有人情可說，一就是一、二就是二，可增減就說可增減、不可增減就說不可增減，沒有在那邊和稀泥的，也沒有模糊地帶可以來讓他客套。人家問：「**你悟了沒有？**」你總不能說：「**我也不敢說我有開悟啦！**」那你的意思是說 佛也沒有開悟囉？因爲你悟的跟 佛悟的一樣，那你的意思是說 佛沒有開悟囉？所以眞實佛法中，沒有絲毫模糊的空間，對就對、不對就不對。

因此說，由於法界不減不增的緣故，由於眞如不減不增的緣故，所以眾生界是不減不增的。眾生界既是不減不增的，如果在那邊觀想要跟本尊佛合併，那不就是患了精神病嗎？他眞的是精神病患者！這就是佛法中的精神病患，因爲他的腦袋瓜是有問題的！如果他說：「我要分身，死後下輩子分開投胎到五個家庭去，我變成五個法王。」那很簡單，就是意識妄想要擴充他的勢力而已，落入意識妄想中；而且說句不客氣底話，下一輩子被冊封的五個法王全都跟他無關，是由另外別的五個人去當法王了，還輪不到他，因爲他早已下墮地獄去承受大妄語業了。他們自以爲下一世還是由自己去當法王而領受這一世的世間權位，其實都是每天在打妄想，自我催眠，然後就信以爲眞。如果要學 克勤大師講話，就說：「都盧混成一堆糊塗蛋！」全都是糊塗蛋！

所以，一定要記住呵！眞如是不增不減的，不可分割；是不能切割也不能合併的，個個有情的心眞如全都是唯我獨尊的。不管神通修得多麼好，假使主張說眞如可分割、可以合併，犯了這種大妄語業及破法惡業，下輩子鐵定要墮落畜生道；如果持戒又不嚴謹，那就要墮落餓鬼道或地獄道去了。因此，法不可亂講；飯怎麼吃都沒關係，今天吃五穀飯，明天吃白米飯，後天要吃糙米飯、粟米飯，隨你怎麼吃都無所謂，就是了義佛法不能亂講。亂講了義佛法，因果很大，因爲那會誤導衆生。如果名氣很小，只有誤導十個、五個徒弟，那倒也還好啦！名氣越大，徒眾越多，把法講錯了，因果就越大；這是相對的，因爲他誤導的眾生隨著越多。所以千萬要記住 文殊菩薩的開示：**眞如不減不增，法界不減不增，眾生界不減不增。**任何一個有情的眞如心，絕對不可能被分割、合併。佛陀來人間降生的時候，已經講得很清楚了：**「天上天下，唯我獨尊。」**既然是唯我而且獨尊了，又怎麼能切割？怎麼能合併？能被合併的，當然是比人家差才會被合併，又如何能叫作唯我獨尊？所以要記住文殊菩薩這個開示：**眞如不減、眞如不增，法界不減、法界不增，諸眾生界不減不增。**

接著說，爲什麼不減不增呢？所謂眞如只是個言語說出來的名相，「此經」眞實心自己的眞如法性並不在名相中，也不在語言文字中；所以當有人說眞如的時候，那也只是言語，沒有人可依，也無處可依，所以「非『依、不依』」；既不是有所依，也不是不依於金剛心如來藏。這就是說，心眞如不是經中那一些語言文字可以代表的；經中所說的心眞如，那些眞如的語言文字，只是在指向每一個人都有的心眞如；而那個心眞如無可名狀，但是要等你悟了以後，就可以把《道德經》的字句借來用：**「道可道，非常道；名可**

名，非常名。」你就說：「心可說，非常說。」眞的不能用一般的語言來說明，你就藉外教的某些典籍來用也可以講得通，因爲講出來的已經不是外道們所知的心了；而你所說的道是無上道，已不是外道所知的世間道了，當然是「非常道」。但是這個所說底心，就是指向那一個心，而你要怎樣實證祂，這才是重要底事。所以說，你如果悟得心眞如以後，你就知道那些言語，都不是這個心眞如。

也沒有人可依，因爲祂和你在一起的時候，祂並不認知你是一個人，所以沒有「人」可依。當你說：「我叫趙六。」祂也不知道你叫趙六，祂知道你存在，但祂不知道你叫作「趙六」。你又告訴祂說：「你叫作眞如。」祂也不接受你的說法，因爲祂根本不聽。所以，有「人」可依嗎？沒有！眞的無人可依。眞如是無「人」可依的，雖然祂跟你這個「人」在一起，但祂不依止於你的境界。可是你也不能夠說祂不跟你在一起，所以祂也非不依，如此成就非依非不依的中道義。你要說：「我現在是依於正覺講堂這個處所在聽經。」可是你的眞如「無處」可說，凡是有處所的都是覺知心的你，對祂而言沒有處可說，因爲祂從來都不認知什麼處所。等一下你回到家了，你說：

「我們回到桃園了。」回到桃園是你五蘊的事，跟祂無關，祂不理解或理會你回不回到桃園，祂都不管。也許你從香港搭飛機來台北聽經，聽完了明天回去，你說：**「我回到香港了。」**祂也不聽你的，回到香港是你五蘊底事，跟祂無關；祂不管你是在台灣或是在香港，祂都不了知所以也都不管。

心眞如就是這樣，所以祂既「無人可依」，也是「無處可依」，有人有處可依的都是有念靈知、離念靈知，所以說心眞如非依非不依。文殊菩薩又說：**「大德舍利弗！像這樣子不依的才是菩提，像這樣的菩提也就是解脫。」**因爲解脫的境界無非就是涅槃，涅槃就是不生不滅、不生不死，離生死才能說是解脫，而這樣的眞如既不依五蘊人也不依十二處，所以祂沒有生死可說；證得眞如而住於這樣的境界，發起了佛菩提智，那就是證得解脫。

「若依法者，是則分別」；如果是依於法，能依於法的心一定是意識覺知心，那就是住在能分別的境界中。也就是說，依於這個眞如所生的諸法才可能有分別，眞如依於自己所住的離見聞覺知境界而觀，就沒有任何分別可說。所以當你說到佛法，所說底佛法其實都已經是意識心所體會的，所以說：**「若依法者，是則分別。」**對心眞如自己而言，祂從來不作分別、不作了知，永遠於諸法不加了知，不加了知的才是心眞如。心眞如是你所證的對象，你得要分別哪一個心才是心眞如，才能證悟般若；但心眞如祂從來不對自己加以了知，所以也不自知有我，祂是無我性的。當你證得心眞如以後，你來了知心眞如的諸法，那就是分別；只有分別的意識心能了知諸法，而心眞如是你所了知的對象，祂自己不要也不必去了知諸法，因爲祂自己就是一切法。

「如果能夠知道像眞如這樣子，知道眞如非作、亦非非作，那你就是證得涅槃了。」已經找到如來藏的人，你現在可以現觀一下：你的如來藏是不是有爲有作的？答案是不會。不管你怎麼跟祂褒揚，祂都不會翹尾巴；不論你怎麼樣罵祂，祂也不會垂頭喪氣；祂自始至終完全如如不動，所以祂無爲無作。但祂也是「**非非作**」，也就是說，祂仍然有功能差別在不斷運作著，從來不曾間斷，所以說祂「**亦非非作**」。你如果能證得這樣的一個心，你就是證得涅槃了，因爲涅槃是依祂的不生不死而施設的。當祂自己獨住而不出生任何一法的時候，那就是無餘涅槃了。當眾生還沒有辦法證得無餘涅槃，還在凡夫位的時候，祂自己卻是本來自性清淨涅槃；因爲祂本來就沒有生死，這樣就是離生死，就是證涅槃。那麼，這段經文中這樣的說法，跟我們

《邪見與佛法》書中講的一樣不一樣呢？（有人答：一樣。）還是一樣啊！所以只要你所證的是正確的，那你講出來的佛法自然會跟諸經互相契合。如果所證是錯誤的，講出來時就會落入意識或識陰六識境界中，就與諸經所說互相違背，無法通過檢驗；縱使能夠通過阿含諸經檢驗，也只是表面似乎符合；來到了般若諸經中被檢驗時就不通了；或者在《般若經》看來似乎是通的，但是到了第三轉法輪諸經的增上慧學時，面對那些唯識諸經時又檢驗不通了；你所證如果是正確的，那就三轉法輪諸經的檢驗都能通過。所以見道之時，所悟的是眞或假，才是最重要的；因爲接著下去所謂的修道正確與否，都看這個見道。見道正確，就表示你要走的這條路是對的；見道如果錯了，那你要走的那一條路就是岔路；走得越深入，是離佛法越遠。所以見道的正確或錯誤，才是最重要的，才是必要深入去探究的。如果有一點點的錯誤，那眞的需要檢討。

理說講完了，接著宗門裡面又怎麼說「應化非眞」呢？在宗門裡面說，凡是想要證眞如的人都必須要親證金剛心如來藏。如果不是親證金剛心如來藏而說證悟，那麼死時都有大因果在等著他，那叫作大妄語。不因爲沒有受菩薩戒，就沒有大妄語罪，因爲大妄語本身是性罪。如果受了五戒、聲聞戒、菩薩戒而大妄語，那叫作罪加一等，還要加上戒罪；所以千萬要小心，要避免大妄語。有些人也許想：「我來聽聽看你怎麼說，你們佛教的戒律，我還沒有受；大妄語就大妄語，你管得著我嗎？」我就說：「眞的管得著！因爲大妄語業的性罪還是在的，只是沒有戒罪而已，當然逃不過因果律。」爲什麼有性罪在呢？因爲大妄語的時候，已經欺騙了眾生，已經欺騙了鬼神道的那些鬼神，當然大妄語業便成就了，所以性罪都是存在的。什麼時候，大妄語不叫大妄語呢？就是大妄語時身旁都沒有眾生，只有一堆石頭，連鬼神都沒有，而他跟石頭說：「我成佛了，我是大聖人。」這個大妄語便不成就，因爲沒有人或鬼神聽懂，他自己聽懂不算數。可是要小心呵！那一堆石頭，也許旁邊有鬼神，他們若是聽見了，那個妄語者便成就大妄語業，所以這事還是少作爲妙；因爲萬一旁邊有鬼神，他又沒有天眼通而沒有看見，但已經被鬼神聽見了，那他的大妄語業便成就了。所以說話眞的千萬要小心，沒有很確定以前，千萬要弄清楚到底自己的所悟是對還是錯；因爲往年禪三都是如此，都有人自認爲悟了，結果去到那邊勘驗時正好顚倒：眞心說是妄心，妄心說是眞心。他當然也算是找到眞心，不過那個眞心被他說成妄心，那就是沒有悟，因爲智慧根本不會出生。還沒有悟，萬一對著一堆石頭講了，剛好那邊有幾個鬼神，大妄語業還是會成就，所以還是小心爲妙。老人家常常說：「小心使得萬年船。」一不小心船就翻了，有經驗的人只要夠小心，駛上一萬年也沒問題。現在來看《黃龍慧南禪師語錄》怎麼說。別小看這位禪師，黃龍慧南也是禪宗裡鼎鼎有名的大師。請看語錄裡面他是怎麼說的：

【師乃云：「四象推移，終而復始；二儀交泰，允屬茲辰。俗諦紛紜，各敘往來之禮；眞如境界，且非新舊之殊。何故？豈不見道『一念普觀無量劫，無去無來亦無住。』既絕去來，有何新舊？既非新舊，又何須拜賀、特地往來？但能一念常寂，自然三際杳忘，何去來之可拘？何新舊之可問？故云：如是了知三世事，超諸方便成十力。」良久云：「如斯舉唱，人人盡知；破二作三，能有幾箇？何故？時人只解順風使帆，不解逆風把舵。」擊禪床下座。】

這黃龍慧南禪師因爲年歲推移、除舊布新，新的一年又來了，所以不免老婆心，上堂爲弟子們開示說：「四象推移，終而復始。」用春夏秋冬這個四象演進，再用二儀交泰，也就是日月互相交替而不凌亂，即能國泰民安；

有時也將夏天與冬天來代表陰陽兩極，而說二儀交泰，那麼就是這樣終而復始。「允屬茲辰」，一年要什麼時候才交到下一年去？當然就是年關到的時候。能平順過得了年就算不錯了，所以才叫作年關，因爲過年是一個大關。以前的年代，對一般人來講，過年是個大關；堂上有二老，你得要大紅包供養，孩子們也要發紅包；然後雜貨店的欠帳也要了清，所有的欠帳，這個時候都要了；所以過年是個關口，因此叫作年關。佛門裡面也有年關，這一年結束了，要問問你今年的道業進步在哪裡，都得要算一算，所以佛門也有新歲賀歲的事情。不但晚近佛門如此，佛陀年代就有了，所以才有《新歲經》。

也就是說，一年要結束了，接著要到明年去了，你這一年道業如何，自己得要計較、計較；不是跟別人計較，而是跟自己計較。那麼黃龍禪師就說「四象推移，終而復始；二儀交泰，允屬茲辰」，說這個時節就是過年的時候，可就是「俗諦紛紜」。佛法中的世俗諦，講的是五陰緣起性空；既然有五陰，就要各敘往來之禮而談論其生滅無常。俗諦則是世俗人應該遵守的眞理，新年到了，要去跟師父賀歲，該怎麼辦呢？如果徒弟今年收的供養不夠多，這徒弟過年時見了師父得要供養，那時拿不出來，該怎麼辦？這都是人情之常。除非他師父悟了也成功轉依眞如了，根本不計較這個，誰來禮拜、不來禮拜都無所謂，誰來供養或不供養都無所謂，他根本不看重這個，那麼徒弟們的年關就容易過了。如果是世俗法中的師父，他根本就沒有開悟，卻硬要冒充開悟的聖者，他根本都落在離念靈知裡頭，不離意識境界，就會與五欲相應；於是他到了除夕夜，就在盤算某甲徒弟明天新年來賀節時大概會如何供養，某乙徒弟明天來禮拜時可能紅包不大，今年他好像弘法工作作得不順利。他心裡都是在想這個，所以徒弟們可先得要想好，該怎麼樣「各敘往來之禮」。

我們正覺同修會歷年來總是過年就過年，各人過各人的，大家不必來向我拜年。規定要拜年的目的是想幹什麼呢？就是收紅包。我們既然不收紅包，一切都免了，大家不必舟車勞頓、勞民傷財，可是一般人就一定要「各敘往來之禮」。可是從證悟者來說，眞如的境界中沒有新舊的差別，還要過什麼年呢？根本用不著過年。黃龍禪師接著說：「爲什麼呢？因爲你難道沒有聽見人家說嗎：『如果能夠一念普觀無量劫，那就沒有去、沒有來、也沒有住。』既然沒有去來，又有什麼舊年、新年的差別？既然沒有舊年、新年的差別，又何須要互相拜賀特地往來呢？如果能夠像這樣子，一念而觀三世無量劫，新舊年都可以休歇了，自然就忘了去年、今年、來年等三際了，又有什麼去與來可拘束呢！」一念悟得如來藏時，依止於如來藏來看，何須過年過節？依止於如來藏來看，三世無量劫全都一樣，那就不須要過年了，也不須要過節了。所以這樣來看，根本就沒有過去、現在、未來；既然全都忘了過去、現在、未來，又有什麼去與來可以拘束你呢？又有什麼新年與舊年可以問好、可以賀年呢？「所以說，像這樣子了知三世的一切事情了，就超出種種的方便，乃至未來就可以成就佛地的十力功德。」

講完了，這黃龍禪師歇了好長、好長一會兒，都不講話，這叫作「良久」。然後才說：「像這樣子，拿出來爲大家說說唱唱，每一個人都知道了；可是知道歸知道，能夠破二作三的人又有幾個？」也就是說，能夠舉一反三的人又能有幾個？又解釋說：「爲什麼呢？因爲當代這些大師們，都只懂得順風使帆，」爲什麼用這個「使」字？閩南語講的順風使船，又如老人家往往指責某人說：「伊就只會動口使人，自己都不作事。」就是使喚的這個使，就是運用的意思；說那些當代的大師們都「只懂得順風使帆，卻都不知道要如何逆風把舵。」然後把他所坐的禪床一拍，就下座了。所以以後如果看見禪師開示完了，坐在那邊看著大家不講話，你就知道他準備下座了。當然下座的時候，一定要搞怪一下；如果不搞怪，怎麼叫禪師呢？那黃龍禪師怎麼搞怪呢？他就「擊禪床下座」。請問：黃龍禪師擊禪床下座，究竟是什麼意思呢？我就直接說給諸位知：一切有爲法，如夢幻泡影，如露亦如電，應作如是觀。

接著呢，佛說完這一部經以後，長老須菩提及諸比丘、比丘尼、優婆塞、優婆夷，一切世間的天、人、阿修羅，聽到佛所說的聖教，皆大歡喜，信受奉行。這樣《金剛經》講完了嗎？還沒有，還有下文。這就是說，親見眞如就是證眞如，證眞如就是發起般若智慧的鎖匙。有一些人說他有般若智慧，問題是爲什麼講出來的都落在意識心裡頭呢？如果他眞的有般若智慧，爲什麼他一心想要當開山大師？這表示他沒有眞的懂般若。眞懂般若的人是轉依成功的人，並不是知道般若的表相密意了就是懂，也不是知道了般若的眞正密意時就是眞的懂。眞正知道了，但是沒有轉依，那個般若對他而言就只是個常識或者知識，無法發起慧眼，也就沒分辨或檢擇眞假善知識的智慧與能力，仍然會誤認沒有初果解脫、沒有實相智慧的外道天神或古今凡夫僧爲眞悟者。轉依成功了才能眞的生起慧眼，當慧眼眞的生起而能辨別眞假開悟者了，才是眞懂般若底人。譬如說，黃金寶藏埋在一個地方，他知道在那個地方有多少黃金埋著，但他沒有去挖回來，算不算他的？不算呵！因爲他還是無法受用那些黃金。同樣的，般若也是如此；證了般若以後要轉依成功，才算是證般若；若沒有轉依成功，一心只想用他所知道的般若密意來營造自己的世俗利益，沒有解脫與智慧等功德受用，那就如同知道黃金在那裡，卻沒有去把它挖回來一樣，那叫作愚癡人。

所以證得如來藏以後，知道祂的眞如法性了，經過抉擇而如實轉依成功了，才是眞正悟道而懂得修道的人。但是他無法轉依，知道眞如的密意以後，只想運用所知道的密意去獲取名聞利養，當然是沒有轉依成功。沒有轉依成功時，表示他所知道的只是知識，是超越於世間知識的知識，但仍然只是知識，無法生起慧眼，這樣他就不算是眞的有般若智慧。譬如說，在世間法裡面，有智慧的人會依照自己所知而別人不知的去作他要作的事，他絕對不會說出來：「**我知道怎麼樣可以賺得一千萬元，但我只要像一般人一樣，每年**

只賺一百萬元就好。」世間有這樣的人嗎？沒有嘛！但是佛法中就有這樣的人：知道可以賺得一億元——知道眞如，卻連一毛錢都不賺——不轉依眞如。所以證得如來藏以後，知道祂的眞如法性了，如實去轉依，才是懂得悟後修道，才是眞正開悟的人。但有的人無法轉依成功，知道密意以後只想運用所知道的內容去獲取名聞利養，那就是沒有轉依成功。沒有轉依成功就表示他所知道的只是個知識，是超越於世間知識的知識，但仍然只是知識，依舊不會有慧眼發起。那麼這樣，他就不是眞的有般若智慧，所以他繼續歸依外道天神，不肯領受菩薩戒歸依佛門三寶，繼續藉眞如法牟利。

由於證第八識金剛心如來藏的緣故，才能證眞如。你如果沒有證得如來藏而說已經證得眞如，或是外於第八識如來藏的眞如法性而自稱證眞如，都是自欺欺人之談；因爲除了如來藏所顯示出來的眞如法性以外，別無眞如可證。如果對這個正理不能相信，修學佛法整整三大阿僧祇劫以後還是不會有般若可以實證；如果否定這樣的正見，他就是退失於菩提而仍然不知不覺。由此就知道善知識攝受的重要，說一句不客氣的話，不懂善知識的攝受很重要的人，其實永遠不可能是眞悟者。大家瞧一瞧現成的例子，你把經本子翻開來，好多的例子都是現成的：那些大菩薩們，也許是七地、八地、九地、十地的菩薩們，一大堆菩薩都說要保持 佛陀對他們的攝受。你想想看，如果有一個人剛找到如來藏的時候就對他的師父說：「我才不要你攝受，你算老幾？」那你想，性障如此深重的人，他能算老幾？就是這個道理。連大菩薩們都說他們還必須要 佛攝受，一個初悟的人竟然就說：「我不需要誰攝受，我最厲害，幫我證悟的師父也沒什麼證量。」那就是愚癡人，表示他的見地還沒有眞的生起，才會有這個問題出現。以前有大禪師說：「見與師齊，減師半德；見過於師，方堪傳授。」這是一切證悟者都應該要記取的警訓。

接著要說，誰幫你證得眞如，那個人就是你的「和尚」，這個恩德不是用世間的財物所能回報的。你可別說：「您幫我證得眞如了，我明天用重型卡車載來一卡車的黃金來回報你；從此以後，我就跟你河水不犯井水，毫無瓜葛。」行不行呢？不行！即使供養了十大卡車的黃金以後，也還是有瓜葛的；因爲未來世，你還是要一樣當人家的徒弟。當師父成佛的時候，你也還是人家的徒弟；所以說井水、河水如今既然已經混在一起了，當然最後還是會混在一起的；因爲這是生生世世都有關聯的，是切割不掉的，所以要懂得這個道理。但是我這個意思，不是要你們載一卡車黃金來供養我；因爲我都不需要，我也沒有地方放，我也不想要，我自己可以過活，連出版社賺的錢我都用不著，全捐給正法使用，所以都不需要你們任何供養。接著我們就以《勝思惟梵天所問經》卷五來爲大家說明一下：

【「諸善男子！若有人能行是經者，我不見其有不攝受如此一切諸勢力者。諸善男子！我今語汝：若人所從聞是經者，若是和尚、若阿闍梨，我未曾見世間所有供養之具能報其恩；以是法門出於世間，世間供養所不能報。何以故？以是法門過於世間，世間財物所不能報。是法無染，染污之物所不能報，不可得以世間資生、飲食、臥具所能報恩。諸善男子！說是法者，餘不能報，唯有一事，謂如說行。若有人能於此法門如說行者，是人名爲能報佛恩，是人亦名恭敬於師、淨畢報恩，是人不空食人信施，是人名爲順如來教，是人名爲越度眾流，是人名爲過諸險道，是人名爲建立勝幢，是人名爲能破敵陣。是人名爲師子之王，無所畏故；是名象王，能降魔故；是名牛王，外道論師無能壞故；是名醫王，療眾病故；是人名爲無所怖畏，能說如是甚深法故；……是人名見眞如，是人名知空，是人名爲安住大悲，是人名爲安

立大慈，是人不捨一切眾生，是人名爲背於小乘，是人名爲向於大乘。」〕

所以，如果有人妄想說：「我證悟了，我明天帶了支票，開一億元新台幣供養你蕭老師，然後就說『再見』，你以後可別來管我！」那是不對的，只且不說我不收那一億元；縱使我眞的收了那一億元，我還是管得著他的，只是想管與不想管的問題而已。有人也許不信，心想：「我離開了你，又能奈我何！」可是我如果心裡面動了妄想，他眞的會倒楣欸！所以我心裡面都不敢隨便打妄想，因爲我的嘴很毒。如果我講出口，他一定會倒楣，這是屢驗不爽的事情。不是從對人上面，而是對某一些事情上面，我心裡動了念頭，事情就轉變了，常常會這樣（譬如以前很多次要去找地時，心想著明天別下雨，雨就眞的停了，不論昨天下得多大；又如祖師堂興建的期間，我心裡老想著別下雨，我們不久要上梁也很需要趕工，四月才能辦禪三，就連著幾個月不下雨。後來我心想：再不下雨，池裡的魚就快死了，第二天就下雨了）。所以後來我都不敢再動念頭，因爲改變天氣的事跟因果是有大關聯的。因此說，我們應該要瞭解到的是什麼？是說證眞如這個法，祂是出世間法、是過世間法，不是用世間的事相所能回報的；而黃金等寶貴之物畢竟只是世間法，不能回報師父在出世間法上的幫忙。所以說佛恩深重，原因就在這裡。佛給我們的法是出世間法、是過世間法，它不屬於世間法，你如何能用世間法的財物、名聞、利養、恭敬來取代呢？當然不可能取代的。

而且我們正覺這個大乘法跟二乘法又特別不同，這個法是你實證了以後，依憑所證的這個法，就能夠讓你未來一直到達佛地作爲你的所依；即使有胎昧也沒有關係，因爲未來你這個親證的法種還在，未來世只要有佛教正法住持在人間；甚至於沒有人出世弘揚也沒關係，只要經典或者我們的書籍還在，你讀過了就可以重新再實證。所以這個法是過世間法、是出世間法，不可能用世間法來取代的。那麼出家了以後，因爲有這個法可以回報眾生；將來觀察因緣合適時，可以教導大力護法的弟子得以親證；只要那個眾生有證道的因緣，你就可以回報他，就不致於「空食人信施」。那時人家信受你而作供養，再大的布施也可以接受。只要不拿回俗家去用，一百億美元供養來了，照收不誤；你要怎麼樣用來利樂眾生，那是你個人的事情。所以證道才是最重要的，萬事莫如證道急。即使像台灣的印順法師，也曾說過類似的話：佛法的修行，首要之務就是見道。他也曾如此說，他也懂得這一點。所以如果你有緣進入正法中來，那麼見道就是首要之務。如果沒有緣，就不必跟他們談，因為談了也是徒費口舌。

《金剛經宗通》上週講到《勝思惟梵天所問經》的卷五，主要是說弟子們對於 佛陀的教誨，不論是在法上或是在次法上面，都應該要皆大歡喜而且信受奉行，當然這是對菩薩所作的要求。可是即使 佛陀親自說法的時候，也仍然不可能每一個人皆大歡喜，所以能否讓所有人全部信受奉行也就難說了；因為信受奉行的前提，一定是聽聞之後已得勝解所以心大歡喜，隨後才有可能信受與奉行，否則是蠻困難的。在《勝思惟梵天所問經》裡面，上週那一段經文的主要意旨是說：出世間法應以出世間法來回報。所得的既然是出世間法，就不該單單以世間法來回報，因為單用世間法是完全無法回報的。這個道理應該很容易瞭解，不過有人還是不很明白，所以我還是得要稍微解釋一下。

也就是說，假使你從別人那邊得到了恩惠，那是世間法，你以世間法來回報是正確的；可是假使你得到的是出世間法，而你只用世間法來回報，是不完全正確的。也就是說，當師長教導你得到了出世間法，然後你說：「我不欠你什麼恩德，沒什麼恩情可說，大不了支票拿來，開出三千萬元送給你，我就沒事了，再也不欠你恩德了。」但其實不可能沒事，因爲不管師長有沒有收了這三千萬元的供養，原來的恩德還是在，你沒有辦法說：「我供養了你三千萬元，從此以後，我跟你就是『田無溝、水無流』（台語）。」那是不可能的。縱使他收了你三千萬元台幣，你未來世仍然逃不出他的手裡；因爲你永遠還是要當他的徒弟，除非你眞的夠厲害，跑到他前面去了，否則這個關係是延續到未來無量世而不會改變的。

這不像世間法，世間法裡的上一輩子，你可能當師長的子女或者孫子女，但是這一世也有可能變成他的父母親，他就該歸你管。可是在出世間法中是不一樣的，因爲世間法裡是顚三倒四的，上一輩子堂上的老奶奶，可能這一輩子變成你的妻子，在世間法上往往是這樣顚三倒四的，因爲意識都是一世住，根本不知道往世的事。然而證量高的人就是更早很多劫就開始修行、早已實證的人，未來世還是會比徒弟們證量更高；這是事實，因爲那個證量永遠就是那個樣子，除非弟子之中有人很多劫極力精進而超越了師父。這個就是《勝思惟梵天所問經》中所要表達的意思，是說出世間法中的恩德不是用世間法所能回報的。因爲若依解脫道來說，只一個明心就可以使你永離三惡道，並且你的般若證境還是聲聞阿羅漢之所不知，而且這個明心也同時使你證得聲聞初果的證量。像這樣的恩德是無法用世間財物來回報的，何況區區新台幣三千萬元就能夠與師父的恩情切割開來嗎？那是不可能的！只有愚癡人才會說：「我這樣就算是還清你的人情了。」因爲這個不是人情，這個叫作道情，道情眞的不容易還，也無法單以世間法來還。

所以諸菩薩想到：以前隨從諸佛學法時，這個道情是要如何回報呢？都很清楚知道無法回報，唯一能作的回報就是作法供養。法供養是什麼？就是信受奉行，不打折扣。假使我不是這樣，我今天也不可能這樣弘法。想想看，一般大師出來弘法的目的是什麼？無非就是三個：第一是獲得眾人的禮拜、恭敬，第二是得大名聲，第三當然就是獲得種種的供養。而我們傳的是可以實證並且眞實不虛的法義，可是我們都不求世間法上的回報，對那三種目的都無一點點的喜樂，那麼我們所爲何來？可不是無所爲，只是爲了報佛恩；因爲只有這樣才能報佛恩，不然的話，你根本無從報恩。這就是說，凡是修學大乘法，於大乘法中有所實證，都應作如是觀。

在《金剛經》的「聞佛所說，皆大歡喜，信受奉行」，這裡面就不免要講到一些次法。這一些次法，也是我出來度眾十幾年來的經驗。講了這些法，只有一個目的：「希望我們正覺同修會，將來就以這樣的門風繼續弘揚下去；希望以後一樣是像現在這樣，弊絕風清，永遠都是佛門中的一泓清流，不要被那些紅黃藍綠給染污了。」這是我的希望，所以我今天會講這一些次法，然後才要進入下一部《實相般若波羅蜜經》的宗通。爲什麼我要講即將要說的許多次法呢？因爲在正覺同修會，我算是法主；不單是法主，也是三歸之師，同時又是軌範師，所以這些次法還是要講一下。但要先聲明，以下要講的這些次法，都不是講特定的什麼人，只是一個通案性的次法教導而已，所以你們千萬不要自己生起煩惱。

現在說，大乘法是要發起法身慧命的，否則再怎麼修學，始終都無法獲得 佛陀的授記。這在《佛藏經》以及《金剛經》裡面都有講過，不論在世間法上，或者在供養三寶、護持正法上面，作了非常多的大事情，那個事業不論有多麼偉大，諸佛終究不會爲你授記。只有一個情形，也就是說你見道了，在大乘法中的見道就是明心而且轉依成功了，才有可能被 佛陀授記。

並且這樣的明心，還必須有一些解脫道的實證來作基礎，才會獲得 佛陀的授記，雖然還不是具足未來成佛時的佛名、大小乘弟子眾的人數、正法時期住世多久……等授記，要等到入地以後才會有全部具足而很明確的授記。我這是說明見道是多麼的重要，因爲見道後的相見道位的般若別相智的熏習，也是要依靠明心這個見道的功德作基礎才能實行的；所以說法身慧命之所從生的師長就是幫你明心見道的師長，這樣的師長並不是你以世間的財物所能夠報恩的。

由於能夠從這個見道而眞正進入佛道的緣故，而這個見道所得之法，並不是世間有爲法的緣故，所以從這個緣故來說，就應當要發願：「**要世世追隨師長來弘揚正法。**」不但如此，這一世即使無法供養師長，因爲師長不受供養，那你也得要發願說：「**未來世是要具諸供養，一心奉事而無異心。**」這樣克盡了弟子之禮，其實還是沒有辦法報恩於萬分之一的。但是我要說的是，能夠有這樣的心態，才可以說是「信受」以及「奉行」的人。如果還在疑神疑鬼，疑什麼呢？譬如疑說：「**我這老師的證量，我這師父的證量，他的德行到底是值得我尊敬或不值得呢？**」那就不是「信受」也不是「奉行」

教導之弟子。

未來世假使你的師父或者老師，也許他示現為在家身，可是卻沒有任何的生活資財，必須要接受弟子們供養。或者反過來，如果未來世你的師長示現很清高都不受供養，可是暗中卻在貪取傭金；比如說買了道場，他在裡頭抽取傭金；到那時，你要有這個種子，要記得把我今天講的次法種子在你的未來世中流注出來，而告訴自己說：「**我對這件事情應該視而不見，依舊恭敬奉侍師長。**」可不要起了念說：「**我這位老師、這位師父怎麼這樣子？故現清高不受供養，卻又暗地收了買道場的傭金！**」千萬不要起這個念頭，因為假使未來世你的師長必須要收取工程傭金、買道場的傭金，那其實罪在於你，不在你未來世的師長。為什麼呢？因為你沒有辦法把他供養好，所以他就不得不這樣子來貪汙，否則他就無法生活，所以這是你的責任。你不要抱怨說：「**我怎麼有這樣的老師、這樣的師長？**」原因就是你沒有照顧好，他為了生活就不得不貪一些傭金。也許他面皮薄，不敢受人供養，只好用這個辦法，看是不是沒有人知道，收了傭金也許就可以過好幾年生活。可是這不是他的責任，這是弟子們的責任，應當這樣想。

不過，我這個說法，不是叫你們供養我；因爲我這一世所需要的生活資財，全都已經具備了，然後才退休下來修行乃至出來弘法的；所以你們聽到我說的這個次法，心裡面就別打念頭說：「這蕭老師是不是在暗示我們要供養？」我不是這個意思。爲什麼說我不是這個意思？因爲我根本不需要任何供養，我有地租的收入，也有房租的收入，我也有其他投資的收入，所以孩子們每個月賺了錢要供養我，我們二老都不收。過年的時候包紅包來，如果包多了，我同修還會罵人，所以曾經規定：「每一個人都只需包六百塊錢來。」供養多了都會罵，因爲我們不需要人家供養。我們自己有自己的收入，我們每年繳稅也繳六位數的，所以我們不需要人家的任何供養。所以我今天說這些次法的意思，請大家不要誤會是暗示你們要供養。眞的沒那個意思！

我出來弘法將近二十年，沒有收過任何的金銀珠寶或者現金古董的供養，我不收這些東西。我弘法以來，嫁了兩個女兒，也沒有跟你們發過喜帖，對不對？我都不發喜帖，我偷偷地嫁了她們就好。以前，住在舊宅，巷子小，還把女婿的鞭炮沒收，不許他放炮，生怕吵了鄰居。我一向就是這樣，我們一向是很低調的；所以我們弘法以來，不曾收過任何的供養。我們從印第一本書以來，一直到現在，我也沒有收過一毛錢的傭金，我連寫書的著作費都捐給同修會。如果要收印書的回扣，其實是很容易的，但是我從來不作。不作的緣故，是因爲除了我自己生活無虞以外，也是因爲那是有因果的，我也看見過許多往世的因果實現了，而我自己也不需要別人資助任何錢財。所以我們自從出來弘法，還沒有同修會的時候有人助印書籍時，我就規劃分成三個人來管：一個人管收錢，一個人管存錢，一個人管帳。我們從一出來弘法，就已經是這樣的。正因爲是大乘三寶的錢，必須要非常的珍惜，所以更不敢亂動念頭要去作什麼，因爲那個因果是無量無邊的。

所以縱使是我們正智出版社，雖然是我個人出資，書也是我寫的，但是也不曾在這裡面收過任何的錢財、或者任何的傭金、或者回扣，乃至版稅也不曾領過；反而常常是倒貼了，結果自己都還不知道。正智出版社的稅後盈餘，我們除了留下一些周轉金以外，也全部都捐出去。出版社的部分，我管的就只是寫書、編排、競標、發包出去印製。至於倉儲，由我們同修在管理；帳目，委託給會計師去作；款項，也就是存摺和印章，也有另一位同修在掌管。我是不管這些錢的，我的工作就是寫書。但是每年總是還要有一些盈餘分配，我們盈餘分配後並沒有發給股東拿去用，還是專戶保管在出版社裡；雖然領了稅法規定免扣繳的最低薪水，我也是把薪水留在出版社裡專戶保管，到年終時跟稅後盈餘一起捐助出去，所以我們沒有拿過一分一毫。

不過弘法十幾年以來，因爲這個地方畢竟是娑婆世界；娑婆就是堪忍的意思，這個堪忍世界現在正好又是人壽百歲之內，具足了五濁，所以可能難免會有一些人懷疑：「**是不是有什麼不清楚的地方？**」所以每一次法難都會經歷一次同樣的過程，就是剛開始的時候指責說：「**正覺同修會的法是有問題的，這是不對的。**」然後法難發動以後，我每一次都會公開出來，毫不隱瞞。他們一定會先說：「**正覺的法有問題。**」然後我們會證明法沒有問題，他們就會隨即改口說：「**法沒有問題，是人有問題。**」要他們拿出證據來證明是誰有問題，接著就是拿不出證據而草草結束。每一次的法難大概都是這樣的歷程，都是因爲我以前都只全心教導法而沒有教導次法，所以不能怪他們。所以說五濁的時候，如果學法要能夠迅速的話，那麼這些次法，我就應該要講；講解了以後，大家對於我這個人可以有比較透明的瞭解。可能講完六、七次了，我大概就變成一個透明人了；但是大家有比較瞭解時，也可以以產生比較好的互信。有了比較好的互信，以後大家都不必再疑神疑鬼，諸位的道業就會很精進、很快速。所以，我說這些次法的目的是，希望大家的道業進展會非常的快速。

當然五濁惡世的眾生難免會懷疑：「**你蕭老師是不是會貪錢財、貪什麼東西？**」不過，我這裡還是要說明一下：我這一世證得初禪，並不是三、四年之內的事，是很早即證了的；而且後來也發覺，其實證初禪是往世每一世都有的。因此，你們應該要瞭解說：得初禪的人，是遠離欲界境界的人。這個知見一定要先建立起來，換句話說：就是不貪愛欲界的境界。欲界的境界主要是什麼？就是五個法；從六塵來講，就是色、聲、香、味、觸；從一般世俗人的所知，就是財、色、名、食、睡。既然是離開了欲界境界，當然在重新發起初禪以後，一定是不會再有欲界法的貪愛，當然不會再貪世間財了，這是諸位應該要瞭解的。既然是如此，就不需要再來懷疑：「**這蕭老師會不會搞錢？會不會去外面玩女人？**」就不要再起這個念頭了，因爲我可以生到色界去的證量，並不是只有這一世才證的；二千五百多年以來，我每一世都可以生去色界天的，都可以不必留在欲界人間的，所以這個念頭就不應該有。並且說，關於禪定，我們也並不是只有一個初禪的證量而已。現在要找一個初禪人還眞的難，我們好不容易有一個初禪人，結果卻往生去了，好可惜！眞的很不容易找到初禪人。但是我們的證量並不是只有在初禪，這一點是可以跟大家作一個說明的。這樣，對大家而言，我是不是比較透明了一點？

接下來說，有人顧慮：「這蕭老師會不會貪污？」這是沒有必要的，因爲我從來就沒有生過那個念頭。假使說同修會、基金會的帳目是我在管，帳也是我在記，錢也是我在收的，銀行帳戶也是我在保管，我還是可以保證：「依舊不會有一分錢財被貪汙。」因爲那因果的報應，你們沒有親眼看見而不曉得，我可是很清楚瞭解那個嚴重性的。即使全部都由我一把抓，我也不會貪污；何況我們財務組，有人分開管理錢財跟銀行帳戶，也有專人在管帳目，也有專人收款、存款，所以收款、存款又是另外不同的人。我們都有一套制度建立著，所以我們很自豪的一點是：「從我們同修會成立以來，沒有漏開過一張收據，也沒有人私下收過錢財，包括我們的親教師們都一樣。」這一點我是可以向大家保證的，除非將來萬一有誰出了狀況，那我只好來跟大家道歉；但我相信這個狀況應該未來也不會有，所以這些都不必去作懷疑，因爲萬一有誰犯了規矩被查到了，一定會被撤消老師的職務。

我對所有的同修，基本上都很尊重，對任何人都一樣，包括女眾也一樣，我不會歧視女眾。但是，要注意的是說：「我只有道情而不會有私情。」所以，我不會看上哪一位男眾，也不會看上哪一位女眾；但是我不會看上的原因，是全部都看上了。爲什麼要全部看上呢？因爲你們每一個人，都應該在正法中有很大的作用產生，也應當在這一世都在法上有很大的成長，然後能夠如實的實行你所發的菩薩願。所以每一個人我都看重，差別只是什麼人在什麼時候要放在什麼位置來重用而已，但是因緣還沒有到的時候，那就只能擺著不用。但是不要以爲說：「我對誰看上了，有分外之想。」如果這樣想的話，就表示說：「你來正覺學法還沒有學進去。」也表示說：「我所開示的初禪的道理，你完全沒有聽懂，才會有這樣的懷疑。」

當然，如果過去世特別有一些因緣，我會特別關注，那是難免的；因爲菩薩不是無情，所有的阿羅漢也都如此，對往世眷屬一定在道業上加以關照；這種事情自佛世以來就有，但絕對不會看上。「看上」的意思知道呵？

因為，有一個觀念是大家都要建立的：「**往世的親人，那是往世的關係，不能把往世延伸到這一世來。**」如果要把往世延伸到這一世來，老實說，有很多人都必須離婚了；因為妳現在的先生可能是上一世或上上世的父親，你現在的妻子可能前幾世是你的母親，那你要怎麼辦？如果你要延續過去世的關係，就必須要全部延續。全部延續時，譬如說以前一貫道很有名的一位，報紙刊登了很久的那位劉先生，以前在他的道院裡面總共有二十六位過去世的老婆，跟他同住在一起。請問：**過去世的老婆要找來全部住在一起，那麼過去世的老爸老媽要不要也全部找來住在一起供養？**要不要呢？應該要等視齊觀，你不能光只要往世的妻子嘛！所以這一點請大家要記住：往世的親情是往世的親情。

所以，在禪三小參室裡面，我那個直覺生起來時，我想：「**面前這個人，過去世原來是我的什麼人。**」可是，我一定不會告訴你。如果是子女，那就可以說，那沒關係，講了就講了。但如果是過去世的妻子，可就絕對不能講，因為講了以後絕對是大問題。當然，也有人心裡面知道，但是知道就知道了，心照不宣就好。不但我不講，妳也不能講。如果是過去世的老爸，那我更不講了；我如果講了，那是自己找碴。這個觀念諸位一定要建立起來，我們以前有些同修說：「這個人過去世是我的什麼人。」於是對他特別熱呼。這也不對！因爲這樣會混亂了人間的三綱五常，並且也會在法道上產生了種種的障礙，因爲情執出現了。你可以對他多一點照顧，這沒有關係，但是不能把那個情分從往世再拿到這一世來延續，這一點大家要特別注意。所以，不管你知道了或不知道，都不要把你所知道的往世的關係來跟我牽扯在一起。我知道了，我會給你多一點照顧，但不會跟你談到往世的關係，所以這一點請大家要注意。

另外，再來談一點事情，二○○三年那次法難時，他們離開以後有一些人就開始講：「這蕭老師在同修會，不知道搞了多少錢？如何、如何……」現在的問題是，到底他們有沒有得初禪？如果他們得了初禪來評論我，都還不得當，因爲我還不只證初禪。如果他們得了初禪，而我沒有得初禪，這樣的懷疑是合理的，合理的懷疑是世間人所接受的。如果他們沒有得初禪，來評論一個已經得初禪的人貪財，這叫作愚癡，因爲他顯然不懂初禪人的證量，而我以前細說初禪的修習及發起的道理，以及初禪善根發的過程與境界相，他們顯然都沒有聽進去或是聽不懂。而他們也根本沒有資格來評論師長，因爲他們得到的法也是由師長教導、奉送的，也不曾收過他們的世間法供養，怎能恩將仇報？也就是說，在佛菩提道中或在解脫道中，道理也都一樣，下地是不應該批評上地的。說句老實話，來人間弘法都是自找苦吃，因爲在色界天弘法還比較容易。色界天人都不會看錯人的，因爲色界天人都有天眼，身光各不相同，一看光明就知道對方是否清淨的人了；所以其實我早就可以去色界天，但是我都不去，寧可來這裡給人家懷疑。而我覺得人間這樣的事情也是正常的，因爲眾生本來如此。這是我的觀念。

我的觀念是一直都認爲說眾生本來如此，所以人家懷疑我，是正常的。但是對於外面的人，我不想理會他們；可是對於會內的人，我必須要教導。以前我都沒有在次法上面來作一些教導，所以他們那些人的退轉，我也都怪自己，不曾怪他們；因爲我以前都沒有在次法上面作了應該有的教導，這是我的過失，過失不在他們，所以我都怪自己。但是我現在注意到次法的重要，所以就得要講一點。也就是說，其實我是可以不必來人間的，但是我爲什麼還要來人間？只爲報　佛恩，因爲　如來的家業也必須要有人承擔，這是無可推卸的責任，我要作的事情就是：正法如果弘揚得很順利，有人在弘揚著，我就過我的田園生活、山林生活，什麼都不必管；可是正法萬一衰落了，我就必須要出來承擔，這就是我的責任。但是我要告訴大家的是說：其實我不必下來欲界天或人間讓人家懷疑，所以如果會裡有人像會外那些人一樣對我起了那些懷疑，那根本是不必要的。

再來說一個觀念，百丈懷海禪師有一次向弟子黃蘗說：「見與師齊，減師半德；見過於師，方堪傳授。」這意思是說，黃蘗不可以在心裡面想著要直接承嗣馬祖大師而瞧不起師父百丈大師。所以說：「我百丈懷海把法傳給你黃蘗，你不敢想要直接跟我百丈的師父馬祖大師承嗣法脈是正確的。今天你雖然通過我百丈懷海勘驗，但是說老實話，你是因師父我的幫忙才悟入的，假使你悟後的見地與師父我齊等而不相上下，其實你所能擁有的功德正受，也只有師父我的一半；因爲你是經由我開導而悟入的，不是自己開悟的，所以你所能得到的功德正受，只有師父我的一半。假使我引導你悟了，而你悟後的見地遠遠超過師父我，在這種狀況下，你才有資格讓師父我來傳授更深的佛法給你。」這就是百丈懷海禪師說的話，而事實上確實也是如此。所以應該要這樣想：「我如果不是自參自悟，我如果是讀了老師的書以後，或者由老師開導以後才悟入的，那麼應該要像百丈懷海為黃蘗禪師所說的一樣來安住。」能夠這樣想，就一定不會起慢心；不會起慢心，道業的增長就會非常地快速。

所以假使有一天（當然這是說未來世也許偶然會這樣，在這一世沒有這種可能），假使未來世你發覺到你的師長需要財物，可是他卻沒有財物可得生活，缺乏食衣住行的生活資料而無法自存，這全部都是當弟子的你的過失。如果我未來世的師長還需要出去賺錢謀生，那也是我的過失；因為這個法是世出世間法，並不像是二乘解脫法單單是出世間法。這是世出世間法，無上第一義諦；所以如果你未來世的師長求財若渴，還得要去上班謀生，那我告訴你：這就是你的責任。如果未來世，你的師長還在上班謀生，無法擁有很多時間來為你們傳授佛法，那麼你們應該大家合起來勸他退下來：「您的生活費，我們弟子眾全都包了。」應該這樣才對。這樣對自己有好處，因為這樣子師長就有更多的時間來教導我們，讓師長不必每天花很多時間去上班，我們所能得到的法上的增長不就更快速了嗎？所以我說應該有這樣的觀念。這意思就是說，當你這個觀念存在的時候，你未來每一世都能夠善盡弟子之責，你的道業增長將會非常地快速。這是你們必須要好好種入心田裡面的種子，不要讓它流失掉了。

再來，也說到我們正覺同修會成立之前，因爲我其實沒有什麼企圖心（有很多人來學這個法是有企圖心的，是想要出去當開山大師，因爲知道這個法是眞正勝妙的法，可是我打從一出來弘法時就沒有這樣的心態），我一直都是客座講席的心態在傳法。我心裡面想：「**如果有人得到這個法，願意弘傳，我就買個田地，或是買到山裡面去，歸隱山林。如果買了田，我就『採菊東籬下』。**」我是這樣想的，所以在故鄉買了塊住宅區的地，後來發覺那裡以後沒辦法隱居，因爲那裡太吵了。後來又去我同修的故鄉，在一個寺院旁邊買了一塊田地，想蓋農舍來住，應該就不會被吵了。都作了這些打算，也付諸於實行，如今兩塊地都還在，不是爲了賺錢而買，當初買的時候也早就判定這樣的地，將來不太可能增值。但我們爲什麼要這樣作呢？因爲想要有一天可以退下來歸隱，可是這個時機始終沒有到來。當時會裡也一直有人希望我退下來，他好接著當正覺的領導人；但大多數老師都反對我退下來，認爲他根本沒有智慧來領導同修會，因此我終究還是抽不了腿，現在兩隻腳深陷破邪顯正的泥淖中，已經拔不掉了！現在就好像人家講的騎虎難下，就算我想下，老虎也不讓我下；老虎是誰呢？老虎就是你們啊！

在正覺同修會成立之前，因爲我沒有想要建立一個道場或是一個團體，所以那時候也去杭州南路找過□空法師，因爲當時看他好像跟佛教界不會同流合汙，所以去杭州南路找他。我的想法很簡單，他如果想要這個法，就把這個法傳給他。沒想到他姿態擺得很高，高到色究竟天去了，雙方根本沒有辦法對話。因爲他認爲：**你們居士懂什麼？**當時他還說：**我的出家弟子中，如果有人能夠下品下生我就很滿意了，你講什麼實相念佛？**我想要攝受他，就殺殺他的銳氣，從下品下生講到上品上生，雖然他知道自己錯了，但心中還是不信受；談了二十幾分鐘，我看眞的談不下去了，所以呈上紅包略事供養；同時也供養了一幅字，是請張老師幫我寫的，就是《無相念佛》後面那首「胸駝背負考妣喪」的偈，我客氣地說：「**您如果哪裡牆壁髒了，可以拿來補壁。**」我們是這麼謙虛，可是人家的姿態是高到色究竟天去了。話不投機，談了二十幾分鐘，我就告辭了，供養了一點點錢，我就走了。

但是，我依舊一直都沒有辦法退下來。後來聽說有一位靜老是多麼厲害，推薦的二位同修都說他最少是八地的菩薩，向我推薦了整整二年。後來我想：「他們信了二年都沒有發現他的錯處，一定是大菩薩，那我就跟著他學，我眞的賺到了。」因爲有兩位師兄姊一直說服我。我本來是不信，可是他們言之鑿鑿，講了將近二年，我漸漸地半信半疑，我想：「好啦！既然如此，假使是眞的，對我有什麼不好呢？這是求之不得的機會，因爲假使有八、九地的菩薩來正覺同修會領導，那眞好啊！一則我不必這麼辛苦，主持同修會也是蠻辛苦的。就請他來主持，我就下座，坐在下面聽他說法；我好好跟著他學，這一世不是又可以跳上好幾地了嗎？」沒想到，全都是騙人的！後來三年之中，每一次在電話跟他請法，我都是跪在地上講話；結果三年下來，發覺我都是跪著在跟一位凡夫講話，因爲他的所有證境都是無因而有。好在，他也沒有來正覺領導；因爲他不敢來，也是因爲他有看過我的幾本書，知道這個地方他不能來。他如果眞的來了，馬腳遲早要露出來，我是要公開破他的，這個事情因此便作罷。

這個是正覺同修會成立以後的事，同修會成立以前又是怎麼樣的呢？因爲以前都是借人家的地方共修，我的想法是：只要有人接手，我就可以走人了。所以那個時候，道場主人怎麼樣規定，我就怎麼接受，我都沒有第二句話；我只是去說法，隨時準備要走人的。那時候我都是被人家管理的，就好像董事長請了一個經理人來，這位經理人是要被董事長管制的，而我就像那個經理人一樣被道場主人管理著。我當時的想法很簡單，只要法能傳下去就好了，道場主人要求什麼條件都沒關係。結果他們把我管慣了以後，後來終於有人受不了：「什麼？你們這些學生，一天到晚在管老師說這個可以講，那個不可以講？這個可以作，那個不可以作？」後來他們眞的看不下去了，背著我偷偷去找道場，我都不知道呵！過年後突然告知：「我們要去看房子，老師您要一起來看。」我說：「看什麼房子？」我都莫明其妙，後來才說他們不要再被三個道場的主人掌控了，要去另外租地方，要成立正覺同修會。

當然這裡面還有很多的趣事，都是不可思議的趣事；可是說來話長，不如就像布偶戲一樣敲鑼三聲權當表過，不再細說了。這就是說，他們那些人是要管理老師、管理師父的；所以他們是管理師，我是客座弘法者。後來，甚至於正覺同修會成立了，選了理事長，他們還抱怨說：「爲什麼理事長作什麼事情都沒有事先跟我們商量？」原來理事長要作什麼事情以前，我應該要先跟他們溝通，跟他們溝通好了，然後再由我來交代理事長去作事，那好像他們要當太上皇的樣子。我說：「如果眞的要這樣，那麼選了理事長是要作什麼呢？請你們當理事長，你們又不願意；既不當理事長，又要擁有理事長的權限，那我到底該怎麼辦？」所以我說：「制度既然這樣建立了，我們就一步一步把它合理化、完整化、健全化，應該要這樣。」所以，他們那些人的心態是很奇怪的。

我們應該要瞭解這一點，就是說，其實在世出世間法的修學上面，如果證明這是可以實證的，我們在聽聞法或次法以後，應該要「皆大歡喜」，接著要「信受奉行」才是，別老是一天到晚要管理師父、尊長：「這個不許說，那個不許說；這個不許作，那個不許作。」因爲師長既然當了法主，他就有站在法主高度的看法，一定會有他的高度。如果眞的不接受師長在弘法方向上的決定，那他們離開就好了，幹嘛管那麼多？如果有好的建議，當然也是應該要建議的；但是不必在那邊老是防著說：「蕭老師會不會貪污……等。」這是不需要的。如果要貪污，不如乾脆宣布接受供養就好了；光明正大接受學法者的供養就好了，這可是理直氣壯的事，犯不著擔驚受怕地貪污。但我終究不想接受供養而損了來世的福德，也不曾有任何的貪污，否則這一世又如何能滅除五蓋而離開欲界境界發起初禪呢？

這就是說，叢林之中自古以來都是如此：不論那個叢林的住持、山頭和尚是悟了或是未悟，自古以來叢林都是上面和尚說什麼，下面弟子們就依教奉行，從來都是這樣。如果上面指示錯了，那個因果就由上面去負擔，弟子們最多就是說明一下：「這樣作，有什麼不對，會有什麼因果。」如果上面堅持要作，那你就去作。自古以來，叢林都是這樣的，弟子們不會扯後腿，這個觀念大家也要記得。

從另一個方面來說，退一步來講，其實師長如果要貪汙或者要破邪淫戒，弟子們也是管不著的；因爲師長他要那樣作，你難道能罷免他嗎？譬如現在許多山頭的堂頭和尚常常在修雙身法，弟子們能罷免他嗎？即使眞的能罷免了，那堂頭和尚依舊曾經是他的師父。就好像一句話說：「天要下雨，娘要嫁人，都是無法可管的事。」這孤兒們死了父親，寡婦的娘無法養育孩子們，她得要改嫁才行，那些小孩子們還管得著嗎？當然管不著的，其實眞的是無法可管；既然無法可管，乾脆就不要管，要是看不下去，離家也就是了；更何況娘親並沒有改嫁，還是繼續含辛茹苦帶著大家，從來沒有怨言。這就是說，在你們未來世，這個觀念種子是要讓它流注出來的，道業進展才會快速；師長作什麼事，是他的責任，你不必去管他，你只要適時提出建議，接不接受你就別管了，只要在自己的道業上努力就好。因爲師長要作什麼，你是管不著的，你所能夠作的，最多就是離開。所以有一些法師覺得上面山頭和尚在搞雙身法，他們苦勸不聽，又不能到處去宣揚、去嚷嚷，那就只好默默離開，告長假離開，也只能這樣子作。

如果在正覺同修會中，今天如果我眞的開始貪汙，每一件事情都要去賺回扣，我也要搞幾個女人，你們管得著嗎？你們也無法可管，因爲這是我個人的事，對不對？但是，我有沒有這樣搞過？從來沒有啊！那麼大家還要防什麼呢？說穿了，無非就是自己心裡不清淨，就認爲我與他一樣不清淨，所以才要處處防著我。但我既不經手錢，不管錢也不管帳，又不受供養，何須有人心裡老是防著我會貪污？這就是說，其實互相信任是很重要的；如果心裡還疑師長會怎麼樣，那不如就直接去查帳，以及直接檢查這位師長的法身證量如何？他在禪定的證量上又如何？也可以把所有帳冊都拿出來查一查。如果師長是已經過了初禪，也曾鉅細靡遺開示過實證的方法與境界了，表示他是實證者，那麼這個人是不可能再從財色名食睡等欲界法上面去貪著的。這一點是大家應該要建立起來的正知見，如果沒有這個正知見，你學法就變成一種常識，無法如實履踐菩薩道，道業的增長將會非常地緩慢。

那麼，今天說的這些事情也在告訴大家：十幾年來，我是從一開始就提防著。我提防著，不是防著我自己，而是防著被人家誣陷。我打從一開始就防著，所以我們禪三的小參室中，不像古時候叢林裡的小參。古時候叢林小參的時候，或者有侍者或者沒有侍者，並不一定。但是我從第一次禪三開始，就先提防著；因此每一次小參時，我一定要有一位已經證悟的第三者在旁邊看著，就是監香老師，我不要在小參室裡單獨跟哪一個女眾小參。這是我一開始就防著的，這個規矩也一直延續到現在。假使我沒這樣作，那三次法難時，他們會怎樣講話？一定會說：「每一次禪三小參的時候，遇見了女眾時，這蕭老師就伸出手來了、就伸出腳來了。」一定會有這些話出現的，因此我早就防著這一招了，所以這種閑話至今不曾出現過。就像會裡的錢財，我們從最早一開始，那時候都還沒有同修會，我們就分三個人來掌管，我從來不去參與那些事情，並且那時還有一段時間是每一個月公布一次進出帳目的。這就是說，應該防的人，你怎麼防都沒有用；不需要防的人，你去防他也沒有絲毫意義。倒不如判斷清楚之後來決定：這個人是應該防的，那我就直接離開他，因爲他這裡一定沒有法可得，他的法一定是有問題的。如果是不應該防的，我心裡面再去作種種的提防，那我是笨蛋，我只在遮障自己的道業。

這些話，有一點像在向諸位訴苦，告訴大家說，在家菩薩弘揚佛法是很困難的。是不是這樣？諸位想想看，是不是？眞的很困難，所以你們看我《邪見與佛法》等書中，評論了很多人的法義錯誤，獨獨對現代禪李元松老師，我沒有評論過一句話；因爲在家人弘揚佛法本來就很難，不管他所悟是對是錯，我都不評論他，就是顧慮到他弘法時也是非常困難的。現在從這裡就產生一個現象、一個話題要講，這就是當今佛教界的怪象。在同修會外，有許多法師被誤導，然後修了雙身法；修了雙身法以後，不就是破重戒了嗎？而且他們的破重戒，是根本、方便、成已三個部分全都具足的。具足破了出家重戒以後，算不算是在家人？算不算是「在家人」？我不是問「出家人」。

我說他們破了出家戒，就是穿著僧衣的在家人了。這樣的在家人穿著僧衣，四處化緣聚斂錢財，大家都不吭聲；我們堅持菩薩戒法，不聚斂錢財，不收供養，傳的又是了義究竟的正法，卻被那些嚴重毀破出家戒的出家人，罵成是邪魔外道。你們說：這到底有沒有道理呢？

這個觀念是很多人沒有想到的，大家如果有因緣的時候，應該把這個正確觀念說給那些人聽：穿著僧衣的在家人聚斂錢財、搞雙身法，大家都說他們是法師、是僧寶，值得恭敬供養；實證三乘菩提的在家菩薩不收錢財、不受供養、不求名聲，義務地付出，傳授的法又是可以實證而且是正確的，卻要被罵是邪魔外道。這個道理，我想在人間是講不通，去到地獄也講不通，到天上去當然也是講不通的，可是佛弟子們卻沒有人發覺到這個問題。因此，這個道理，諸位若是有機會，其實應該講給會外那些抵制正覺妙法的法師們聽一聽。話講到這裡，其實是有一點麻辣；但我想，我還是應該作一個聲明，像電視台那樣聲明。電視台節目播完時不是打上聲明的字樣說：「以上言論不代表本台的立場。」我現在要說的是：以上所說，不論是懷疑我，或者會外有人無根毀謗我，如有雷同，雖然不是純屬虛構，但是都與諸位無關，請不要隨便對號入座。

這就是說，今晚講的「趣『法、次法』」這四個字，是　佛所訓示。「趣『法、次法』」這四個字，在大乘經中不常常說，可是在阿含裡面卻處處都有，你常常會讀到「趣法次法」這四個字。因爲以往我是以客座講席的心態在弘法，並沒有把自己當作是法主，所以我都在「趣法」上面來講，「趣次法」就很少、很少講到；但是既然弘法到現在都已經成立正覺同修會了，也走到這個地步了，當了法主又抽不了腿、走不了人，那我就不得不爲大家講一點。就好像《三字經》講的，「教不嚴」就變成我的懈怠與懶惰了，所以我還是要講一些趣次法的事。我講這些次法的目的，也是想要免除掉我的過失；因爲我以往都沒有講這種次法，所以我以前是有過失的。我希望講了這一些次法以後，可以把以往的過失減掉一些，目的也是在此。

講這個次法的目的，也有一點點是爲了自己；因爲未來世我能不能在同修會裡面增上受持菩薩戒，不受聲聞戒而出家，或者以在家身繼續在同修會中修行與弘法，就要看大眾對於這些次法的熏習狀況。如果大家對這些次法熏習的狀況鑾成功的，我未來世再來的時候，就可以像我們祖師堂常住眾這樣，以在家身來出家，我就受持菩薩戒、修童子行。如果因緣有所轉變，也可能來世像此世一樣娶妻生子，以在家身來弘法。當然我們現在回復了佛世的出家菩薩制度，可以不受聲聞戒而單受菩薩戒成爲出家菩薩，也有一點是爲我自己的未來設想，還只是建立、回復了 佛陀年代的大乘僧團制度。未來世我是否眞的這樣子出家弘法呢，其實也不一定，大約會以在家身來弘法，那時就要看正覺裡的老師們能不能容得我了。若不方便，我就獨自生活修行，不理會正法的弘揚；等到更多世而需要我再出來護持時，我再出來弘法也不遲。

那麼這樣教導以後，大家對於次法的熏習，也都有這些種子存在，未來世我如果繼續在同修會弘法就會比較容易；否則將會很難，以我的性格，我將很難在正覺同修會裡出家或弘法；因爲不想跟人家求什麼，並不想跟人家爭什麼；如果未來世的同修會裡是需要互相爭鬥的，我就沒辦法安單或弘法了。這是我的看法，而我看見的未來世也大多是在家相，很少出家相。所以次法的修學，其實也是有關正覺同修會未來的發展；因爲我個人的心性，不想去跟人家爭什麼，在事相上我一定會退讓。我一向都會退讓，可是在法上我是絕對不會退讓的。如果大家次法的熏習都很好，將來我去極樂世界回來，再來同修會裡，或者到時候 佛陀說：「不要去極樂了，這裡有事情要作。」我要繼續在同修會裡面弘法，就可以變得比較容易，但是這要看大家對次法的熏習狀況如何（編案：2010 年在高雄巨蛋體育場演講時，平實導師已宣布放棄往生極樂世界，要留在娑婆世界繼續住持正法）。

再來說，我們的親教師們有一些人外緣太多，這個並不好。其實我應該轉過來看著親教師們講，不應該看著你們大眾。外緣如果能夠減少是比較好的，因為我對親教師們的期待很高。我期望說，我們所有的親教師在這一世至少要能夠證得頂級的三果，正法的未來就可以無憂。若能證得頂級的三果作為助緣，那麼要得初地的無生法忍就不難，因為無生法忍智慧我一直都在增上班教導著。也就是說，到那個地步的時候，外緣會非常地少；那時外在環境的演變會使得你的外緣變成非常的少，自然而然就會證得第三果；因為你的證量是那樣，外緣就會跟著少，就會有很多時間專心在相見道位的法與次法上用心。頂級的三果是什麼意思呢？是說捨報以後在中陰境界，或者在第一個中陰身即將要毀壞的時候，就可以取無餘涅槃。這是頂級的三果人中的一種，這是我對所有親教師們的期待；這樣一來，未來要入初地就很快速。

玄奘菩薩的法非常的棒，他這個宗派為什麼卻只興盛二代？只有到窺基大師那一代仍然很興盛，可是再傳下去就衰落了，原因就是後繼無人。玄奘的證量很高，窺基的證量也不低，窺基的證量是遠超過世親菩薩的。雖然同樣鄰於初地，卻是世親菩薩證量之所不及；是因為世親曾經毀謗大乘，所以他最多就只能鄰於初地，是接近初地了，最多就是到十迴向位。窺基大師的證量是遠超過世親菩薩的，可是為什麼他入滅了以後慈恩宗就一蹶不振呢？因為徒弟們的證量很差，跟不上窺基大師。我們同修會未來會不會這樣？這就是我要考量的重點，所以我對親教師們的期待非常高。

我通常都是很寬容的，但有時候我對極少數親教師會採取比較嚴肅的態度來看待，就是因為我對他們的期待很高。如果親教師們至少有一半，在此生結束時能夠有頂級三果的證量，這表示他們這一世取證初地大約是沒有問題的。當然不能要求他們去取阿羅漢果，但是頂級三果的期待，我是一直存在的；因此還是希望親教師們能夠盡量減少外緣，在法上多努力，至少要得一般品質的三果，這是我的期待。至於這樣的期待能不能成功，也要各位會員、學員們大家幫忙督促；也就是說，你們進步很快的時候，親教師們被逼著就不得不往前進了；你們在後面的車箱一直在加速，前面車箱也就不得不跟著加速，這得要大家一起來督促。也就是說，上下一心，大家都努力在法與次法上面來用功，那麼這樣，正覺同修會的未來就會一片光明，並且出路廣大。同修會未來若能夠如此，就代表著正法的未來一定可以繼續興盛而不會沒落，這就是我個人的期待。

那麼最後說，對於上師的證量，弟子們應該要有認知，並且這個認知應該是身爲弟子的人應有的最基本態度。也就是說，假使對於師長的證量無所瞭解，那麼這個弟子的本身是有過失的；除非你還沒有證悟，那我就不能訶責。如果你已經悟了，就應該深入去瞭解師長的證量；就如同我過去世，對克勤大師的證量有一些瞭解，因爲有所瞭解，所以才知道說自己完全不能與師長相提並論，也發願永遠當他的首座而不想當住持。這就是從深入的瞭解而產生的對待師長的態度，所以對師長證量的瞭解，是身爲弟子者應該要去作到的，這應該可以說是弟子們的義務。

如果你不瞭解師長的證量，你如何能知師長在教導什麼法的時候，是否應該加以信受呢？所以這個部分，其實也是身為弟子者很重要的一個認知。這個部分如果能夠如實認知以後，才不會有所疑；沒有所疑，聽師長的開示以後才能夠心生歡喜，然後才能夠依教奉行。依教奉行了，對自己就會有好處，道業的增長就會非常的快速，然而這都要從對師長證量的基本認知來作起。如果能夠這樣子作，那麼我們《金剛經》講完了，並且你們有許多人也是已經明心、證得「此經」了，從此以後是應該好好地將「此經」信受奉行，這樣才能夠迅速地圓滿三賢位的修行。如果對於師長的證量不瞭解，也沒有具足信心，連師長親證初禪的原理都不相信，他想要過牢關是不可能的。如果還有所疑，無法信受奉行，而說已經過牢關了，或說他已到初地了，那一定都是大妄語。

講了這一些又麻又辣的話以後，也不是完全叫諸位自己信受奉行，我自己也是一樣信受奉行。我講授這一些次法的目的有兩個：一個是希望大家道業快速的提升，可以讓正法久住；因為你們只要道業快速地提升，正法就在你們身上，正法就可以久住了。第二個目的是希望五億七千六百萬年後，彌勒菩薩在人間成佛時，我們大家都可以追隨 克勤大師一起在 彌勒尊佛座下，努力來幫忙度化眾生；也在　彌勒尊佛的攝受下，讓大家的道業都可以三級跳，這才是我說這些次法最重要的目的。可是那時候要三級跳，一定現在要先把腳力練好。如果你這一雙腳，是人家說的「肉腳」，你還能三級跳嗎？跳個半步都很困難了！所以在這段時間——在　彌勒尊佛來人間成佛之前，我們大家一定要好好地努力；那時候我們可以在這個地球上爲　彌勒尊佛的弘法大業來努力，而這件事情是無法期待於當今佛教界那些大師的。那些大山頭的法師們都不可期待，我只有期待於諸位。這些講完了，接著要來講什麼呢？接著要開講《實相般若波羅蜜經》的宗通。

（《金剛經宗通》至此講解圓滿。）

佛菩提二主要道次第概要表——二道並修，以外無別佛法

佛菩提道——大菩提道

遠波羅蜜多

資糧位

十信位修集信心——一劫乃至一萬劫

初住位修集布施功德（以財施爲主）。

二住位修集持戒功德。

三住位修集忍辱功德。

四住位修集精進功德。

五住位修集禪定功德。

六住位修集般若功德（熏習般若中觀及斷我見，加行位也）。

外門廣修六度萬行

見道位

七住位明心般若正觀現前，親證本來自性清淨涅槃。

八住位起於一切法現觀般若中道。漸除性障。

十住位眼見佛性，世界如幻觀成就。

一至十行位，於廣行六度萬行中，依般若中道慧，現觀陰處界猶如陽焰，至第十行滿心位，陽焰觀成就。

一至十迴向位熏習一切種智；修除性障，唯留最後一分思惑不斷。第十迴向滿心位成就菩薩道如夢觀。

內門廣修六度萬行

初地：第十迴向位滿心時，成就道種智一分（八識心王一一親證後，領受五法、三自性、七種第一義、七種性自性、二種無我法）復由勇發十無盡願，成通達位菩薩。復又永伏性障而不具斷，能證慧解脫而不取證，由大願故留惑潤生。此地主修法施波羅蜜多及百法明門。證「猶如鏡像」現觀，故滿初地心。

二地：初地功德滿足以後，再成就道種智一分而入二地；主修戒波羅蜜多及一切種智。滿心位成就「猶如光影」現觀，戒行自然清淨。

解脫道：二乘菩提

→ 斷三縛結，成初果解脫

→ 薄貪瞋癡，成二果解脫

→ 斷五下分結，成三果解脫

入地前的四加行令煩惱障現行悉斷，成四果解脫，留惑潤生。分段生死已斷，煩惱障習氣種子開始斷除，兼斷無始無明上煩惱。

近波羅蜜多

大波羅蜜多

圓滿波羅蜜多

修道位

究竟位

三地：二地滿心再證道種智一分，故入三地。此地主修忍波羅蜜多及四禪八定、四無量心、五神通。能成就俱解脫果而不取證，留惑潤生。滿心位成就「猶如谷響」現觀及無漏妙定意生身。

四地：由三地再證道種智一分故入四地。主修精進波羅蜜多，於此土及他方世界廣度有緣，無有疲倦。進修一切種智，滿心位成就「如水中月」現觀。

五地：由四地再證道種智一分故入五地。主修禪定波羅蜜多及一切種智，斷除下乘涅槃貪。滿心位成就「變化所成」現觀。

六地：由五地再證道種智一分故入六地。此地主修般若波羅蜜多——依道種智現觀十二因緣一一有支及意生身化身，皆自心眞如變化所現，「非有似有」，成就細相觀，不由加行而自然證得滅盡定，成俱解脫大乘無學。

七地：由六地「非有似有」現觀，再證道種智一分故入七地。此地主修一切種智及方便波羅蜜多，由重觀十二有支一一支中之流轉門及還滅門一切細相，成就方便善巧，念念隨入滅盡定。滿心位證得「如犍闥婆城」現觀。

八地：由七地極細相觀成就故再證道種智一分而入八地。此地主修一切種智及願波羅蜜多。至滿心位純無相觀任運恆起，故於相土自在，滿心位復證「如實覺知諸法相意生身」故。

九地：由八地再證道種智一分故入九地。主修力波羅蜜多及一切種智，成就四無礙，滿心位證得「種類俱生無行作意生身」。

十地：由九地再證道種智一分故入此地。此地主修一切種智——智波羅蜜多。滿心位起大法智雲，及現起大法智雲所含藏種種功德，成受職菩薩。

等覺：由十地道種智成就故入此地。此地應修一切種智，圓滿等覺地無生法忍；於百劫中修集極廣大福德，以之圓滿三十二大人相及無量隨形好。

妙覺：示現受生人間已斷盡煩惱障一切習氣種子，並斷盡所知障一切隨眠，永斷變易生死無明，成就大般涅槃，四智圓明。人間捨壽後，報身常住色究竟天利樂十方地上菩薩；以諸化身利樂有情，永無盡期，成就究竟佛道。

七地滿心斷除故意保留之最後一分思惑時，煩惱障所攝色、受、想三陰有漏習氣種子全部斷盡。 ←

煩惱障所攝行、識二陰無漏習氣種子任運漸斷，所知障所攝上煩惱任運漸斷。 ← 斷盡變易生死成就大般涅槃

圓滿成就究竟佛果

佛子蕭平實 謹製

（二〇〇九、〇二 修訂）

（二〇一二、〇二 增補）

佛教正覺同修會〈修學佛道次第表〉

第一階段

* 以憶佛及拜佛方式修習動中定力。
* 學第一義佛法及禪法知見。
* 無相拜佛功夫成就。
* 具備一念相續功夫—動靜中皆能看話頭。
* 努力培植福德資糧，勤修三福淨業。

第二階段

* 參話頭，參公案。
* 開悟明心，一片悟境。
* 鍛鍊功夫求見佛性。
* 眼見佛性〈餘五根亦如是〉親見世界如幻，成就如幻觀。
* 學習禪門差別智。
* 深入第一義經典。
* 修除性障及隨分修學禪定。
* 修證十行位陽焰觀。

第三階段

* 學一切種智真實正理—楞伽經、解深密經、成唯識論…。
* 參究末後句。
* 解悟末後句。
* 透牢關—親自體驗所悟末後句境界，親見實相，無得無失。
* 救護一切眾生迴向正道。護持了義正法，修證十迴向位如夢觀。
* 發十無盡願，修習百法明門，親證猶如鏡像現觀。
* 修除五蓋，發起禪定。持一切善法戒。親證猶如光影現觀。
* 進修四禪八定、四無量心、五神通。進修大乘種智，求證猶如谷響現觀。

佛教正覺同修會 共修現況 及 招生公告　2020/05/03

一、共修現況：（請在共修時間來電，以免無人接聽。）

台北正覺講堂 103 台北市承德路三段 277 號九樓 捷運淡水線圓山站旁 Tel..**總機** 02-25957295（晚上）（**分機：九樓**辦公室 10、11；知客櫃檯 12、13。 **十樓**知客櫃檯 15、16；書局櫃檯 14。 **五樓**辦公室 18；知客櫃檯 19。**二樓**辦公室 20；知客櫃檯 21。）Fax..25954493

第一講堂 台北市承德路三段 277 號九樓

禪淨班：週一晚班、週三晚班、週四晚班、週五晚班、週六下午班、週六上午班（共修期間二年半，全程免費。皆須報名建立學籍後始可參加共修，欲報名者詳見本公告末頁。）

增上班：瑜伽師地論詳解：單週六晚班。雙週六晚班（重播班）。17.50～20.50。平實導師講解，2003 年 2 月開講至今，僅限已明心之會員參加。

禪門差別智：每月第一週日全天　平實導師主講（事冗暫停）。

不退轉法輪經詳解　本經所說妙法極爲甚深難解，時至末法，已然無有知者；而其甚深絕妙之法，流傳至今依舊多人可證，顯示佛法眞是義學而非玄談，其中甚深極妙令人拍案稱絕之第一義諦妙義。已於 2019 年元月底開講，由平實導師詳解。每逢週二晚上開講，第一至第六講堂都可同時聽聞，歡迎菩薩種性學人，攜眷共同參與此殊勝法會現場聞法，不限制聽講資格。本會學員憑上課證進入第一至第四講堂聽講，會外學人請以身分證件換證進入聽講（此爲大樓管理處安全管理規定之要求，敬請諒解）；第五及第六講堂（B1、B2）對外開放，不需出示任何證件，請由大樓側門直接進入。

第二講堂 台北市承德路三段 267 號十樓。

禪淨班：週一晚班。

進階班：週三晚班、週四晚班、週五晚班、週六早班、週六下午班。禪淨班結業後轉入共修。

不退轉法輪經詳解：平實導師講解。每週二 18.50~20.50 影像音聲即時傳輸

第三講堂 台北市承德路三段 277 號五樓。

禪淨班：週六下午班。

進階班：週一晚班、週三晚班、週四晚班、週五晚班。

不退轉法輪經詳解：平實導師講解。每週二 18.50~20.50 影像音聲即時傳輸

第四講堂 台北市承德路三段 267 號二樓。

進階班：週一晚班、週三晚班、週四晚班（禪淨班結業後轉入共修）。

不退轉法輪經詳解：平實導師講解。每週二 18.50~20.50 影像音聲即時傳輸

第五、第六講堂

念佛班 每週日晚上，第六講堂共修（B2），一切求生極樂世界的三寶弟子皆可參加，不限制共修資格。

進階班：週一晚班、週三晚班、週四晚班。

不退轉法輪經詳解：平實導師講解。每週二 18.50~20.50 影像音聲即時傳輸。第五、第六講堂爲**開放式講堂**，不需以身分證件換證即可進入聽講，台北市承德路三段 267 號地下一樓、地下二樓。每逢週二晚上講經時段開放給會外人士自由聽經，請由大樓側面梯階逕行進入聽講。**聽講者請尊重講者的著作權及肖像權，請勿錄音錄影，以免違法；若有錄音錄影被查獲者，將依法處理。**

正覺祖師堂　大溪區美華里信義路 650 巷坑底 5 之 6 號（台 3 號省道 34 公里處 妙法寺對面斜坡道進入）電話 03-3886110　傳眞 03-3881692 本堂供奉 克勤圓悟大師，專供會員每年四月、十月各三次精進禪三共修，兼作本會出家菩薩掛單常住之用。開放參訪日期請參見本會公告。教內共修團體或道場，得另申請其餘時間作團體參訪，務請事先與常住確定日期，以便安排常住菩薩接引導覽，亦免妨礙常住菩薩之日常作息及修行。

桃園正覺講堂（第一、第二講堂）：桃園市介壽路 286、288 號 10 樓（陽明運動公園對面）電話：03-3749363（請於共修時聯繫，或與台北聯繫）

禪淨班：週一晚班（1）、週一晚班（2）、週三晚班、週四晚班、週五晚班。

進階班：週四晚班、週五晚班、週六上午班。

增上班：雙週六晚班（增上重播班）。

不退轉法輪經詳解：平實導師講解。每週二晚上，以台北正覺講堂所錄 DVD 放映；歡迎會外學人共同聽講，不需出示身分證件。

新竹正覺講堂　新竹市東光路 55 號二樓之一　電話 03-5724297（晚上）

第一講堂：

禪淨班：週五晚班。

進階班：週三晚班、週四晚班、週六上午班（由禪淨班結業後轉入共修）。

增上班：單週六晚班。雙週六晚班（重播班）。

不退轉法輪經詳解：平實導師講解。每週二晚上，以台北正覺講堂所錄 DVD 放映。歡迎會外學人共同聽講，不需出示身分證件。

第二講堂：

禪淨班：週一晚班、週三晚班、週四晚班、週六上午班。

不退轉法輪經詳解：每週二晚上與第一講堂同步播放講經 DVD。

第三、第四講堂：裝修完畢，即將開放。

台中正覺講堂　04-23816090（晚上）

第一講堂　台中市南屯區五權西路二段 666 號 13 樓之四（國泰世華銀行樓上。鄰近縣市經第一高速公路前來者，由五權西路交流道可以快速到達，大樓旁有停車場，對面有素食館）。

禪淨班：週四晚班、週五晚班。

進階班：週一晚班、週三晚班、週六上午班（由禪淨班結業後轉入共修）。

增上班：單週六晚班。雙週六晚班（重播班）。

不退轉法輪經詳解：平實導師講解。每週二晚上，以台北正覺講堂所錄 DVD 放映。歡迎會外學人共同聽講，不需出示身分證件。

第二講堂　台中市南屯區五權西路二段 666 號 4 樓

禪淨班：週一晚班、週三晚班。

第三講堂台中市南屯區五權西路二段 666 號 4 樓

禪淨班：週一晚班。

第四講堂台中市南屯區五權西路二段 666 號 4 樓。

進階班：週一晚班、週四晚班、週六上午班（由禪淨班結業後轉入共修）。

不退轉法輪經詳解：每週二晚上與第一講堂同步播放講經 DVD。

嘉義正覺講堂　嘉義市友愛路 288 號八樓之一　電話：05-2318228

第一講堂：

禪淨班：週四晚班、週五晚班、週六上午班。

進階班：週一晚班、週三晚班（由禪淨班結業後轉入共修）。

增上班：單週六晚班。雙週六晚班（重播班）。

不退轉法輪經詳解：平實導師講解。每週二晚上，以台北正覺講堂所錄 DVD 放映。歡迎會外學人共同聽講，不需出示身分證件。

第二講堂　嘉義市友愛路 288 號八樓之二。

第三講堂　嘉義市友愛路 288 號四樓之七。

禪淨班：週一晚班、週三晚班。

台南正覺講堂

第一講堂　台南市西門路四段 15 號 4 樓。06-2820541（晚上）

禪淨班：週一晚班、週三晚班、週四晚班、週五晚班、週六下午班。

增上班：單週六晚班。雙週六晚班（重播班）。

第二講堂　台南市西門路四段 15 號 3 樓。

不退轉法輪經詳解：每週二晚上與第三講堂同步播放講經 DVD。

第三講堂　台南市西門路四段 15 號 3 樓。

進階班：週一晚班、週三晚班、週四晚班、週五晚班（由禪淨班結業後轉入共修）。

不退轉法輪經詳解：平實導師講解。每週二晚上，以台北正覺講堂所錄 DVD 放映。歡迎會外學人共同聽講，不需出示身分證件。。

高雄正覺講堂　高雄市新興區中正三路 45 號五樓 07-2234248（晚上）

第一講堂（五樓）：

禪淨班：週一晚班、週三晚班、週四晚班、週五晚班、週六上午班。

增上班：單週六晚班。雙週六晚班（重播班）。

不退轉法輪經詳解：平實導師講解。每週二晚上，以台北正覺講堂所錄 DVD 放映。歡迎會外學人共同聽講，不需出示身分證件。

第二講堂（四樓）：

進階班：週三晚班、週四晚班、週六上午班（由禪淨班結業後轉入共修）。

不退轉法輪經詳解：每週二晚上與第一講堂同步播放講經 DVD。

第三講堂（三樓）：

進階班：週四晚班（由禪淨班結業後轉入共修）。

香港正覺講堂

九龍觀塘，成業街 10 號，電訊一代廣場 27 樓 E 室。

（觀塘地鐵站 B1 出口，步行約 4 分鐘）。電話：(852) 23262231

英文地址：Unit E，27th Floor, TG Place, 10 Shing Yip Street, Kwun Tong, Kowloon

禪淨班：雙週六下午班、雙週日下午班、單週六下午班、單週日下午班

進階班：雙週五晚上班、雙週日早上班（由禪淨班結業後轉入共修）。

增上班：每月第一週週日，以台北增上班課程錄成 DVD 放映之。

增上重播班：每月第一週週六，以台北增上班課程錄成 DVD 放映之。

大法鼓經詳解：平實導師講解。每週六、日 19:00～21:00，以台北正覺講堂所錄 DVD 放映；歡迎會外學人共同聽講，不需出示身分證件。

美國洛杉磯正覺講堂　☆已遷移新址☆

825 S. Lemon Ave Diamond Bar, CA 91789 U.S.A.

Tel. (909) 595-5222（請於週六 9:00~18:00 之間聯繫）

Cell. (626) 454-0607

禪淨班：每逢週末 16：00~18：00 上課。

進階班：每逢週末上午 10：00~12：00 上課。

不退轉法輪經詳解：平實導師講解。每週六下午 13：30~15：30 以台北所錄 DVD 放映。歡迎各界人士共享第一義諦無上法益，不需報名。

二、招生公告　**本會台北講堂及全省各講堂、香港講堂，每逢四月、十月下旬開新班，每週共修一次**（每次二小時。開課日起三個月內仍可插班）；**但美國洛杉磯共修處之禪淨班得隨時插班共修。各班共修期間皆為二年半，全程免費，欲參加者請向本會函索報名表**（各共修處皆於共修時間方有人執事，非共修時間請勿電詢或前來洽詢、請書），**或直接從本會官方網站**(http://www.enlighten.org.tw/newsflash/class)**或成**

佛之道網站下載報名表。共修期滿時，若經報名禪三審核通過者，可參加四天三夜之禪三精進共修，有機會明心、取證如來藏，發起般若實相智慧，成爲實義菩薩，脫離凡夫菩薩位。

三、新春禮佛祈福 農曆年假期間停止共修：自農曆新年前七天起停止共修與弘法，正月 8 日起回復共修、弘法事務。新春期間正月初一～初七 9.00～17.00 開放台北講堂、正月初一~初三開放新竹、台中、嘉義、台南、高雄講堂，以及大溪禪三道場（正覺祖師堂），方便會員供佛、祈福及會外人士請書。美國洛杉磯共修處之休假時間，請逕詢該共修處。

密宗四大派修雙身法，是外道性力派的邪法；又以生滅的識陰作為常住法，是常見外道，是假的藏傳佛教。

西藏覺囊巴以他空見弘揚第八識如來藏勝法，才是真藏傳佛教

佛教正覺同修會　弘法行事表

2019/02/18

1、**禪淨班**　以無相念佛及拜佛方式修習動中定力，實證一心不亂功夫。傳授解脫道正理及第一義諦佛法，以及參禪知見。共修期間：二年六個月。每逢四月、十月開新班，詳見招生公告表。

2、**進階班**　禪淨班畢業後得轉入此班，進修更深入的佛法，期能證悟明心。各地講堂各有多班，繼續深入佛法、增長定力，悟後得轉入增上班修學道種智，期能證得無生法忍。

3、**增上班 瑜伽師地論**詳解　詳解論中所言凡夫地至佛地等 17 師之修證境界與理論，從凡夫地、聲聞地……宣演到諸地所證無生法忍、一切種智之眞實正理。由平實導師開講，每逢一、三、五週之週末晚上開示，僅限已明心之會員參加。2003 年二月開講至今，預定 2019 年講畢。

4、**不退轉法輪經**詳解　本經所說妙法極爲甚深難解，時至末法，已然無有知者；而其甚深絕妙之法，流傳至今依舊多人可證，顯示佛法眞是義學而非玄談，其中甚深極妙令人拍案稱絕之第一義諦妙義。已於 2019 年元月底開講，由平實導師詳解。不限制聽講資格。

5、**精進禪三**　主三和尙：平實導師。於四天三夜中，以克勤圓悟大師及大慧宗杲之禪風，施設機鋒與小參、公案密意之開示，幫助會員剋期取證，親證不生不滅之眞實心——人人本有之如來藏。每年四月、十月各舉辦三個梯次；平實導師主持。僅限本會會員參加禪淨班共修期滿，報名審核通過者，方可參加。並選擇會中定力、慧力、福德三條件皆已具足之已明心會員，給以指引，令得眼見自己無形無相之佛性遍佈山河大地，眞實而無障礙，得以肉眼現觀世界身心悉皆如幻，具足成就如幻觀，圓滿十住菩薩之證境。

6、**阿含經**詳解　選擇重要之阿含部經典，依無餘涅槃之實際而加以詳解，令大眾得以現觀諸法緣起性空，亦復不墮斷滅見中，顯示經中所隱說之涅槃實際—如來藏—確實已於四阿含中隱說；令大眾得以聞後觀行，確實斷除我見乃至我執，證得**見到**眞現觀，乃至**身證**……等眞現觀；已得大乘或二乘見道者，亦可由此聞熏及聞後之觀行，除斷我所之貪著，成就慧解脫果。由平實導師詳解。不限制聽講資格。

7、**解深密經**詳解　重講本經之目的，在於令諸已悟之人明解大乘法道之成佛次第，以及悟後進修一切種智之內涵，確實證知三種自性性，並得據此證解七眞如、十眞如等正理。每逢週二 18.50~20.50 開示，由平實導師詳解。將於《**不退轉法輪經**》講畢後開講。不限制聽講資格。

8、**成唯識論**詳解　詳解一切種智眞實正理，詳細剖析一切種智之微細深妙廣大正理；並加以舉例說明，使已悟之會員深入體驗所證如來藏之微密行相；及證驗見分相分與所生一切法，皆由如來藏—阿賴耶識—直接或展轉而生，因此證知一切法無我，證知無餘涅槃之本際。將於增上班《瑜伽師地論》講畢後，由平實導師重講。僅限已明心之會員參加。

9、**精選如來藏系經典**詳解　精選如來藏系經典一部，詳細解說，以此完全印證會員所悟如來藏之眞實，得入不退轉住。另行擇期詳細解說之，由平實導師講解。僅限已明心之會員參加。

10、**禪門差別智**　藉禪宗公案之微細淆訛難知難解之處，加以宣說及剖析，以增進明心、見性之功德，啓發差別智，建立擇法眼。每月第一週日全天，由平實導師開示，僅限破參明心後，復又眼見佛性者參加（事冗暫停）。

11、**枯木禪**　先講智者大師的《小止觀》，後說《釋禪波羅蜜》，詳解四禪八定之修證理論與實修方法，細述一般學人修定之邪見與岔路，及對禪定證境之誤會，消除枉用功夫、浪費生命之現象。已悟般若者，可以藉此而實修初禪，進入大乘通教及聲聞教的三果心解脫境界，配合應有的大福德及後得無分別智、十無盡願，即可進入初地心中。親教師：平實導師。未來緣熟時將於正覺寺開講。不限制聽講資格。

註：本會例行年假，自 2004 年起，改爲每年農曆新年前七天開始停息弘法事務及共修課程，農曆正月 8 日回復所有共修及弘法事務。新春期間（每日 9.00~17.00）開放台北講堂，方便會員禮佛祈福及會外人士請書。大溪區的正覺祖師堂，開放參訪時間，詳見〈正覺電子報〉或成佛之道網站。本表得因時節因緣需要而隨時修改之，不另作通知。

佛教正覺同修會　贈閱書籍 目錄　2018/10/20

1.**無相念佛**　平實導師著　回郵 36 元
2.**念佛三昧修學次第**　平實導師述著　回郵 52 元
3.**正法眼藏—護法集**　平實導師述著　回郵 76 元
4.**真假開悟簡易辨正法&佛子之省思**　平實導師著　回郵 26 元
5.**生命實相之辨正**　平實導師著　回郵 31 元
6.**如何契入念佛法門**（附：印順法師否定極樂世界）平實導師著　回郵 26 元
7.**平實書箋**—答元覽居士書　平實導師著　回郵 52 元
8.**三乘唯識**—如來藏系經律彙編　平實導師編　回郵 80 元
（精裝本　長 27 cm　寬 21 cm　高 7.5 cm　重 2.8 公斤）
9.**三時繫念全集**—修正本　回郵掛號 52 元（長 26.5 cm×寬 19 cm）
10.**明心與初地**　平實導師述　回郵 31 元
11.**邪見與佛法**　平實導師述著　回郵 36 元
12.**甘露法雨**　平實導師述　回郵 36 元
13.**我與無我**　平實導師述　回郵 36 元
14.**學佛之心態**—修正錯誤之學佛心態始能與正法相應 孫正德老師著 回郵52元
附錄：平實導師著**《略說八、九識並存…等之過失》**
15.**大乘無我觀**—《悟前與悟後》別說　平實導師述著　回郵 36 元
16.**佛教之危機**—中國台灣地區現代佛教之真相（附錄：公案拈提六則）
平實導師著　回郵 52 元
17.**燈　影**—燈下黑（覆「求教後學」來函等）平實導師著　回郵 76 元
18.**護法與毀法**—覆上平居士與徐恒志居士網站毀法二文
張正圜老師著　回郵 76 元
19.**淨土聖道**—兼評**選擇本願念佛**　正德老師著　**由正覺同修會購贈** 回郵 52 元
20.**辨唯識性相**—對「紫蓮心海《辯唯識性相》書中否定阿賴耶識」之回應
正覺同修會 台南共修處法義組 著　回郵 52 元
21.**假如來藏**—對法蓮法師《如來藏與阿賴耶識》書中否定阿賴耶識之回應
正覺同修會 台南共修處法義組 著　回郵 76 元
22.**入不二門**—公案拈提集錦 第一輯（於平實導師公案拈提諸書中選錄約二十則，
合輯為一冊流通之）平實導師著　回郵 52 元
23.**真假邪說**—西藏密宗索達吉喇嘛《破除邪說論》真是邪說
釋正安法師著　上、下冊回郵各 52 元
24.**真假開悟**—真如、如來藏、阿賴耶識間之關係　平實導師述著　回郵 76 元
25.**真假禪和**—辨正釋傳聖之謗法謬說　孫正德老師著　回郵 76 元
26.**眼見佛性**—駁慧廣法師**眼見佛性的含義**文中謬說

游正光老師著　回郵 52 元

27.**普門自在**—公案拈提集錦 第二輯（於平實導師公案拈提諸書中選錄約二十則，合輯爲一冊流通之）平實導師著　回郵 52 元

28.**印順法師的悲哀**—以現代禪的質疑為線索　恒毓博士著　回郵 52 元

29.**識蘊真義**—現觀識蘊內涵、取證初果、親斷三縛結之具體行門。
—依《成唯識論》及《唯識述記》正義，略顯安慧《大乘廣五蘊論》之邪謬
平實導師著　回郵 76 元

30.**正覺電子報** 各期紙版本　免附回郵　每次最多函索三期或三本。
（已無存書之較早各期，不另增印贈閱）

31.**現代人應有的宗教觀**　蔡正禮老師 著　回郵 31 元

32.**遠惑趣道**—正覺電子報般若信箱問答錄　第一輯　回郵 52 元

33.**遠惑趣道**—正覺電子報般若信箱問答錄　第二輯　回郵 52 元

34.**確保您的權益**—器官捐贈應注意自我保護　游正光老師 著　回郵 31 元

35.**正覺教團電視弘法三乘菩提 DVD 光碟（一）**

由正覺教團多位親教師共同講述錄製 DVD 8 片，MP3 一片，共 9 片。有二大講題：一爲「三乘菩提之意涵」，二爲「學佛的正知見」。內容精闢，深入淺出，精彩絕倫，幫助大眾快速建立三乘法道的正知見，免被外道邪見所誤導。有志修學三乘佛法之學人不可不看。（製作工本費 100 元，回郵 52 元）

36.**正覺教團電視弘法 DVD 專輯（二）**

總有二大講題：一爲「三乘菩提之念佛法門」，一爲「學佛正知見（第二篇）」，由正覺教團多位親教師輪番講述，內容詳細闡述如何修學念佛法門、實證念佛三昧，以及學佛應具有的正確知見，可以幫助發願往生西方極樂淨土之學人，得以把握往生，更可令學人快速建立三乘法道的正知見，免於被外道邪見所誤導。有志修學三乘佛法之學人不可不看。（一套 17 片，工本費 160 元。回郵 76 元）

37.**喇嘛性世界**—揭開假藏傳佛教譚崔瑜伽的面紗　張善思 等人合著
由正覺同修會購贈　回郵 52 元

38.**假藏傳佛教的神話**—性、謊言、喇嘛教　張正玄教授編著
由正覺同修會購贈　回郵 52 元

39.**隨 緣**—理隨緣與事隨緣　平實導師述　回郵 52 元。

40.**學佛的覺醒**　正枝居士 著　回郵 52 元

41.**導師之真實義**　蔡正禮老師 著　回郵 31 元

42.**淺談達賴喇嘛之雙身法**—兼論解讀「密續」之達文西密碼
吳明芷居士 著　回郵 31 元

43.**魔界轉世**　張正玄居士 著　回郵 31 元

44.**一貫道與開悟**　蔡正禮老師 著　回郵 31 元

45.**博愛**—愛盡天下女人　正覺教育基金會 編印　回郵 36 元

46.**意識虛妄經教彙編**—實證解脫道的關鍵經文　正覺同修會編印　回郵 36 元

47.**邪箭囈語**—破斥藏密外道多識仁波切《破魔金剛箭雨論》之邪説

陸正元老師著　上、下冊回郵各 52 元

48.**真假沙門**—依 佛聖教闡釋佛教僧寶之定義

蔡正禮老師著　俟正覺電子報連載後結集出版

49.**真假禪宗**—藉評論釋性廣《印順導師對變質禪法之批判

及對禪宗之肯定》以顯示真假禪宗

附論一：凡夫知見 無助於佛法之信解行證

附論二：世間與出世間一切法皆從如來藏實際而生而顯

余正偉老師著　俟正覺電子報連載後結集出版　回郵未定

★ 上列贈書之郵資，係台灣本島地區郵資，大陸、港、澳地區及外國地區，請另計酌增（大陸、港、澳、國外地區之郵票不許通用）。尚未出版之書，請勿先寄來郵資，以免增加作業煩擾。

★ 本目錄若有變動，唯於後印之書籍及「成佛之道」網站上修正公佈之，不另行個別通知。

函索書籍請寄：佛教正覺同修會　103 台北市承德路 3 段 277 號 9 樓
台灣地區函索書籍者請附寄郵票，無時間購買郵票者可以等值現金抵用，但不接受郵政劃撥、支票、匯票。大陸地區得以人民幣計算，國外地區請以美元計算（請勿寄來當地郵票，在台灣地區不能使用）。欲以掛號寄遞者，請另附掛號郵資。

親自索閱：正覺同修會各共修處。　★請於共修時間前往取書，餘時無人在道場，請勿前往索取；共修時間與地點，詳見書末正覺同修會共修現況表（以近期之共修現況表爲準）。

註：正智出版社發售之局版書，請向各大書局購閱。若書局之書架上已經售出而無陳列者，請向書局櫃台指定洽購；若書局不便代購者，請於正覺同修會共修時間前往各共修處請購，正智出版社已派人於共修時間送書前往各共修處流通。 郵政劃撥購書及 大陸地區 購書，請詳別頁正智出版社發售書籍目錄最後頁之說明。

成佛之道 網站：http://www.a202.idv.tw　正覺同修會已出版之結緣書籍，多已登載於 成佛之道 網站，若住外國、或住處遙遠，不便取得正覺同修會贈閱書籍者，可以從本網站閱讀及下載。　書局版之《宗通與說通》亦已上網，台灣讀者可向書局洽購，售價 300 元。《狂密與眞密》第一輯~第四輯，亦於 2003.5.1.全部於本網站登載完畢；台灣地區讀者請向書局洽購，每輯約 400 頁，售價 300 元（網站下載紙張費用較貴，容易散失，難以保存，亦較不精美）。

＊＊假藏傳佛教修雙身法，非佛教＊＊

正智出版社 籌募弘法基金發售書籍目錄 2020/11/14

1.**宗門正眼**—公案拈提 第一輯 重拈 平實導師著 500元
因重寫內容大幅度增加故，字體必須改小，並增爲576頁 主文546頁。比初版更精彩、更有內容。初版《禪門摩尼寶聚》之讀者，可寄回本公司免費調換新版書。免附回郵，亦無截止期限。（2007年起，每冊附贈本公司精製公案拈提〈超意境〉CD一片。市售價格280元，多購多贈。）
2.**禪淨圓融** 平實導師著 200元（第一版舊書可換新版書。）
3.**真實如來藏** 平實導師著 400元
4.**禪—悟前與悟後** 平實導師著 上、下冊，每冊250元
5.**宗門法眼**—公案拈提 第二輯 平實導師著 500元
（2007年起，每冊附贈本公司精製公案拈提〈超意境〉CD一片）
6.**楞伽經詳解** 平實導師著 全套共10輯 每輯250元
7.**宗門道眼**—公案拈提 第三輯 平實導師著 500元
（2007年起，每冊附贈本公司精製公案拈提〈超意境〉CD一片）
8.**宗門血脈**—公案拈提 第四輯 平實導師著 500元
（2007年起，每冊附贈本公司精製公案拈提〈超意境〉CD一片）
9.**宗通與說通**—成佛之道 平實導師著 主文381頁 全書400頁售價300元
10.**宗門正道**—公案拈提 第五輯 平實導師著 500元
（2007年起，每冊附贈本公司精製公案拈提〈超意境〉CD一片）
11.**狂密與真密 一～四輯** 平實導師著 西藏密宗是人間最邪淫的宗教，本質不是佛教，只是披著佛教外衣的印度教性力派流毒的喇嘛教。此書中將西藏密宗密傳之男女雙身合修樂空雙運所有祕密與修法，毫無保留完全公開，並將全部喇嘛們所不知道的部分也一併公開。內容比大辣出版社喧騰一時的《西藏慾經》更詳細。並且函蓋藏密的所有祕密及其錯誤的中觀見、如來藏見……等，藏密的所有法義都在書中詳述、分析、辨正。每輯主文三百餘頁 每輯全書約400頁 售價每輯300元
12.**宗門正義**—公案拈提 第六輯 平實導師著 500元
（2007年起，每冊附贈本公司精製公案拈提〈超意境〉CD一片）
13.**心經密意**—心經與解脫道、佛菩提道、祖師公案之關係與密意 平實導師述 300元
14.**宗門密意**—公案拈提 第七輯 平實導師著 500元
（2007年起，每冊附贈本公司精製公案拈提〈超意境〉CD一片）
15.**淨土聖道**—兼評「選擇本願念佛」 正德老師著 200元
16.**起信論講記** 平實導師述著 共六輯 每輯三百餘頁 售價各250元
17.**優婆塞戒經講記** 平實導師述著 共八輯 每輯三百餘頁 售價各250元
18.**真假活佛**—略論附佛外道盧勝彥之邪說（對前岳靈犀網站主張「盧勝彥是證悟者」之修正） 正犀居士（岳靈犀）著 流通價140元
19.**阿含正義**—唯識學探源 平實導師著 共七輯 每輯300元

20.**超意境** CD 以平實導師公案拈提書中超越意境之頌詞，加上曲風優美的旋律，錄成令人嚮往的超意境歌曲，其中包括正覺發願文及平實導師親自譜成的黃梅調歌曲一首。詞曲雋永，殊堪翫味，可供學禪者吟詠，有助於見道。內附設計精美的彩色小冊，解說每一首詞的背景本事。每片 280 元。【每購買公案拈提書籍一冊，即贈送一片。】

21.**菩薩底憂鬱** CD 將菩薩情懷及禪宗公案寫成新詞，並製作成超越意境的優美歌曲。 1.主題曲〈菩薩底憂鬱〉，描述地後菩薩能離三界生死而迴向繼續生在人間，但因尚未斷盡習氣種子而有極深沈之憂鬱，非三賢位菩薩及二乘聖者所知，此憂鬱在七地滿心位方才斷盡；本曲之詞中所說義理極深，昔來所未曾見；此曲係以優美的情歌風格寫詞及作曲，聞者得以激發嚮往諸地菩薩境界之大心，詞、曲都非常優美，難得一見；其中勝妙義理之解說，已印在附贈之彩色小冊中。 2.以各輯公案拈提中直示禪門入處之頌文，作成各種不同曲風之超意境歌曲，值得玩味、參究；聆聽公案拈提之優美歌曲時，請同時閱讀內附之印刷精美說明小冊，可以領會超越三界的證悟境界；未悟者可以因此引發求悟之意向及疑情，眞發菩提心而邁向求悟之途，乃至因此眞實悟入般若，成眞菩薩。 3.正覺總持咒新曲，總持佛法大意；總持咒之義理，已加以解說並印在隨附之小冊中。本 CD 共有十首歌曲，長達 63 分鐘。每盒各附贈二張購書優惠券。每片 280 元。

22.**禪意無限** CD 平實導師以公案拈提書中偈頌寫成不同風格曲子，與他人所寫不同風格曲子共同錄製出版，幫助參禪人進入禪門超越意識之境界。盒中附贈彩色印製的精美解說小冊，以供聆聽時閱讀，令參禪人得以發起參禪之疑情，即有機會證悟本來面目而發起實相智慧，實證大乘菩提般若，能如實證知般若經中的眞實意。本 CD 共有十首歌曲，長達 69 分鐘，每盒各附贈二張購書優惠券。每片 280 元。

23.**我的菩提路**第一輯　釋悟圓、釋善藏等人合著　售價 300 元

24.**我的菩提路**第二輯　郭正益等人合著　售價 300 元（停售，俟改版後另行發售）

25.**我的菩提路**第三輯　王美伶等人合著　售價 300 元

26.**我的菩提路**第四輯　陳晏平等人合著　售價 300 元

27.**我的菩提路**第五輯　林慈慧等人合著　售價 300 元

28.**我的菩提路**第六輯　劉惠莉等人合著　售價 300 元

29.**我的菩提路**第七輯　余正偉等人合著　售價 300 元　預定 2021/6/30 出版

30.**鈍鳥與靈龜**—考證後代凡夫對大慧宗杲禪師的無根誹謗。

平實導師著 共 458 頁 售價 350 元

31.**維摩詰經講記** 平實導師述 共六輯 每輯三百餘頁 售價各 250 元

32.**真假外道**—破劉東亮、杜大威、釋證嚴常見外道見 正光老師著 200 元

33.**勝鬘經講記**—兼論印順《勝鬘經講記》對於《勝鬘經》之誤解。

平實導師述　共六輯　每輯三百餘頁　售價250 元

34.**楞嚴經講記** 平實導師述 共**15**輯，每輯三百餘頁 售價300元
35.**明心與眼見佛性**—駁慧廣〈蕭氏「眼見佛性」與「明心」之非〉文中謬說
正光老師著 共448頁 售價300元
36.**見性與看話頭** 黃正倖老師 著，本書是禪宗參禪的方法論。
內文375頁，全書416頁，售價300元。
37.**達賴真面目**—玩盡天下女人 白正偉老師 等著 中英對照彩色精裝大本800元
38.**喇嘛性世界**—揭開假藏傳佛教譚崔瑜伽的面紗 張善思 等人著 200元
39.**假藏傳佛教的神話**—性、謊言、喇嘛教 正玄教授編著 200元
40.**金剛經宗通** 平實導師述 共九輯 每輯售價250元。
41.**空行母**—性別、身分定位，以及藏傳佛教。
珍妮·坎貝爾著 呂艾倫 中譯 售價250元
42.**末代達賴**—性交教主的悲歌 張善思、呂艾倫、辛燕編著 售價250元
43.**霧峰無霧**—給哥哥的信 辨正釋印順對佛法的無量誤解
游宗明 老師著 售價250元
44.**霧峰無霧**—第二輯—救護佛子向正道 細說釋印順對佛法的各類誤解
游宗明 老師著 售價250元
45.**第七意識與第八意識？**—穿越時空「超意識」
平實導師述 每冊300元
46.**黯淡的達賴**—失去光彩的諾貝爾和平獎
正覺教育基金會編著 每冊250元
47.**童女迦葉考**—論呂凱文〈佛教輪迴思想的論述分析〉之謬。
平實導師 著 定價180元
48.**人間佛教**—實證者必定不悖三乘菩提
平實導師 述，定價400元
49.**實相經宗通** 平實導師述 共八輯 每輯250元
50.**真心告訴您(一)**—達賴喇嘛在幹什麼？
正覺教育基金會編著 售價250元
51.**中觀金鑑**—詳述應成派中觀的起源與其破法本質
孫正德老師著 分爲上、中、下三冊，每冊250元
52.**藏傳佛教要義**—《狂密與真密》之簡體字版 平實導師 著 上、下冊
僅在大陸流通 每冊300元
53.**法華經講義** 平實導師述 共二十五輯 每輯300元
已於2015/05/31起開始出版，每二個月出版一輯
54.**西藏「活佛轉世」制度**—附佛、造神、世俗法
許正豐、張正玄老師合著 定價150元
55.**廣論三部曲** 郭正益老師著 定價150元
56.**真心告訴您(二)**—達賴喇嘛是佛教僧侶嗎？
—補祝達賴喇嘛八十大壽
正覺教育基金會編著 售價300元
57.**次法**—實證佛法前應有的條件
張善思居士著 分爲上、下二冊，每冊250元

58.**涅槃**—解說四種涅槃之實證及內涵　平實導師著 上、下冊 各 350 元
59.**山法**—西藏關於他空與佛藏之根本論
篤補巴．喜饒堅贊著　　傑弗里．霍普金斯英譯
張火慶教授、張志成、呂艾倫等中譯　精裝大本 1200 元
60.**佛藏經講義**　平實導師述　2019 年 7 月 31 日開始出版　共 21 輯
每二個月出版一輯，每輯 300 元。
61.**假鋒虛焰金剛乘**—揭示顯密正理，兼破索達吉師徒《般若鋒兮金剛焰》
釋正安法師著 簡體字版 即將出版 售價未定
62.**廣論之平議**—宗喀巴《菩提道次第廣論》之平議　正雄居士著
約二或三輯　俟正覺電子報連載後結集出版　書價未定
63.**大法鼓經講義**　平實導師講述　《佛藏經講義》出版後發行，每輯 300 元
64.**不退轉法輪經講義**　平實導師講述　《大法鼓經講義》出版後發行
65.**八識規矩頌**詳解　○○居士 註解　出版日期另訂　書價未定。
66.**中觀正義**—註解平實導師《中論正義頌》。
○○法師（居士）著　出版日期未定　書價未定
67.**中論正義**—釋龍樹菩薩《中論》頌正理。
孫正德老師著　出版日期未定　書價未定
68.**中國佛教史**—依中國佛教正法史實而論。 ○○老師 著　書價未定。
69.**印度佛教史**—法義與考證。依法義史實評論印順《印度佛教思想史、佛教史地考論》之謬說　正偉老師著　出版日期未定　書價未定
70.**阿含經講記**—將選錄四阿含中數部重要經典全經講解之，講後整理出版。
平實導師述　約二輯　每輯 300 元　出版日期未定
71.**實積經講記**　平實導師述　每輯三百餘頁 優惠價 300 元 出版日期未定
72.**解深密經講義**　平實導師述 約四輯　將於重講後整理出版
73.**成唯識論略解**　平實導師著　五～六輯　每輯300 元　出版日期未定
74.**修習止觀坐禪法要講記**　平實導師述　每輯三百餘頁
將於正覺寺建成後重講、以講記逐輯出版　出版日期未定
75.**無門關**—《無門關》公案拈提　平實導師著　出版日期未定
76.**中觀再論**—兼述印順《中觀今論》謬誤之平議。正光老師著 出版日期未定
77.**輪迴與超度**—佛教超度法會之真義。
○○法師（居士）著　出版日期未定　書價未定
78.**《釋摩訶衍論》平議**—對偽稱龍樹所造《釋摩訶衍論》之平議
○○法師（居士）著　出版日期未定　書價未定
79.**正覺發願文**註解—以真實大願為因 得證菩提
正德老師著　出版日期未定　書價未定
80.**正覺總持咒**—佛法之總持　正圜老師著　出版日期未定　書價未定
81.**三自性**—依四食、五蘊、十二因緣、十八界法，說三性三無性。
作者未定　出版日期未定

82.**道品**—從三自性說大小乘三十七道品　作者未定　出版日期未定
83.**大乘緣起觀**—依四聖諦七真如現觀十二緣起 作者未定　出版日期未定
84.**三德**—論解脫德、法身德、般若德。　作者未定　出版日期未定
85.**真假如來藏**—對印順《如來藏之研究》謬說之平議　作者未定 出版日期未定
86.**大乘道次第**　作者未定　出版日期未定　書價未定
87.**四緣**—依如來藏故有四緣。　作者未定　出版日期未定
88.**空之探究**—印順《空之探究》謬誤之平議　作者未定 出版日期未定
89.**十法義**—論阿含經中十法之正義　作者未定　出版日期未定
90.**外道見**—論述外道六十二見　作者未定　出版日期未定

正智出版社有限公司 書籍介紹

禪淨圓融：言淨土諸祖所未曾言，示諸宗祖師所未曾示；禪淨圓融，另闢成佛捷徑，兼顧自力他力，闡釋淨土門之速行易行道，亦同時揭櫫聖教門之速行易行道；令廣大淨土行者得免緩行難證之苦，亦令聖道門行者得以藉著淨土速行道而加快成佛之時劫。乃前無古人之超勝見地，非一般弘揚禪淨法門典籍也，先讀爲快。平實導師著 200元。

宗門正眼——公案拈提第一輯：繼承克勤圜悟大師碧巖錄宗旨之禪門鉅作。先則舉示當代大法師之邪說，消弭當代禪門大師鄉愿之心態，摧破當今禪門「世俗禪」之妄談；次則旁通教法，表顯宗門正理；繼以道之次第，消弭古今狂禪；後藉言語及文字機鋒，直示宗門入處。悲智雙運，禪味十足，數百年來難得一睹之禪門鉅著也。平實導師著 500元（原初版書《禪門摩尼寶聚》，改版後補充爲五百餘頁新書，總計多達二十四萬字，內容更精彩，並改名爲《宗門正眼》，讀者原購初版《禪門摩尼寶聚》皆可寄回本公司免費換新，免附回郵，亦無截止期限）（2007年起，凡購買公案拈提第一輯至第七輯，每購一輯皆贈送本公司精製公案拈提〈超意境〉CD一片，市售價格280元，多購多贈）。

禪—悟前與悟後：本書能建立學人悟道之信心與正確知見，圓滿具足而有次第地詳述禪悟之功夫與禪悟之內容，指陳參禪中細微淆訛之處，能使學人明自眞心、見自本性。若未能悟入，亦能以正確知見辨別古今中外一切大師究係眞悟？或屬錯悟？便有能力揀擇，捨名師而選明師，後時必有悟道之緣。一旦悟道，遲者七次人天往返，便出三界，速者一生取辦。學人欲求開悟者，不可不讀。　平實導師著。上、下冊共500元，單冊250元。

眞實如來藏：如來藏眞實存在，乃宇宙萬有之本體，並非印順法師、達賴喇嘛等人所說之「唯有名相、無此心體」。如來藏是涅槃之本際，是一切有智之人竭盡心智、不斷探索而不能得之生命實相；是古今中外許多大師自以爲悟而當面錯過之生命實相。如來藏即是阿賴耶識，乃是一切有情本自具足、不生不滅之眞實心。當代中外大師於此書出版之前所未能言者，作者於本書中盡情流露、詳細闡釋。眞悟者讀之，必能增益悟境、智慧增上；錯悟者讀之，必能檢討自己之錯誤，免犯大妄語業；未悟者讀之，能知參禪之理路，亦能以之檢查一切名師是否眞悟。此書是一切哲學家、宗教家、學佛者及欲昇華心智之人必讀之鉅著。　平實導師著　售價400元。

宗門法眼—**公案拈提**第二輯：列舉實例，闡釋土城廣欽老和尚之悟處；並直示這位不識字的老和尚妙智橫生之根由，繼而剖析禪宗歷代大德之開悟公案，解析當代密宗高僧卡盧仁波切之錯悟證據，並例舉當代顯宗高僧、大居士之錯悟證據（凡健在者，爲免影響其名聞利養，皆隱其名）。藉辨正當代名師之邪見，向廣大佛子指陳禪悟之正道，彰顯宗門法眼。悲勇兼出，強捋虎鬚；慈智雙運，巧探驪龍；摩尼寶珠在手，直示宗門入處，禪味十足；若非大悟徹底，不能爲之。禪門精奇人物，允宜人手一冊，供作參究及悟後印證之圭臬。本書於2008年4月改版，增寫為大約500頁篇幅，以利學人研讀參究時更易悟入宗門正法，以前所購初版首刷及初版二刷舊書，皆可免費換取新書。平實導師著 500元（2007年起，凡購買公案拈提第一輯至第七輯，每購一輯皆贈送本公司精製公案拈提〈超意境〉CD一片，市售價格280元，多購多贈）。

宗門道眼—**公案拈提**第三輯：繼宗門法眼之後，再以金剛之作略、慈悲之胸懷、犀利之筆觸，舉示寒山、拾得、布袋三大士之悟處，消弭當代錯悟者對於寒山大士……等之誤會及誹謗。亦舉出民初以來與虛雲和尚齊名之蜀郡鹽亭袁煥仙夫子——南懷瑾老師之師，其「悟處」何在？並蒐羅許多眞悟祖師之證悟公案，顯示禪宗歷代祖師之睿智，指陳部分祖師、奧修及當代顯密大師之謬悟，作爲殷鑑，幫助禪子建立及修正參禪之方向及知見。假使讀者閱此書已，一時尚未能悟，亦可一面加功用行，一面以此宗門道眼辨別眞假善知識，避開錯誤之印證及歧路，可免大妄語業之長劫慘痛果報。欲修禪宗之禪者，務請細讀。平實導師著 售價500元（2007年起，凡購買公案拈提第一輯至第七輯，每購一輯皆贈送本公司精製公案拈提〈超意境〉CD一片，市售價格280元，多購多贈）。

楞伽經詳解：本經是禪宗見道者印證所悟眞僞之根本經典，亦是禪宗見道者悟後起修之依據經典；故達摩祖師於印證二祖慧可大師之後，將此經典連同佛鉢祖衣一併交付二祖，令其依此經典佛示金言、進入修道位，修學一切種智。由此可知此經對於眞悟之人修學佛道，是非常重要之一部經典。此經能破外道邪說，亦破佛門中錯悟名師之謬說，亦破禪宗部分祖師之狂禪：不讀經典、一向主張「一悟即成究竟佛」之謬執。並開示愚夫所行禪、觀察義禪、攀緣如禪、如來禪等差別，令行者對於三乘禪法差異有所分辨；亦糾正禪宗祖師古來對於如來禪之誤解，嗣後可免以訛傳訛之弊。此經亦是法相唯識宗之根本經典，禪者悟後欲修一切種智而入初地者，必須詳讀。　平實導師著，全套共十輯，已全部出版完畢，每輯主文約320頁，每冊約352頁，定價250元。

宗門血脈—公案拈提第四輯：末法怪象—許多修行人自以爲悟，每將無念靈知認作眞實；崇尙二乘法諸師及其徒眾，則將**外於如來藏之緣起性空**—無因論之無常空、斷滅空、一切法空—錯認爲佛所說之般若空性。這兩種現象已於當今海峽兩岸及美加地區顯密大師之中普遍存在；人人自以爲悟，心高氣壯，便敢寫書解釋祖師證悟之公案，大多出於意識思惟所得，言不及義，錯誤百出，因此誤導廣大佛子同陷大妄語之地獄業中而不能自知。彼等書中所說之悟處，其實處處違背第一義經典之聖言量。彼等諸人不論是否身披袈裟，都非佛法宗門血脈，或雖有禪宗法脈之傳承，亦只徒具形式；猶如螟蛉，非眞血脈，未悟得根本眞實故。禪子欲知佛、祖之眞血脈者，請讀此書，便知分曉。平實導師著，主文452頁，全書464頁，定價500元（2007年起，凡購買公案拈提第一輯至第七輯，每購一輯皆贈送本公司精製公案拈提〈超意境〉CD一片，市售價格280元，多購多贈）。

宗通與說通：古今中外，錯誤之人如麻似粟，每以常見外道所說之靈知心，認作眞心；或妄想虛空之勝性能量爲眞如，或錯認物質四大元素藉冥性（靈知心本體）能成就吾人色身及知覺，或認初禪至四禪中之了知心爲不生不滅之涅槃心。此等皆非通宗者之見地。復有錯悟之人一向主張「宗門與教門不相干」，此即尚未通達宗門之人也。其實宗門與教門互通不二，宗門所證者乃是眞如與佛性，教門所說者乃說宗門證悟之眞如佛性，故教門與宗門不二。本書作者以宗教二門互通之見地，細說「宗通與說通」，從初見道至悟後起修之道、細說分明；並將諸宗諸派在整體佛教中之地位與次第，加以明確之教判，學人讀之即可了知佛法之梗概也。欲擇明師學法之前，允宜先讀。平實導師著，主文共381頁，全書392頁，只售成本價300元。

宗門正道—**公案拈提**第五輯：修學大乘佛法有二果須證解脫果及大菩提果。二乘人不證大菩提果，唯證解脫果；此果之智慧，名爲聲聞菩提、緣覺菩提。大乘佛子所證二果之菩提果爲佛菩提，故名大菩提果，其慧名爲一切種智函蓋二乘解脫果。然此大乘二果修證，須經由禪宗之宗門證悟方能相應。而宗門證悟極難，自古已然；其所以難者，咎在古今佛教界普遍存在三種邪見：1.以修定認作佛法，2.以無因論之緣起性空—否定涅槃本際如來藏以後之一切法空作爲佛法，3.以常見外道邪見（離語言妄念之靈知性）作爲佛法。如是邪見，或因自身正見未立所致，或因邪師之邪教導所致，或因無始劫來虛妄熏習所致。若不破除此三種邪見，永劫不悟宗門眞義、不入大乘正道，唯能外門廣修菩薩行。平實導師於此書中，有極爲詳細之說明，有志佛子欲摧邪見、入於內門修菩薩行者，當閱此書。主文共496頁，全書512頁。售價500元（2007年起，凡購買公案拈提第一輯至第七輯，每購一輯皆贈送本公司精製公案拈提〈超意境〉CD一片，市售價格280元，多購多贈）。

狂密與眞密：密教之修學，皆由有相之觀行法門而入，其最終目標仍不離顯教經典所說第一義諦之修證；若離顯教第一義經典、或違背顯教第一義經典，即非佛教。西藏密教之觀行法，如灌頂、觀想、遷識法、寶瓶氣、大聖歡喜雙身修法、喜金剛、無上瑜伽、大樂光明、樂空雙運等，皆是印度教**兩性生生不息思想**之轉化，**自始至終皆以如何能運用交合淫樂之法達到全身受樂**爲其中心思想，純屬欲界五欲的貪愛，不能令人超出欲界輪迴，更不能令人斷除我見；何況大乘之明心與見性，更無論矣！故密宗之法絕非佛法也。而其明光大手印、大圓滿法教，又皆同以常見外道所說**離語言妄念之無念靈知心**錯認爲佛地之眞如，不能直指不生不滅之眞如。西藏密宗所有法王與徒眾，都尚未開頂門眼，不能辨別眞僞，以**依人不依法、依密續不依經典**故，不肯將其上師喇嘛所說對照第一義經典，純依密續之藏密祖師所說爲準，因此而誇大其證德與證量，動輒謂彼祖師上師爲究竟佛、爲地上菩薩；如今台海兩岸亦有自謂其師證量高於 釋迦文佛者，然觀其師所述，猶未見道，仍在觀行即佛階段，尚未到禪宗相似即佛、分證即佛階位，竟敢標榜爲究竟佛及地上法王，誑惑初機學人。凡此怪象皆是狂密，不同於眞密之修行者。近年狂密盛行，密宗行者被誤導者極眾，動輒自謂已證佛地眞如，自視爲究竟佛，陷於大妄語業中而不知自省，反謗顯宗眞修實證者之證量粗淺；或如義雲高與釋性圓…等人，於報紙上公然誹謗眞實證道者爲「騙子、無道人、人妖、癩蛤蟆…」等，造下誹謗大乘勝義僧之大惡業；或以外道法中有爲有作之甘露、魔術……等法，誑騙初機學人，狂言彼外道法爲眞佛法。如是怪象，在西藏密宗及附藏密之外道中，不一而足，舉之不盡，學人宜應愼思明辨，以免上當後又犯毀破菩薩戒之重罪。密宗學人若欲遠離邪知邪見者，請閱此書，即能了知密宗之邪謬，從此遠離邪見與邪修，轉入眞正之佛道。

平實導師著 共四輯 每輯約400頁（主文約340頁）每輯售價300元。

宗門正義—公案拈提第六輯：佛教有六大危機，乃是藏密化、世俗化、膚淺化、學術化、宗門密意失傳、悟後進修諸地之次第混淆；其中尤以宗門密意之失傳，爲當代佛教最大之危機。由宗門密意失傳故，易令世尊本懷普被錯解，易令 世尊正法被轉易爲外道法，以及加以淺化、世俗化，是故宗門密意之廣泛弘傳與具緣佛弟子，極爲重要。然而欲令宗門密意之廣泛弘傳予具緣之佛弟子者，必須同時配合錯誤知見之解析、普令佛弟子知之，然後輔以公案解析之直示入處，方能令具緣之佛弟子悟入。而此二者，皆須以公案拈提之方式爲之，方易成其功、竟其業，是故平實導師續作宗門正義一書，以利學人。 全書500餘頁，售價500元（2007年起，凡購買公案拈提第一輯至第七輯，每購一輯皆贈送本公司精製公案拈提〈超意境〉CD一片，市售價格280元，多購多贈）。

心經密意—心經與解脫道、佛菩提道、祖師公案之關係與密意。二乘菩提所證之解脫道，實依第八識心之斷除煩惱障現行而立解脫之名；大乘菩提所證之佛菩提道，實依親證第八識如來藏之涅槃性、清淨自性、及其中道性而立般若之名；禪宗祖師公案所證之眞心，即是此第八識如來藏；是故三乘佛法所修所證之三乘菩提，皆依此如來藏心而立名也。此第八識心，即是《心經》所說之心也。證得此如來藏已，即能漸入大乘佛菩提道，亦可因證知此心而了知二乘無學所不能知之無餘涅槃本際，是故《心經》之密意，與三乘佛菩提之關係極爲密切、不可分割，三乘佛法皆依此心而立名故。今者平實導師以其所證解脫道之無生智及佛菩提之般若種智，將《心經》與解脫道、佛菩提道、祖師公案之關係與密意，以演講之方式，用淺顯之語句和盤托出，發前人所未言，呈三乘菩提之眞義，令人藉此《心經密意》一舉而窺三乘菩提之堂奧，迥異諸方言不及義之說；欲求眞實佛智者、不可不讀！主文317頁，連同跋文及序文…等共384頁，售價300元。

宗門密意——公案拈提第七輯：佛教之世俗化，將導致學人以信仰作爲學佛，則將以感應及世間法之庇祐，作爲學佛之主要目標，不能了知學佛之主要目標爲親證三乘菩提。大乘菩提則以般若實相智慧爲主要修習目標，以二乘菩提解脫道爲附帶修習之標的；是故學習大乘法者，應以禪宗之證悟爲要務，能親入大乘菩提之實相般若智慧中故，般若實相智慧非二乘聖人所能知故。此書則以台灣世俗化佛教之三大法師，說法似是而非之實例，配合眞悟祖師之公案解析，提示證悟般若之關節，令學人易得悟入。平實導師著，全書五百餘頁，售價500元（2007年起，凡購買公案拈提第一輯至第七輯，每購一輯皆贈送本公司精製公案拈提〈超意境〉CD一片，市售價格280元，多購多贈）。

淨土聖道——兼評日本本願念佛：佛法甚深極廣，般若玄微，非諸二乘聖僧所能知之，一切凡夫更無論矣！所謂一切證量皆歸淨土是也！是故大乘法中「聖道之淨土、淨土之聖道」，其義甚深，難可了知；乃至眞悟之人，初心亦難知也。今有正德老師眞實證悟後，復能深探淨土與聖道之緊密關係，憐憫眾生之誤會淨土實義，亦欲利益廣大淨土行人同入聖道，同獲淨土中之聖道門要義，乃振奮心神、書以成文，今得刊行天下。主文279頁，連同序文等共301頁，總有十一萬六千餘字，正德老師著，成本價200元。

起信論講記：詳解大乘起信論**心生滅門**與**心眞如門**之眞實意旨，消除以往大師與學人對起信論所說**心生滅門**之誤解，由是而得了知眞心如來藏之非常非斷中道正理；亦因此一講解，令此論以往隱晦而被誤解之眞實義，得以如實顯示，令大乘佛菩提道之正理得以顯揚光大；初機學者亦可藉此正論所顯示之法義，對大乘法理生起正信，從此得以眞發菩提心，眞入大乘法中修學，世世常修菩薩正行。平實導師演述，共六輯，都已出版，每輯三百餘頁，售價250元。

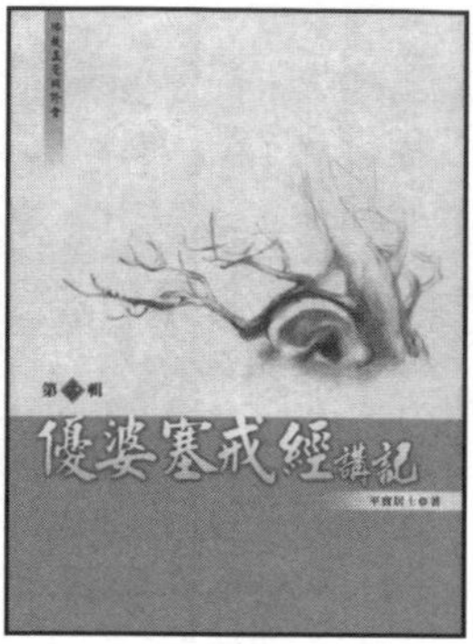

優婆塞戒經講記：本經詳述在家菩薩修學大乘佛法，應如何受持菩薩戒？對人間善行應如何看待？對三寶應如何護持？應如何正確地修集此世後世證法之福德？應如何修集後世「行菩薩道之資糧」？並詳述第一義諦之正義：五蘊非我非異我、自作自受、異作異受、不作不受……等深妙法義，乃是修學大乘佛法、行菩薩行之在家菩薩所應當了知者。出家菩薩今世或未來世登地已，捨報之後多數將如華嚴經中諸大菩薩，以在家菩薩身而修行菩薩行，故亦應以此經所述正理而修之，配合《楞伽經、解深密經、楞嚴經、華嚴經》等道次第正理，方得漸次成就佛道；故此經是一切大乘行者皆應證知之正法。平實導師講述，每輯三百餘頁，售價各250元；共八輯，已全部出版。

真假活佛—略論附佛外道盧勝彥之邪說：人人身中都有眞活佛，永生不滅而有大神用，但眾生都不了知，所以常被身外的西藏密宗假活佛籠罩欺瞞。本來就眞實存在的眞活佛，才是眞正的密宗無上密！諾那活佛因此而說禪宗是大密宗，但藏密的所有活佛都不知道、也不曾實證自身中的眞活佛。本書詳實宣示眞活佛的道理，舉證盧勝彥的「佛法」不是眞佛法，也顯示盧勝彥是假活佛，直接的闡釋第一義佛法見道的眞實正理。眞佛宗的所有上師與學人們，都應該詳細閱讀，包括盧勝彥個人在內。正犀居士著，優惠價140元。

阿含正義—唯識學探源：廣說四大部《阿含經》諸經中隱說之眞正義理，一一舉示佛陀本懷，令阿含時期初轉法輪根本經典之眞義，如實顯現於佛子眼前。並提示末法大師對於阿含眞義誤解之實例，一一比對之，證實唯識增上慧學確於原始佛法之阿含諸經中已隱覆密意而略說之，證實 世尊確於原始佛法中已曾密意而說第八識如來藏之總相；亦證實 世尊在四阿含中已說此藏識是名色十八界之因、之本—證明如來藏是能生萬法之根本心。佛子可據此修正以往受諸大師（譬如西藏密宗應成派中觀師：印順、昭慧、性廣、大願、達賴、宗喀巴、寂天、月稱、……等人）誤導之邪見，建立正見，轉入正道乃至親證初果而無困難；書中並詳說三果所證的**心解脫**，以及四果**慧解脫**的親證，都是如實可行的具體知見與行門。全書共七輯，已出版完畢。平實導師著，每輯三百餘頁，售價300元。

超意境CD：以平實導師公案拈提書中超越意境之頌詞，加上曲風優美的旋律，錄成令人嚮往的超意境歌曲，其中包括正覺發願文及平實導師親自譜成的黃梅調歌曲一首。詞曲雋永，殊堪翫味，可供學禪者吟詠，有助於見道。內附設計精美的彩色小冊，解說每一首詞的背景本事。每片280元。【每購買公案拈提書籍一冊，即贈送一片。】

鈍鳥與靈龜：鈍鳥及靈龜二物，被宗門證悟者說爲二種人：前者是精修禪定而無智慧者，也是以定爲禪的愚癡禪人；後者是或有禪定、或無禪定的宗門證悟者，凡已證悟者皆是靈龜。但後者被人虛造事實，用以嘲笑大慧宗杲禪師，說他雖是靈龜，卻不免被天童禪師預記「患背」痛苦而亡：「**鈍鳥離巢易，靈龜脫殼難。**」藉以貶低大慧宗杲的證量。同時將天童禪師實證如來藏的證量，曲解爲意識境界的離念靈知。自從大慧禪師入滅以後，錯悟凡夫對他的不實毀謗就一直存在著，不曾止息，並且捏造的假事實也隨著年月的增加而越來越多，終至編成「鈍鳥與靈龜」的假公案、假故事。本書是考證大慧與天童之間的不朽情誼，顯現這件假公案的虛妄不實；更見大慧宗杲面對惡勢力時的正直不阿，亦顯示大慧對天童禪師的至情深義，將使後人對大慧宗杲的誣謗至此而止，不再有人誤犯毀謗賢聖的惡業。書中亦舉證宗門的所悟確以第八識如來藏爲標的，詳讀之後必可改正以前被錯悟大師誤導的參禪知見，日後必定有助於實證禪宗的開悟境界，得階大乘眞見道位中，即是實證般若之賢聖。全書459頁，售價350元。

我的菩提路第一輯：凡夫及二乘聖人不能實證的佛菩提證悟，末法時代的今天仍然有人能得實證，由正覺同修會釋悟圓、釋善藏法師等二十餘位實證如來藏者所寫的見道報告，已爲當代學人見證宗門正法之絲縷不絕，證明大乘義學的法脈仍然存在，爲末法時代求悟般若之學人照耀出光明的坦途。由二十餘位大乘見道者所繕，敘述各種不同的學法、見道因緣與過程，參禪求悟者必讀。全書三百餘頁，售價300元。

我的菩提路第二輯：由郭正益老師等人合著，書中詳述彼等諸人歷經各處道場學法，一一修學而加以檢擇之不同過程以後，因閱讀正覺同修會、正智出版社書籍而發起抉擇分，轉入正覺同修會中修學；乃至學法及見道之過程，都一一詳述之。（本書暫停發售，俟改版重新發售流通。）

我的菩提路第三輯：由王美伶老師等人合著。自從正覺同修會成立以來，每年夏初、冬初都舉辦精進禪三共修，藉以助益會中同修們得以證悟明心發起般若實相智慧；凡已實證而被平實導師印證者，皆書具見道報告用以證明佛法之眞實可證而非玄學，證明佛法並非純屬思想、理論而無實質，是故每年都能有人證明正覺同修會的「實證佛教」主張並非虛語。特別是眼見佛性一法，自古以來中國禪宗祖師實證者極寡，較之明心開悟的證境更難令人信受；至2017年初，正覺同修會中的證悟明心者已近五百人，然而其中眼見佛性者至今唯十餘人爾，可謂難能可貴，是故明心後欲冀眼見佛性者實屬不易。黃正倖老師是懸絕七年無人見性後的第一人，她於2009年的見性報告刊於本書的第二輯中，爲大眾證明佛性確實可以眼見；其後七年之中求見性者都屬解悟佛性而無人眼見，幸而又經七年後的2016冬初，以及2017夏初的禪三，復有三人眼見佛性，希冀鼓舞四眾佛子求見佛性之大心，今則具載一則於書末，顯示求見佛性之事實經歷，供養現代佛教界欲得見性之四眾弟子。全書四百頁，售價300元，已於2017年6月30日發行。

我的菩提路第四輯：由陳晏平等人著。中國禪宗祖師往往有所謂「見性」之言，所言多屬看見如來藏具有能令人發起成佛之自性，並非《大般涅槃經》中 如來所說之眼見佛性。眼見佛性者，於親見佛性之時，即能於山河大地眼見自己佛性，亦能於他人身上眼見自己佛性及對方之佛性，如是境界無法爲尚未實證者解釋；勉強說之，縱使眞實明心證悟之人聞之，亦只能以自身明心之境界想像之，但不論如何想像多屬非量，能有正確之比量者亦是稀有，故說眼見佛性極爲困難。眼見佛性之人若所見極分明時，在所見佛性之境界下所眼見之山河大地、自己五蘊身心皆是虛幻，自有異於明心者之解脫功德受用，此後永不思證二乘涅槃，必定邁向成佛之道而進入第十住位中，已超第一阿僧祇劫三分有一，可謂之爲超劫精進也。今又有明心之後眼見佛性之人出於人間，將其明心及後來見性之報告，連同其餘證悟明心者之精彩報告一同收錄於此書中，供養眞求佛法實證之四眾佛子。全書380頁，售價300元，已於2018年6月30日發行。

我的菩提路第五輯：林慈慧老師等人著，本輯中所舉學人從相似正法中來到正覺同修會的過程，各人都有不同，發生的因緣亦是各有差別，然而都會指向同一個目標——證實生命實相的源底，確證自己生從何來、死往何去的事實，所以最後都證明佛法眞實而可親證，絕非玄學；本書將彼等諸人的始修及末後證悟之實例，羅列出來以供學人參考。本期亦有一位會裡的老師，是從1995年即開始追隨平實導師修學，1997年明心後持續進修不斷，直到2017年眼見佛性之實例，足可證明《大般涅槃經》中世尊開示眼見佛性之法正眞無訛，第十住位的實證在末法時代的今天仍有可能，如今一併具載於書中以供學人參考，並供養現代佛教界欲得見性之四眾弟子。全書四百頁，售價300元，已於2019年12月31日發行。

我的菩提路第六輯：劉惠莉老師等人著，本輯中舉示劉老師明心多年以後的眼見佛性實錄，供末法時代學人了知明心之異於見性本質，足可證明《大般涅槃經》中世尊開示眼見佛性之法正眞無訛。亦列舉多篇學人從各道場來到正覺學法之不同過程，以及如何發覺邪見之異於正法的所在，最後終能在正覺禪三中悟入的實況，以證明佛教正法仍在末法時代的人間繼續弘揚的事實，鼓舞一切眞實學法的菩薩大眾思之：我等諸人亦可有因緣證悟，絕非空想白思。約四百頁，售價300元，已於2020年6月30日發行。

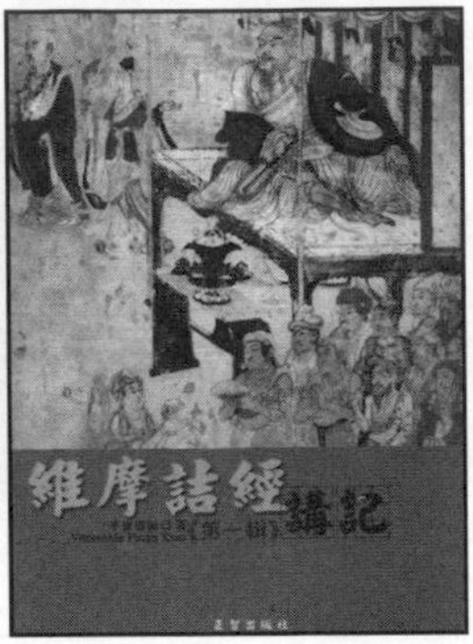

維摩詰經講記：本經係 世尊在世時，由等覺菩薩維摩詰居士藉疾病而演說之大乘菩提無上妙義，所說函蓋甚廣，然極簡略，是故今時諸方大師與學人讀之悉皆錯解，何況能知其中隱含之深妙正義，是故普遍無法爲人解說；若強爲人說，則成依文解義而有諸多過失。今由平實導師公開宣講之後，詳實解釋其中密意，令維摩詰菩薩所說大乘不可思議解脫之深妙正法得以正確宣流於人間，利益當代學人及與諸方大師。書中詳實演述大乘佛法深妙不共二乘之智慧境界，顯示諸法之中絕待之實相境界，建立大乘菩薩妙道於永遠不敗不壞之地，以此成就護法偉功，欲冀永利娑婆人天。已經宣講圓滿整理成書流通，以利諸方大師及諸學人。全書共六輯，每輯三百餘頁，售價各250元。

真假外道：本書具體舉證佛門中的常見外道知見實例，並加以教證及理證上的辨正，幫助讀者輕鬆而快速的了知常見外道的錯誤知見，進而遠離佛門內外的常見外道知見，因此即能改正修學方向而快速實證佛法。游正光老師著。成本價200元。

勝鬘經講記：如來藏爲三乘菩提之所依，若離如來藏心體及其含藏之一切種子，即無三界有情及一切世間法，亦無二乘菩提緣起性空之出世間法；本經詳說無始無明、一念無明皆依如來藏而有之正理，藉著詳解煩惱障與所知障間之關係，令學人深入了知二乘菩提與佛菩提相異之妙理；聞後即可了知佛菩提之特勝處及三乘修道之方向與原理，邁向攝受正法而速成佛道的境界中。平實導師講述，共六輯，每輯三百餘頁，售價各250元。

楞嚴經講記：楞嚴經係密教部之重要經典，亦是顯教中普受重視之經典；經中宣說明心與見性之內涵極爲詳細，將一切法都會歸如來藏及佛性—妙眞如性；亦闡釋佛菩提道修學過程中之種種魔境，以及外道誤會涅槃之狀況，旁及三界世間之起源。然因言句深澀難解，法義亦復深妙寬廣，學人讀之普難通達，是故讀者大多誤會，不能如實理解佛所說之明心與見性內涵，亦因是故多有悟錯之人引爲開悟之證言，成就大妄語罪。今由平實導師詳細講解之後，整理成文，以易讀易懂之語體文刊行天下，以利學人。全書十五輯，全部出版完畢。每輯三百餘頁，售價每輯300元。

明心與眼見佛性：本書細述明心與眼見佛性之異同，同時顯示了中國禪宗破初參明心與重關眼見佛性二關之間的關聯；書中又藉法義辨正而旁述其他許多勝妙法義，讀後必能遠離佛門長久以來積非成是的錯誤知見，令讀者在佛法的實證上有極大助益。也藉慧廣法師的謬論來教導佛門學人回歸正知正見，遠離古今禪門錯悟者所墮的意識境界，非唯有助於斷我見，也對未來的開悟明心實證第八識如來藏有所助益，是故學禪者都應細讀之。游正光老師著　共448頁　售價300元。

菩薩底憂鬱CD將菩薩情懷及禪宗公案寫成新詞，並製作成超越意境的優美歌曲。1.主題曲〈菩薩底憂鬱〉，描述地後菩薩能離三界生死而迴向繼續生在人間，但因尚未斷盡習氣種子而有極深沈之憂鬱，非三賢位菩薩及二乘聖者所知，此憂鬱在七地滿心位方才斷盡；本曲之詞中所說義理極深，昔來所未曾見；此曲係以優美的情歌風格寫詞及作曲，聞者得以激發嚮往諸地菩薩境界之大心，詞、曲都非常優美，難得一見；其中勝妙義理之解說，已印在附贈之彩色小冊中。2.以各輯公案拈提中直示禪門入處之頌文，作成各種不同曲風之超意境歌曲，值得玩味、參究；聆聽公案拈提之優美歌曲時，請同時閱讀內附之印刷精美說明小冊，可以領會超越三界的證悟境界；未悟者可以因此引發求悟之意向及疑情，眞發菩提心而邁向求悟之途，乃至因此眞實悟入般若，成眞菩薩。3.正覺總持咒新曲，總持佛法大意；總持咒之義理，已加以解說並印在隨附之小冊中。本CD共有十首歌曲，長達63分鐘，附贈二張購書優惠券。每片280元。

禪意無限CD平實導師以公案拈提書中偈頌寫成不同風格曲子，與他人所寫不同風格曲子共同錄製出版，幫助參禪人進入禪門超越意識之境界。盒中附贈彩色印製的精美解說小冊，以供聆聽時閱讀，令參禪人得以發起參禪之疑情，即有機會證悟本來面目，實證大乘菩提般若。本CD共有十首歌曲，長達69分鐘，每盒各附贈二張購書優惠券。每片280元。

金剛經宗通：三界唯心，萬法唯識，是成佛之修證內容，是諸地菩薩之所修；般若則是成佛之道（實證三界唯心、萬法唯識）的入門，若未證悟實相般若，即無成佛之可能，必將永在外門廣行菩薩六度，永在凡夫位中。然而實相般若的發起，全賴實證萬法的實相；若欲證知萬法的眞相，則必須探究萬法之所從來，則須實證自心如來—金剛心如來藏，然後現觀這個金剛心的金剛性、眞實性、如如性、清淨性、涅槃性、能生萬法的自性性、本住性，名爲證眞如；進而現觀三界六道唯是此金剛心所成，人間萬法須藉八識心王和合運作方能現起。如是實證《華嚴經》的「三界唯心、萬法唯識」以後，由此等現觀而發起實相般若智慧，繼續進修第十住位的如幻觀、第十行位的陽焰觀、第十迴向位的如夢觀，再生起增上意樂而勇發十無盡願，方能滿足三賢位的實證，轉入初地；自知成佛之道而無偏倚，從此按部就班、次第進修乃至成佛。第八識自心如來是般若智慧之所依，般若智慧的修證則要從實證金剛心自心如來開始；《金剛經》則是解說自心如來之經典，是一切三賢位菩薩所應進修之實相般若經典。這一套書，是將平實導師宣講的《金剛經宗通》內容，整理成文字而流通之；書中所說義理，迥異古今諸家依文解義之說，指出大乘見道方向與理路，有益於禪宗學人求開悟見道，及轉入內門廣修六度萬行，已於2013年9月出版完畢，總共9輯，每輯約三百餘頁，售價各250元。

空行母—性別、身分定位，以及藏傳佛教：本書作者爲蘇格蘭哲學家，因爲嚮往佛教深妙的哲學內涵，於是進入當年盛行於歐美的假藏傳佛教密宗，擔任卡盧仁波切的翻譯工作多年以後，被邀請成爲卡盧的空行母（又名佛母、明妃），開始了她在密宗裡的實修過程；後來發覺在密宗雙身法中的修行，其實無法使自己成佛，也發覺密宗對女性岐視而處處貶抑，並剝奪女性在雙身法中擔任一半角色時應有的身分定位。當她發覺自己只是雙身法中被喇嘛利用的工具，沒有獲得絲毫應有的尊重與基本定位時，發現了密宗的父權社會控制女性的本質；於是作者傷心地離開了卡盧仁波切與密宗，但是卻被恐嚇不許講出她在密宗裡的經歷，也不許她說出自己對密宗的教義與教制下對女性剝削的本質，否則將被咒殺死亡。後來她去加拿大定居，十餘年後方才擺脫這個恐嚇陰影，下定決心將親身經歷的實情及觀察到的事實寫下來並且出版，公諸於世。出版之後，她被流亡的達賴集團人士大力攻訐，誣指她爲精神狀態失常、說謊……等。但有智之士並未被達賴集團的政治操作及各國政府政治運作吹捧達賴的表相所欺，使她的書銷售無阻而又再版。正智出版社鑑於作者此書是親身經歷的事實，所說具有針對「藏傳佛教」而作學術研究的價值，也有使人認清假藏傳佛教剝削佛母、明妃的男性本位實質，因此洽請作者同意中譯而出版於華人地區。珍妮·坎貝爾女士著，呂艾倫 中譯，每冊250元。

霧峰無霧—給哥哥的信：本書作者藉兄弟之間信件往來論義，略述佛法大義；並以多篇短文辨義，舉出釋印順對佛法的無量誤解證據，並一一給予簡單而清晰的辨正，令人一讀即知。久讀、多讀之後即能認清楚釋印順的六識論見解，與眞實佛法之牴觸是多麼嚴重；於是在久讀、多讀之後，於不知不覺之間提升了對佛法的極深入理解，正知正見就在不知不覺間建立起來了。當三乘佛法的正知見建立起來之後，對於三乘菩提的見道條件便將隨之具足，於是聲聞解脫道的見道也就水到渠成；接著大乘見道的因緣也將次第成熟，未來自然也會有親見大乘菩提之道的因緣，悟入大乘實相般若也將自然成功，自能通達般若系列諸經而成實義菩薩。作者居住於南投縣霧峰鄉，自喻見道之後不復再見霧峰之霧，故鄉原野美景一一明見，於是立此書名爲《霧峰無霧》；讀者若欲撥霧見月，可以此書爲緣。游宗明 老師著　已於2015年出版　售價250元。

霧峰無霧—第二輯—救護佛子向正道：本書作者藉釋印順著作中之各種錯謬法義提出辨正，以詳實的文義一一提出理論上及實證上之解析，列舉釋印順對佛法的無量誤解證據，藉此教導佛門大師與學人釐清佛法義理，遠離岐途轉入正道，然後知所進修，久之便能見道明心而入大乘勝義僧數。被釋印順誤導的大師與學人極多，很難救轉，是故作者大發悲心深入解說其錯謬之所在，佐以各種義理辨正而令讀者在不知不覺之間轉歸正道。如是久讀之後欲得斷身見、證初果，即不爲難事；乃至久之亦得大乘見道而得證眞如，脫離空有二邊而住中道，實相般若智慧生起，於佛法不再茫然，漸漸亦知悟後進修之道。屆此之時，對於大乘般若等深妙法之迷雲暗霧亦將一掃而空，生命及宇宙萬物之故鄉原野美景一一明見，是故本書仍名《霧峰無霧》，爲第二輯；讀者若欲撥雲見日、離霧見月，可以此書爲緣。游宗明　老師著　已於2019年出版　售價250元。

假藏傳佛教的神話—性、謊言、喇嘛教：本書編著者是由一首名爲「阿姊鼓」的歌曲爲緣起，展開了序幕，揭開假藏傳佛教—喇嘛教—的神祕面紗。其重點是蒐集、摘錄網路上質疑「喇嘛教」的帖子，以揭穿「假藏傳佛教的神話」爲主題，串聯成書，並附加彩色插圖以及說明，讓讀者們瞭解西藏密宗及相關人事如何被操作爲「神話」的過程，以及神話背後的眞相。作者：張正玄教授。售價200元。

達賴真面目—玩盡天下女人：假使您不想戴綠帽子，請記得詳細閱讀此書；假使您不想讓好朋友戴綠帽子，請您將此書介紹給您的好朋友。假使您想保護家中的女性，也想要保護好朋友的女眷，請記得將此書送給家中的女性和好友的女眷都來閱讀。本書爲印刷精美的大本彩色中英對照精裝本，爲您揭開達賴喇嘛的眞面目，內容精彩不容錯過，爲利益社會大眾，特別以優惠價格嘉惠所有讀者。編著者：白志偉等。大開版雪銅紙彩色精裝本。售價800元。

喇嘛性世界—揭開假藏傳佛教譚崔瑜伽的面紗：這個世界中的喇嘛，號稱來自世外桃源的香格里拉，穿著或紅或黃的喇嘛長袍，散布於我們的身邊傳教灌頂，吸引了無數的人嚮往學習；這些喇嘛虔誠地爲大眾祈福，手中拿著寶杵（金剛）與寶鈴（蓮花），口中唸著咒語：「唵．嘛呢．叭咪．吽……」，咒語的意思是說：「我至誠歸命金剛杵上的寶珠伸向蓮花寶穴之中」！「喇嘛性世界」是什麼樣的「世界」呢？本書將爲您呈現喇嘛世界的面貌。當您發現眞相以後，您將會唸：「噢！喇嘛．性．世界，譚崔性交嘛！」作者：張善思、呂艾倫。售價200元。

末代達賴——性交教主的悲歌：簡介從藏傳僞佛教（喇嘛教）的修行核心——性力派男女雙修，探討達賴喇嘛及藏傳僞佛教的修行內涵。書中引用外國知名學者著作、世界各地新聞報導，包含：歷代達賴喇嘛的祕史、達賴六世修雙身法的事蹟，以及《時輪續》中的性交灌頂儀式……等；達賴喇嘛書中開示的雙修法、達賴喇嘛的黑暗政治手段；達賴喇嘛所領導的寺院爆發喇嘛性侵兒童；新聞報導《西藏生死書》作者索甲仁波切性侵女信徒、澳洲喇嘛秋達公開道歉、美國最大假藏傳佛教組織領導人邱陽創巴仁波切的性氾濫；等等事件背後眞相的揭露。作者：張善思、呂艾倫、辛燕。售價250元。

第七意識與第八意識？——穿越時空「超意識」：「三界唯心，萬法唯識」是佛教中應該實證的聖教，也是《華嚴經》中明載而可以實證的法界實相。唯心者，三界一切境界、一切諸法唯是一心所成就，即是每一個有情的第八識如來藏，不是意識心。唯識者，即是人類各各都具足的八識心王——眼識、耳鼻舌身意識、意根、阿賴耶識，第八阿賴耶識又名如來藏，人類五陰相應的萬法，莫不由八識心王共同運作而成就，故說萬法唯識。依聖教量及現量、比量，都可以證明意識是二法因緣生，是由第八識藉意根與法塵二法爲因緣而出生，又是夜夜斷滅不存之生滅心，即無可能反過來出生第七識意根、第八識如來藏，當知不可能從生滅性的意識心中，細分出恆審思量的第七識意根，更無可能細分出恆而不審的第八識如來藏。本書是將演講內容整理成文字，細說如是內容，並已在〈正覺電子報〉連載完畢，今彙集成書以廣流通，欲幫助佛門有緣人斷除意識我見，跳脫於識陰之外而取證聲聞初果；嗣後修學禪宗時即得不墮外道神我之中，得以求證第八識金剛心而發起般若實智。平實導師 述，每冊300元。

黯淡的達賴—失去光彩的諾貝爾和平獎：本書舉出很多證據與論述，詳述達賴喇嘛不爲世人所知的一面，顯示達賴喇嘛並不是眞正的和平使者，而是假借諾貝爾和平獎的光環來欺騙世人；透過本書的說明與舉證，讀者可以更清楚的瞭解，達賴喇嘛是結合暴力、黑暗、淫欲於喇嘛教裡的集團首領，其政治行爲與宗教主張，早已讓諾貝爾和平獎的光環染污了。　本書由財團法人正覺教育基金會寫作、編輯，由正覺出版社印行，每冊250元。

童女迦葉考—論呂凱文〈佛教輪迴思想的論述分析〉之謬：童女迦葉是佛世率領五百大比丘遊行於人間的歷史事實，是以童貞行而依止菩薩戒弘化於人間的大菩薩，不依別解脫戒（聲聞戒）來弘化於人間。這是大乘佛教與聲聞佛教同時存在於佛世的歷史明證，證明大乘佛教不是從聲聞法中分裂出來的部派佛教的產物，卻是聲聞佛教分裂出來的部派佛教聲聞凡夫僧所不樂見的史實；於是古今聲聞法中的凡夫都欲加以扭曲而作詭說，更是末法時代高聲大呼「大乘非佛說」的六識論聲聞凡夫極力想要扭曲的佛教史實之一，於是想方設法扭曲迦葉菩薩爲聲聞僧，以及扭曲迦葉童女爲比丘僧等荒謬不實之論著便陸續出現，古時聲聞僧寫作的《分別功德論》是最具體之事例，現代之代表作則是呂凱文先生的〈佛教輪迴思想的論述分析〉論文。鑑於如是假藉學術考證以籠罩大眾之不實謬論，未來仍將繼續造作及流竄於佛教界，繼續扼殺大乘佛教學人法身慧命，必須舉證辨正之，遂成此書。平實導師　著，每冊180元。

人間佛教——實證者必定不悖三乘菩提：「大乘非佛說」的講法似乎流傳已久，卻只是日本人企圖擺脫中國正統佛教的影響，而在明治維新時期才開始提出來的說法；台灣佛教、大陸佛教的淺學無智之人，由於未曾實證佛法而迷信日本人錯誤的學術考證，錯認爲這些別有用心的日本佛學考證的講法爲天竺佛教的眞實歷史；甚至還有更激進的反對佛教者提出「**釋迦牟尼佛並非眞實存在，只是後人捏造的假歷史人物**」，竟然也有少數佛教徒願意跟著「學術」的假光環而信受不疑，亦導致部分台灣佛教界人士，造作了反對中國大乘佛教而推崇南洋小乘佛教的行爲，使台灣佛教的信仰者難以檢擇，亦導致一般大陸人士開始轉入基督教的盲目迷信中。在這些佛教及外教人士之中，也就有一分人根據此邪說而大聲主張「大乘非佛說」的謬論，這些人以「人間佛教」的名義來抵制中國正統佛教，公然宣稱中國的大乘佛教是由聲聞部派佛教的凡夫僧所創造出來的。這樣的說法流傳於台灣及大陸佛教界凡夫僧之中已久，卻非眞正的佛教歷史中曾經發生過的事，只是繼承六識論的聲聞法中凡夫僧，以及別有居心的日本佛教界，依自己的意識境界立場，純憑臆想而編造出來的妄想說法，卻已經影響許多無智之凡夫僧俗信受不移。本書則是從佛教的經藏法義實質及實證的現量內涵本質立論，證明大乘佛法本是佛說，是從《阿含正義》尚未說過的不同面向來討論「人間佛教」的議題，證明「大乘眞佛說」。閱讀本書可以斷除六識論邪見，迴入三乘菩提正道發起實證的因緣；也能斷除禪宗學人學禪時普遍存在之錯誤知見，對於建立參禪時的正知見有很深的著墨。平實導師 述，內文488頁，全書528頁，定價400元。

見性與看話頭：黃正倖老師的《見性與看話頭》於《正覺電子報》連載完畢，今集結出版。書中詳說禪宗看話頭的詳細方法，並細說看話頭與眼見佛性的關係，以及眼見佛性者求見佛性前必須具備的條件。本書是禪宗實修者追求明心開悟時參禪的方法書，也是求見佛性者作功夫時必讀的方法書，內容兼顧眼見佛性的理論與實修之方法，是依實修之體驗配合理論而詳述，條理分明而且極爲詳實、周全、深入。本書內文375頁，全書416頁，售價300元。

中觀金鑑——詳述應成派中觀的起源與其破法本質：學佛人往往迷於中觀學派之不同學說，被應成派與自續派所迷惑；修學般若中觀二十年後自以爲實證般若中觀了，卻仍不曾入門，甫聞實證般若中觀者之所說，則茫無所知，迷惑不解；隨後信心盡失，不知如何實證佛法；凡此，皆因惑於這二派中觀學說所致。自續派中觀所說同於常見，以意識境界立爲第八識如來藏之境界，應成派所說則同於斷見，但又同立意識爲常住法，故亦具足斷常二見。今者孫正德老師有鑑於此，乃將起源於密宗的應成派中觀學說，追本溯源，詳考其來源之外，亦一一舉證其立論內容，詳加辨正，令密宗雙身法祖師以識陰境界而造之應成派中觀學說本質，詳細呈現於學人眼前，令其維護雙身法之目的無所遁形。若欲遠離密宗此二大派中觀謬說，欲於三乘菩提有所進道者，允宜具足閱讀並細加思惟，反覆讀之以後將可捨棄邪道返歸正道，則於般若之實證即有可能，證後自能現觀如來藏之中道境界而成就中觀。本書分上、中、下三冊，每冊250元，已全部出版完畢。

真心告訴您(一)——達賴喇嘛在幹什麼？這是一本報導篇章的選集，更是「破邪顯正」的暮鼓晨鐘。「破邪」是戳破假象，說明達賴喇嘛及其所率領的密宗四大派法王、喇嘛們，弘傳的佛法是仿冒的佛法；他們是假藏傳佛教，是坦特羅(譚崔性交)外道法和藏地崇奉鬼神的苯教混合成的「喇嘛教」，推廣的是以所謂「無上瑜伽」的男女雙身法冒充佛法的假佛教，詐財騙色誤導眾生，常常造成信徒家庭破碎、家中兒少失怙的嚴重後果。「顯正」是揭櫫眞相，指出眞正的藏傳佛教只有一個，就是覺囊巴，傳的是 釋迦牟尼佛演繹的第八識如來藏妙法，稱爲他空見大中觀。正覺教育基金會即以此古今輝映的如來藏正法正知見，在眞心新聞網中逐次報導出來，將箇中原委「眞心告訴您」，如今結集成書，與想要知道密宗眞相的您分享。售價250元。

實相經宗通：學佛之目的在於實證一切法界背後之實相，禪宗稱之為本來面目或本地風光，佛菩提道中稱之為實相法界；此實相法界即是金剛藏，又名佛法之祕密藏，即是能生有情五陰、十八界及宇宙萬有（山河大地、諸天、三惡道世間）的第八識如來藏，又名阿賴耶識心，即是禪宗祖師所說的眞如心，此心即是三界萬有背後的實相。證得此第八識心時，自能瞭解般若諸經中隱說的種種密意，即得發起實相般若——實相智慧。每見學佛人修學佛法二十年後仍對實相般若茫然無知，亦不知如何入門，茫無所趣；更因不知三乘菩提的互異互同，是故越是久學者對佛法越覺茫然，都肇因於尚未瞭解佛法的全貌，亦未瞭解佛法的修證內容即是第八識心所致。本書對於修學佛法者所應實證的實相境界提出明確解析，並提示趣入佛菩提道的入手處，有心親證實相般若的佛法實修者，宜詳讀之，於佛菩提道之實證即有下手處。平實導師述著，共八輯，已於2016年出版完畢，每輯成本價250元。

法華經講義：此書為平實導師始從2009/7/21演述至2014/1/14之講經錄音整理所成。世尊一代時教，總分五時三教，即是華嚴時、聲聞緣覺教、般若教、種智唯識教、法華時；依此五時三教區分為藏、通、別、圓四教。本經是最後一時的圓教經典，圓滿收攝一切法教於本經中，是故最後的圓教聖訓中，特地指出無有三乘菩提，其實唯有一佛乘；皆因眾生愚迷故，方便區分為三乘菩提以助眾生證道。世尊於此經中特地說明如來示現於人間的唯一大事因緣，便是為有緣眾生「開、示、悟、入」諸佛的所知所見——第八識如來藏妙眞如心，並於諸品中隱說「妙法蓮花」如來藏心的密意。然因此經所說甚深難解，眞義隱晦，古來難得有人能窺堂奧；平實導師以知如是密意故，特為末法佛門四眾演述《妙法蓮華經》中各品蘊含之密意，使古來未曾被古德註解出來的「此經」密意，如實顯示於當代學人眼前。乃至〈藥王菩薩本事品〉、〈妙音菩薩品〉、〈觀世音菩薩普門品〉、〈普賢菩薩勸發品〉中的微細密意，亦皆一併詳述之，可謂開前人所未曾言之密意，示前人所未見之妙法。最後乃至以〈法華大義〉而總其成，全經妙旨貫通始終，而依佛旨圓攝於一心如來藏妙心，厥為曠古未有之大說也。平實導師述，共有25輯，已於2019/05/31出版完畢。每輯300元。

西藏「活佛轉世」制度—附佛、造神、世俗法：歷來關於喇嘛教活佛轉世的研究，多針對歷史及文化兩部分，於其所以成立的理論基礎，較少系統化的探討。尤其是此制度是否依據「佛法」而施設？是否合乎佛法眞實義？現有的文獻大多含糊其詞，或人云亦云，不曾有明確的闡釋與如實的見解。因此本文先從活佛轉世的由來，探索此制度的起源、背景與功能，並進而從活佛的尋訪與認證之過程，發掘活佛轉世的特徵，以確認「活佛轉世」在佛法中應具足何種果德。定價150元。

眞心告訴您(二)—達賴喇嘛是佛教僧侶嗎？補祝達賴喇嘛八十大壽：這是一本針對當今達賴喇嘛所領導的喇嘛教，冒用佛教名相、於師徒間或師兄姊間，實修男女邪淫，而從佛法三乘菩提的現量與聖教量，揭發其謊言與邪術，證明達賴及其喇嘛教是仿冒佛教的外道，是「假藏傳佛教」。藏密四大派教義雖有「八識論」與「六識論」的表面差異，然其實修之內容，皆共許「無上瑜伽」四部灌頂爲究竟「成佛」之法門，也就是共以男女雙修之邪淫法爲「即身成佛」之密要，雖美其名曰「欲貪爲道」之「金剛乘」，並誇稱其成就超越於（應身佛）釋迦牟尼佛所傳之顯教般若乘之上；然詳考其理論，則或以意識離念時之粗細心爲第八識如來藏，或以中脈裡的明點爲第八識如來藏，或如宗喀巴與達賴堅決主張第六意識爲常恆不變之眞心者，分別墮於外道之常見與斷見中；全然違背　佛說能生五蘊之如來藏的實質。售價300元。

涅槃——解說四種涅槃之實證及內涵：眞正學佛之人，首要即是見道，由見道故方有涅槃之實證，證涅槃者方能出生死，但涅槃有四種：二乘聖者的有餘涅槃、無餘涅槃，以及大乘聖者的本來自性清淨涅槃、佛地的無住處涅槃。大乘聖者實證本來自性清淨涅槃，入地前再取證二乘涅槃，然後起惑潤生捨離二乘涅槃，繼續進修而在七地心前斷盡三界愛之習氣種子，依七地無生法忍之具足而證得念念入滅盡定；八地後進斷異熟生死，直至妙覺地下生人間成佛，具足四種涅槃，方是眞正成佛。此理古來少人言，以致誤會涅槃正理者比比皆是，今於此書中廣說四種涅槃、如何實證之理、實證前應有之條件，實屬本世紀佛教界極重要之著作，令人對涅槃有正確無訛之認識，然後可以依之實行而得實證。本書共有上下二冊，每冊各四百餘頁，對涅槃詳加解說，每冊各350元。

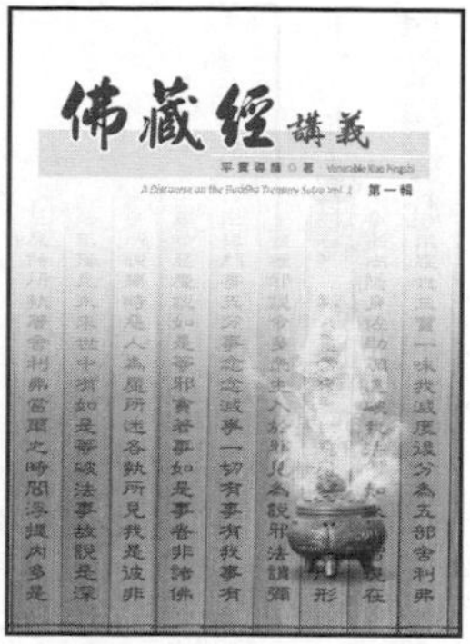

佛藏經講義：本經說明爲何佛菩提難以實證之原因，都因往昔無數阿僧祇劫前的邪見，引生此世求證時之業障而難以實證。即以諸法實相詳細解說，繼之以念佛品、念法品、念僧品，說明諸佛與法之實質；然後以淨戒品之說明，期待佛弟子四眾堅持清淨戒而轉化心性，並以往古品的實例說明，教導四眾務必滅除邪見轉入正見中，然後以了戒品的說明和囑累品的付囑，期望末法時代的佛門四眾弟子皆能清淨知見而得以實證。平實導師於此經中有極深入的解說，總共21輯，每輯300元，於2019/07/31開始發行。

我的菩提路第七輯：余正偉老師等人著，本輯中舉示余老師明心二十餘年以後的眼見佛性實錄，供末法時代學人了知明心異於見性之本質，並且舉示其見性後與平實導師互相討論眼見佛性之諸多疑訛處；除了證明《大般涅槃經》中 世尊開示眼見佛性之法正眞無訛以外，亦得一解明心後尚未見性者之所未知處，甚爲精彩。此外亦列舉多篇學人從各不同宗教進入正覺學法之不同過程，以及發覺諸方道場邪見之內容與過程，最終得於正覺精進禪三中悟入的實況，足供末法精進學人借鑑，以彼鑑己而生信心，得以投入了義正法中修學及實證。凡此，皆足以證明不唯明心所證之第七住位般若智慧及解脫功德仍可實證，乃至第十住位的實證與當場發起如幻觀之實證，於末法時代的今天皆仍有可能。本書約四百頁，售價300元，將於2021年6月30日發行。

大法鼓經講義：本經解說佛法的總成：法、非法。由開解法、非法二義，說明了義佛法與世間戲論法的差異，指出佛法實證之標的即是法——第八識如來藏；並顯示實證後的智慧，如實擊大法鼓、演深妙法，演說如來祕密教法，非二乘定性及諸凡夫所能得聞，唯有具足菩薩性者方能得聞。正聞之後即得依於 世尊大願而拔除邪見，入於正法而得實證；深解不了義經之方便說，亦能實解了義經所說之眞實義，得以證法——如來藏，而得發起根本無分別智，乃至進修而發起後得無分別智；並堅持布施及受持清淨戒而轉化心性，得以現觀眞我如來藏之各種層面。此爲第一義諦聖教，於末法最後餘四十年時，一切世間樂見離車童子將繼續護持此經所說正法。平實導師於此經中有極深入的解說，總共約六輯，每輯300元，於《佛藏經講義》出版完畢後開始發行，每二個月發行一輯。

解深密經講義：本經係 世尊晚年第三轉法輪，宣說地上菩薩所應熏修之唯識正義經典，經中所說義理乃是大乘一切種智增上慧學，以阿陀那識—如來藏—阿賴耶識爲主體。禪宗之證悟者，若欲修證初地無生法忍乃至八地無生法忍者，必須修學《楞伽經、解深密經》所說之八識心王一切種智；此二經所說正法，方是眞正成佛之道；印順法師否定如來藏之後所說萬法緣起性空之法，是以誤會後之二乘解脫道取代大乘眞正成佛之道，亦已墮於斷滅見中，不可謂爲成佛之道也。平實導師曾於本會郭故理事長往生時，於喪宅中從初七至第十七，宣講圓滿，作爲郭老之往生佛事功德，迴向郭老早證八地、速返娑婆住持正法；茲爲今時後世學人故，將擇期重講《解深密經》，以淺顯之語句講畢後將會整理成文，用供證悟者進道；亦令諸方未悟者，據此經中佛語正義，修正邪見，依之速能入道。平實導師述著，全書輯數未定，每輯三百餘頁，將於未來重講完畢後逐輯出版。

修習止觀坐禪法要講記：修學四禪八定之人，往往錯會禪定之修學知見，欲以無止盡之坐禪而證禪定境界，卻不知修除性障之行門才是修證四禪八定不可或缺之要素，故智者大師云「性障初禪」；性障不除，初禪永不現前，云何修證二禪等？又：行者學定，若唯知數息，而不解六妙門之方便善巧者，欲求一心入定，未到地定極難可得，智者大師名之爲「事障未來」：障礙未到地定之修證。又禪定之修證，不可違背二乘菩提及第一義法，否則縱使具足四禪八定，亦不能實證涅槃而出三界。此諸知見，智者大師於《修習止觀坐禪法要》中皆有闡釋。作者平實導師以其第一義之見地及禪定之實證證量，曾加以詳細解析。將俟正覺寺竣工啓用後重講，不限制聽講者資格；講後將以語體文整理出版。欲修習世間定及增上定之學者，宜細讀之。平實導師述著。

阿含經講記——小乘解脫道之修證：數百年來，南傳佛法所說證果之不實，所說解脫道之虛妄，所弘解脫道法義之世俗化，皆已少人知之；從南洋傳入台灣與大陸之後，所說法義虛謬之事，亦復少人知之；今時台灣全島印順系統之法師居士，多不知南傳佛法數百年來所說解脫道之義理已然偏斜、已然世俗化、已非眞正之二乘解脫正道，猶極力推崇與弘揚。彼等南傳佛法近代所謂之證果者皆非眞實證果者，譬如阿迦曼、葛印卡、帕奧禪師、一行禪師……等人，悉皆未斷我見故。近年更有台灣南部大願法師，高抬南傳佛法之二乘修證行門爲「捷徑究竟解脫之道」者，然而南傳佛法縱使眞修實證，得成阿羅漢，至高唯是二乘菩提解脫之道，絕非究竟解脫，無餘涅槃中之實際尚未得證故，法界之實相尚未了知故，習氣種子待除故，一切種智未實證故，焉得謂爲「究竟解脫」？即使南傳佛法近代眞有實證之阿羅漢，尚且不及三賢位中之七住明心菩薩本來自性清淨涅槃智慧境界，則不能知此賢位菩薩所證之無餘涅槃實際，仍非大乘佛法中之見道者，何況普未實證聲聞果乃至未斷我見之人？謬充證果已屬逾越，更何況是誤會二乘菩提之後，以未斷我見之凡夫知見所說之二乘菩提解脫偏斜法道，焉可高抬爲「究竟解脫」？而且自稱「捷徑之道」？又妄言解脫之道即是成佛之道，完全否定般若實智、否定三乘菩提所依之如來藏心體，此理大大不通也！平實導師爲令修學二乘菩提欲證解脫果者，普得迴入二乘菩提正見、正道中，是故選錄四阿含諸經中，對於二乘解脫道法義有具足圓滿說明之經典，預定未來十年內將會加以詳細講解，令學佛人得以了知二乘解脫道之修證理路與行門，庶免被人誤導之後，未證言證，梵行未立，干犯道禁自稱阿羅漢或成佛，成大妄語，欲升反墮。本書首重斷除我見，以助行者斷除我見而實證初果爲著眼之目標，若能根據此書內容，配合平實導師所著《識蘊眞義》《阿含正義》內涵而作實地觀行，實證初果非爲難事，行者可以藉此三書自行確認聲聞初果爲實際可得現觀成就之事。此書中除依二乘經典所說加以宣示外，亦依斷除我見等之證量，及大乘法中道種智之證量，對於意識心之體性加以細述，令諸二乘學人必定得斷我見、常見，免除三縛結之繫縛。次則宣示斷除我執之理，欲令升進而得薄貪瞋痴，乃至斷五下分結…等。平實導師將擇期講述，然後整理成書。共二冊，每冊三百餘頁。每輯300元。

總經銷： 聯合發行股份有限公司

231 新北市新店區寶橋路 235 巷 6 弄 6 號 4F

Tel.02－2917-8022（代表號） Fax.02－2915-6275（代表號）

零售：1.**全台連鎖經銷書局：**

三民書局、誠品書局、何嘉仁書店

敦煌書店、紀伊國屋、金石堂書局、建宏書局

諾貝爾圖書城、墊腳石圖書文化廣場

2.**台北市：**佛化人生 **大安區**羅斯福路 3 段 325 號 6 樓之 4　台電大樓對面

3.**新北市：**春大地書店 **蘆洲區**中正路 117 號

4.**桃園市：**御書堂 **龍潭區**中正路 123 號

5.**新竹市：**大學書局 **東區**建功路 10 號

6.**台中市：**瑞成書局 **東區**雙十路 1 段 4 之 33 號

佛教詠春書局 **南屯區**永春東路 884 號

文春書店 **霧峰區**中正路 1087 號

7.**彰化市：**心泉佛教文化中心 南瑤路 286 號

8.**高雄市：**政大書城 **前鎮區**中華五路 789 號 2 樓（高雄夢時代店）

明儀書局 **三民區**明福街 2 號

青年書局 **苓雅區**青年一路 141 號

9.**台東市：**東普佛教文物流通處 博愛路 282 號

10.**其餘鄉鎮市經銷書局：**請電詢總經銷**聯合**公司。

11.**大陸地區請洽：**

香港：樂文書店

旺角店 :香港九龍旺角西洋菜街 62 號 3 樓

電話 : (852) 2390 3723　email: luckwinbooks@gmail.com

銅鑼灣店 :香港銅鑼灣駱克道 506 號 2 樓

電話 : (852) 2881 1150　email: luckwinbs@gmail.com

廈門：廈門外圖臺灣書店有限公司

地址：廈門市思明區湖濱南路809 號 廈門外圖書城3 樓 郵編：361004

電話：0592-5061658（臺灣地區請撥打 86-592-5061658）

E-mail：JKB118＠188.COM

12.**美國：世界日報圖書部：**紐約圖書部　電話 7187468889#6262

洛杉磯圖書部　電話 3232616972#202

13.**國內外地區網路購書：**

正智出版社 書香園地　http://books.enlighten.org.tw/

（書籍簡介、經銷書局可直接聯結下列網路書局購書）

三民 網路書局　http://www.sanmin.com.tw

誠品 網路書局　http://www.eslitebooks.com

博客來 網路書局　http://www.books.com.tw

金石堂 **網路書局**　http://www.kingstone.com.tw

聯合 **網路書局**　http:// www.nh.com.tw

附註：1.請儘量向各經銷書局購買：郵政劃撥需要八天才能寄到（本公司在您劃撥後第四天才能接到劃撥單，次日寄出後第二天您才能收到書籍，此六天中可能會遇到週休二日，是故共需八天才能收到書籍）若想要早日收到書籍者，請劃撥完畢後，將劃撥收據貼在紙上，旁邊寫上您的姓名、住址、郵區、電話、買書詳細內容，直接傳眞到本公司 02-28344822，並來電 02-28316727、28327495 確認是否已收到您的傳眞，即可提前收到書籍。 **2**.因台灣每月皆有五十餘種宗教類書籍上架，書局書架空間有限，故唯有新書方有機會上架，通常每次只能有一本新書上架；本公司出版新書，大多上架不久便已售出，若書局未再叫貨補充者，書架上即無新書陳列，則請直接向書局櫃台訂購。 **3**.若書局不便代購時，可於晚上共修時間向正覺同修會各共修處請購（共修時間及地點，詳閱**共修現況表**。每年例行年假期間請勿前往請書，年假期間請見共修現況表）。 **4**.郵購：郵政劃撥帳號 19068241。 **5**.正覺同修會會員購書都以八折計價（戶籍台北市者爲一般會員，外縣市爲護持會員）都可獲得優待，欲一次購買全部書籍者，可以考慮入會，節省書費。入會費一千元（第一年初加入時才需要繳），年費二千元。**6.尚未出版之書籍，請勿預先郵寄書款與本公司，謝謝您！** **7**.若欲一次購齊本公司書籍，或同時取得正覺同修會贈閱之全部書籍者，請於正覺同修會共修時間，親到各共修處請購及索取；**台北市讀者**請洽：103 台北市承德路三段 267 號 10 樓（捷運淡水線 圓山站旁）請書時間：週一至週五爲 18.00~21.00，第一、三、五週週六爲 10.00~21.00，雙週之週六爲 10.00~18.00 請購處專線電話：25957295-分機 14（於請書時間方有人接聽）。

敬告大陸讀者：

大陸讀者購書、索書捷徑（尚未在大陸出版的書籍，以下二個途徑都可以購得，電子書另包括結緣書籍）：

1.廈門外國圖書公司：廈門市思明區湖濱南路 809 號 廈門外圖書城 3F

郵編：361004　電話：0592-5061658　網址：http://www.xibc.com.cn/

2.電子書：正智出版社有限公司及正覺同修會在台灣印行的各種局版書、結緣書，已有『**正覺電子書**』陸續上線中，提供讀者於手機、平板電腦上購書、下載、閱讀正智出版社、正覺同修會及正覺教育基金會所出版之電子書，詳細訊息敬請參閱『正覺電子書』專頁：http://books.enlighten.org.tw/ebook

關於平實導師的書訊，請上網查閱：

成佛之道　http://www.a202.idv.tw

正智出版社 書香園地　http://books.enlighten.org.tw/

中國網採訪佛教正覺同修會、正覺教育基金會訊息：

http://big5.china.com.cn/gate/big5/fangtan.china.com.cn/2014-06/19/content_32714638.htm

http://pinpai.china.com.cn/

★ 正智出版社有限公司售書之稅後盈餘，全部捐助財團法人正覺寺籌備處、佛教正覺同修會、正覺教育基金會，供作弘法及購建道場之用；懇請諸方大德支持，功德無量。

★ 聲　明 ★

本社於 2015/01/01 開始調整本目錄中部分書籍之售價，以因應各項成本的持續增加。

＊ 喇嘛教修外道雙身法、墮識陰境界，非佛教 ＊

＊ 弘揚如來藏他空見的覺囊派才是真正藏傳佛教 ＊

售後服務—換書啓事（免附回郵） 2017/12/05

《楞伽經詳解》第三輯初版免費調換新書啓事：茲因 平實導師弘法早期尚未回復往世全部證量，有些法義接受他人的說法，寫書當時並未察覺而有二處（同一種法義）跟著誤說，如今發現已將之修正。茲爲顧及讀者權益，已開始免費調換新書；敬請所有讀者將以前所購第三輯（不論第幾刷），攜回或寄回本公司免費換新；郵寄者之回郵由本公司負擔，不需寄來郵票。因此而造成讀者閱讀、以及換書的不便，在此向所有讀者致上萬分的歉意，祈請讀者大眾見諒！

《楞嚴經講記》第 14 輯初版首刷本免費調換新書啓事：本講記第 14 輯出版前因 平實導師諸事繁忙，未將之重新閱讀而只改正校對時發現的錯別字，故未能發覺十年前所說法義有部分錯誤，於第 15 輯付印前重閱時才發覺第 14 輯中有部分錯誤尚未改正。今已重新審閱修改並已重印完成，煩請所有讀者將以前所購第 14 輯初版首刷本，寄回本公司免費換新（初版二刷本無錯誤），本公司將於寄回新書時同時附上您寄書來換新時的郵資，並在此向所有讀者致上最誠懇的歉意。

《心經密意》初版書免費調換二版新書啓事：本書係演講錄音整理成書，講時因時間所限，省略部分段落未講。後於再版時補寫增加 13 頁，維持原價流通之。茲爲顧及初版讀者權益，自 2003/9/30 開始免費調換新書，原有初版一刷、二刷書籍，皆可寄來本公司換書。

《宗門法眼》已經增寫改版爲 464 頁新書，2008 年 6 月中旬出版。讀者原有初版之第一刷、第二刷書本，都可以寄回本公司免費調換改版新書。改版後之公案及錯悟事例維持不變，但將內容加以增說，較改版前更具有廣度與深度，將更能助益讀者參究實相。

換書者**免附回郵**，亦無截止期限；舊書請寄：111 台北郵政 73-151 號信箱 或 103 台北市承德路三段 267 號 10 樓 正智出版社有限公司。舊書若有塗鴨、殘缺、破損者，仍可換取新書；但缺頁之舊書至少應仍有五分之三頁數，方可換書。所有讀者不必顧念本公司是否有盈餘之問題，都請踴躍寄來換書；本公司成立之目的不是營利，只要能眞實利益學人，即已達到成立及運作之目的。若以郵寄方式換書者，免附回郵；並於寄回新書時，由本公司附上您寄來書籍時耗用的郵資。造成您不便之處，再次致上萬分的歉意。

正智出版社有限公司 啓

國家圖書館出版品預行編目(CIP)資料

金剛經宗通／平實導師述. -- 初版. -- 臺北市：
正智，2013.01
冊；　公分
ISBN 978-986-6431-33-3（第1輯：平裝）
ISBN 978-986-6431-37-1（第2輯：平裝）
ISBN 978-986-6431-38-8（第3輯：平裝）
ISBN 978-986-6431-39-5（第4輯：平裝）
ISBN 978-986-6431-48-7（第5輯：平裝）
ISBN 978-986-6431-49-4（第6輯：平裝）
ISBN 978-986-6431-50-0（第7輯：平裝）
ISBN 978-986-6431-51-7（第8輯：平裝）
ISBN 978-986-6431-60-9（第9輯：平裝）
1.般若部
221.44　　101007242

金剛經宗通——第九輯

著述者：平實導師
音文轉換：劉惠莉
校　對：章乃鈞 陳介源 孫淑貞 傅素嫻 王美伶
出版者：正智出版社有限公司
電話：〇二 28327495　28316727（白天）
傳眞：〇二 28344822
111 台北郵政 73-151 號信箱
郵政劃撥帳號：一九〇六八二四一
正覺講堂：總機〇二 25957295（夜間）
總經銷：聯合發行股份有限公司
231 新北市新店區寶橋路 235 巷 6 弄 6 號 4 樓
電話：〇二 29178022（代表號）
傳眞：〇二 29156275
初版首刷：二〇一三年九月三十日　二千冊
初版七刷：二〇二〇年十一月　二千冊
成本價：二五〇元